A Spiritualist's Guide

to Becoming a Spiritualist.

By Rue Onyx

Within the bounds of this book you will find:

Stage One	Making the Decision
Stage Two	Finding your Center
Stage Three	Finding Your Spiritual Name
Stage Four	Using the Elements
Stage Five	Charging a Talisman
Stage Six	The Rule of Three
Stage Seven	Opening and Closing Your Circle
Stage Eight	Being One with the Universe: Spells, Rituals, and Chargings

Stage One:

Making the Decision

You are an individual, a nonconformist, a person who overcomes and lets things go. You are one to carve out your own path when the ones available do not appeal to you. You've lived, you've experienced, and you've come to a place where you are ready to take full control of your life, your outcome, your path. Welcome to spirituality.

You are on a quest to find your whole self, and you have taken your first step. You have made the decision; the decision to take matters into your own hands. It's frightening, overwhelming even, to step out of the safety of societal norms to find your highest potential. I understand; I was at these same crossroads 20 years ago. But I did it, and I have thanked my universe every day for guiding me to this place of spiritual health. I offer to you my process. Blessed be all.

Stage Two:

Finding Your Center

This will be, by far, the most difficult part of your journey. Opening your soul to the universe is an intense event. You will react. You will cry, scream at the world, tremble in fear, but you will find your true mind. You will understand your truest thoughts and truest emotions. You may not like everything you find within yourself, but you will know yourself. And if there is an aspect of yourself that is not to your liking, then that will become a part of your journey in becoming the best of yourself. But it will all be worth it. Opening your soul and living with the knowledge of all you are capable of is a strength like you have never felt before. You will love stronger, fear stronger, overcome faster, hate judiciously, and exist with more purpose.

So, let's begin. Like I said before, this is going to take a while, so clear up a nice chunk of time. It's important to have nothing pending while you're trying to do this — I know, that sounds just about impossible, but your mind must be free of any distractions. Make sure your kids are safe and sound, your work is resting in wait, and your life is waiting patiently for you. It will be there when you're done with your "me" time. I promise. Now, finding your center may come easily for some, and to you, I say, lucky you! But for most of us, it's a challenge. This is my technique.

Find a focal point.

This focal point can be just about anything. It can be something concrete that you can "stare" at as you calibrate yourself, or it can be something you think about if you prefer to have your eyes closed. I always keep my eyes open. It's just a personal preference, there's really no wrong or right way. It's about finding what makes you feel most comfortable, safe, and strong. I've always found it best to find a focal point that is close by and not too distracting. I usually find a flaw in the wall or a spot in the wood of my table or flooring. Yes, I know, not very romantic, but it works for me, so I just go with it. Take your time finding a focal point that feels right, not forced. The focal point can change every time.

Setting the Mood.

I like to have some background music, usually something melodic. But sometimes, when I'm feeling specific, I'll use a target-specific song that speaks to me. I'm a 90's girl, so I tend to stick to more of the grungy sounds. I love Alice in Chains' "Whale and Wasp" or Pearl Jam's Yellow Ledbetter. Although, some classical music works too when I'm in the mood for it.

Getting comfortable.

I know most books on witchcraft, spirituality, or meditation say it's best to be naked. I, for one, am not comfortable being naked, not when I'm sitting on the floor, standing in a cold room, or am outside with critters. Besides, I've got kids and neighbors, nobody needs to be naked.

I usually dress, again, according to my mood. Sometimes I'll be in very loose clothing so that I don't feel constricted. But sometimes, I wear tight "workout" clothes when I need to feel "put together." It's about how you feel. Sometimes I'll wear no make-up, and sometimes I'll get all dolled up. It all depends on what you'll be asking the universe to guide you with. If you are asking for a promotion, then you can dress the part just to add more strength to your energy.

Calibrating.

Once you've really tuned into yourself, you'll be able to know what you need from the universe as you work your magic, and so you'll set up your work area for that goal.

To begin calibrating, just sit. Don't think about what you should be doing; if you forget to focus on your focal point, that's okay. If you get an itch, scratch it. Just breathe. Slow, deep breathing is usually the norm for this, but there may be times that a short, shallow breath is necessary, especially if you are dealing with anger or deep emotions.

Allow your body to fall into place naturally. Don't try to force a specific pose and don't worry if you look awkward, just let your body do what it does, naturally.

We spend so much time controlling our poor mistreated bodies, just give your soul's sheath a little break. But don't fall asleep. This happened to me a lot in the beginning. We're tired, my fellow human beings, we push ourselves to exhaustion, and we rarely give ourselves a rest. So, chances are, you will fall asleep during your calibration, and if you do, just take the rest your body needs, and come back to your spirit at a later time.

You will get so good at centering yourself that eventually, you'll be able to do it anywhere, anytime, with no one knowing.

Stage Three:

Finding Your Spiritual Name

This step is crucial. Your spiritual name is the connection you will have with the universe. This is how you identify your soul, not your body. Take your time in finding out who you are spiritually, it may take some trial and error. As you begin and end rituals, you will identify yourself by your spiritual name. Find the one that feels right for you.

I am Rue Onyx, because rue is an herb used for warding off evil, and onyx is a stone used for blocking negative energy while instilling emotional strength. At the time of my personal metamorphosis, I was at a low point. I was struggling with the purpose of my life, and I was in search of a faith and a strength that would allow positive thoughts to penetrate the walls I had built around my soul. As I searched for this energy, I researched and learned about religion after religion. I discovered that every religion had its beauty and truth, but also a call for condemnation and conformity.

So I chose to carve out a unique path for my spirit to follow. I pulled the good from some religions and filled the gaps with science and what I had learned from life. And so now, the Universe is my God. I pull energy from the universe, from which all existence was created, to propel my life in the direction I need it to go.

So, what's in a name? The meaning of your soul is. The definition of your spirit is. The purpose of your life is.

Stage Four:

Using the Elements

I enjoy using the elements during a ritual; I feel that it helps the universe know that you're trying to communicate with it. Each element has its strength, so I use the one that feels right for what I need. I'm going to go through the uses of each element. I will start with the Earth element, what it represents, and how to use it.

Earth element.

The earth element represents life, growth, health, security, home, safety, family, fertility, and balance. This element is to be used for spells and rituals calling for a safe home, resolution of health problems, pregnancy, protection for your family, and so much more. These rituals and spells can be done in two ways: put yourself out in nature or bring nature to you. If you choose the less-invasive method and take yourself out to nature, please be sure to not disturb too much of your surroundings. Our little Earth is under enough distress as it is. Find a place where you can be comfortable, safe of course, and begin your magic.

If you prefer to be indoors, as I do, grow yourself a small indoor garden. Two or three plants will suffice. And work within the life of your garden when in need of the Earth element.

I've included some examples of rituals and spells that work for me. Those can be found at the end of the book. But please, read through the stages before you begin any ritual or spell work. Like I tell my students, any change is a process, and a process is defined by events that produce a gradual change that lead to a particular goal. There's no need to rush your transformation, there is value to any journey that leads to an invaluable destination.

Air element.

This element usually requires you to work outdoors. If you prefer indoors, open a window and work by it. That could work. The air element is usually used in rituals for freedom, be it freedom of spirit or body. I can say that I used this element often in my early twenties. Freedom and fun, safely of course.

Water Element.

The water element is used in rituals where you need to cleanse, heal, or purify. This can be in reference to your spirit, mind, or body. Water can be used in a few different ways. When the need is to heal or purify the body, usually a soak in a bathtub or a dip in the ocean will be required. When in need for inner healing or purification, a concoction will be created for consumption. It will depend on your needs.

Fire Element.

The fire element might be the most potent of all in strength and energy. Fire is a destructive force, so great care must be taken when using this element. Please ensure that any and all use of fire is in a highly-controlled environment. The fire element is used to bring about change, encourage creativity, bring on success or power, stimulate passion and lust, or to instill motivation or willpower. It is a force that must be used wisely. Before working with fire, please read through the chapter on the Rule of Three. Remember that for every action, there is a reaction.

Stage Five:

Charging a Talisman

A talisman is a tangible object that is instilled with a specific energy and is worn, or carried, by a person. A talisman can also be referred to as a charm, or a good-luck charm. I swear by talismans and use them for so much more than just good luck. Most of the time, I use a target-specific stone as my talisman. I have also used photographs and self-made jewelry.

Charging a talisman is like making a wish on a shooting star. I've used a talisman for things such as weight loss, a smooth breakup, putting a stop to workplace bullying, protection on flights, and for the recuperation of a loved one.

I begin by pinpointing my target or my goal. I write it out so that as I go through my charge, I will not get sidetracked by emotions or anything else. You have to be as specific as possible, leave no room for error or interpretation. Writing spells or rituals is no place for poetics. Your desires should be as clear and concise as possible.

I begin every ritual by opening my circle and centering myself. You will learn how to open your circle in Stage 7. As I center myself, I will hold on to the object I am charging. Once I feel that I am at peak energy, I will recite my goal for the talisman. I usually repeat it several times, until I feel that I have instilled into it all I have to give. Then I will close my circle and place the talisman in its desired location.

Most of the time, I carry it with me. But you can choose a safe place in your home or another location where you feel it would be most effective.

Currently, I have a financial security talisman in my wallet, a health and fitness talisman in my purse (this is a new one since I gained some weight last year due to an exposed nerve in my molar that made it impossible to exercise. But I am getting back to a healthy fitness level and should reach my goal by the end of this year. Blessed be!), a safety and protection talisman for my loved ones in my office, and a beautiful future talisman for my son and stepdaughter in their rooms. I've included the recitations I used to charge these talismans at the end of the book.

When I give a talisman as a gift, I make sure that the recipient knows what it is for. You don't have to be explicit as to how you created it, but just let them know. For example, when I give my kids a talisman, it is usually in the form of a stuffed animal or toy. Their beautiful future talisman is an emoji pillow, and I simply told them it was to keep them happy forever.

If you have charged a talisman for a short-term goal, make sure you come back to close the talisman once that goal has been achieved. For long-term goals, recharge the talisman on occasion to ensure its energy has not been depleted.

As a rule, I do not reuse an object for a different purpose, but I know some people have only one object that they charge, close, then recharge for a different purpose over and over. I prefer to charge target-specific talismans, but it is your choice as to how you prefer to do it. I have a jewelry box full of onyx stones that are my go-to talismans for general purpose use.

Stage Six:

The Rule of Three

Blessed be! With power comes responsibility. Once you've instilled yourself with the power of the universe and you witness its strength, it will be tempting for some to overuse or abuse this power. Now, it's not like in the movies. You won't be able to walk on water or change your world overnight. The power of the universe is an absorption of energy that allows you to create a specific path for yourself. It is the energy around you that will be manipulated and altered to get you to a specific goal. It may seem, at times, that you are controlling people and events. But you only control the energy around them that is tied into your energy.

This control of energy is not intended to make puppets out of people. It is intended to create a good, honest life for yourself and others, with harm to none.

Don't forget science! For every action, there is a reaction. This is the case with manipulating energy, any energy.

Remember this as your writing your rituals. Any energy you send out into the universe will impact the universe's energy and be returned to your energy. This occurrence has been called the *boomerang effect*, *reflection*, or *karma*. Most spiritualists believe that negative energy gets returned threefold.

Unfortunately, I've seen this happen. My aunt started out with a spiritualist's mentality, but she let it go to her head. She got greedy. She used her knowledge of the universe's energy to try to control her husband and to have access to easy money. She ended up divorced and losing her job, which she stole from. Yes, she was presented with the things she wanted, but she was harming others and therefore the energy of harm was returned to her, and now she is hard pressed to find any kind of happiness. She was not a bad person, she was trying to make a good life for herself, but she went about it in the wrong way and hurt others in the process.

By the same token, helping others and sending out positive energy will return that positive energy to you. I've been told by friends that they envy how easily things come to me and how everything just always seems to work out for me. But that's only because I make good things happen for me. I haven't had an easy or perfect life, but I have been able to overcome and come out of bad situations as a better version of myself. It's not easy, it takes work, but it's always possible to get out of a bad situation and put yourself in a better place.

Stage Seven:

Opening and Closing your Circle

This is where it all comes together. Before you begin any spell, ritual, or charging you must open yourself up to the universe by opening your circle of energy. This is your shield, your safe zone.

This is how I open my circle. "I open my circle in faith, hope, and trust, and ask that the universe guide me and protect me through my workings." This guides the universe's energy to you. Let the energy know where it needs to go.

After I have opened my circle, I recite my desire or goal. Remember to be explicit with what you want. State it clearly. After you have asked for what you need, make sure you close your circle of energy. I say, "I close my circle in faith, hope, and trust, and ask that I am guided and protected through my life. With harm to none and free will for all. As we will, so shall it be. Blessed be all."

Now, there have been instances that I have had to leave out the "free will for all" part. This was the case when I had to put a stop to workplace bullying. I was being bullied by a coworker and an administrator. In this case, I had to take away their free will to bully me, but I made sure no harm came to them, they just left me alone. That's all I needed.

Stage Eight:

Being one with the Universe

Motherhood

I open my circle in faith, hope, and trust, and ask that the universe guide me and protect me through my workings.

> *Universe, I ask for the gift of motherhood. I ask that life take root in my womb and that I am gifted the responsibility of another human being. I am ready. I am prepared. My life, my soul, my mind is ready for motherhood. I promise to do right by a child, to cherish, raise, and nurture this life for all existence.*

I close my circle in faith, hope, and trust, and ask that I am guided and protected through my life. With harm to none and free will for all. As we will, so shall it be. Blessed be all.

Health

I open my circle in faith, hope, and trust, and ask that the universe guide me and protect me through my workings.

> *Universe, I ask for wellness of body. I ask*
> *that this illness be short-lived and*
> *recovery be swift. I will take care of my*
> *body. I will not cause intentional harm to*
> *my body. I will stay strong until my body*
> *has reached its equilibrium.*

I close my circle in faith, hope, and trust, and ask that I am guided and protected through my life. With harm to none and free will for all. As we will, so shall it be. Blessed be all.

Weight Loss Talisman

I used a refillable water bottle. This way, the water I drink as I exercise and eat is also charged.

I open my circle in faith, hope, and trust, and ask that the universe guide me and protect me through my workings.

Universe, I ask for safe and healthy weight loss to reach my goal of losing _____ lbs. I will do my part by making healthier choices when I eat. I will add some exercise to my days to burn fat. I ask for the willpower to choose better foods and energy to exercise.

I close my circle in faith, hope, and trust, and ask that I am guided and protected through my life. With harm to none and free will for all. As we will, so shall it be. Blessed be all.

Financial Security

I use a stone that I keep in my wallet. But you can use pretty much anything from a coin to a folded paper with your recitation written on it.

I open my circle in faith, hope, and trust, and ask that the universe guide me and protect me through my workings.

> *Universe, I ask for financial security. I ask that I never be without my needs or the funds to pay for my needs.*

I close my circle in faith, hope, and trust, and ask that I am guided and protected through my life. With harm to none and free will for all. As we will, so shall it be. Blessed be all.

Writing Your Own

As you can see from my examples, I keep it simple. All of my incantations, spells, rituals, and chargings begin and end the same. I am straightforward about what I need, and I leave out the drama. If you prefer more theatrics, well, more power to you. Just ensure the universe can understand what it is that you're asking for.

I recommend you keep a journal or have all recitations kept in a safe place. You never know when you'll need it again. I go back into my journals to remind myself of the actual powers of our universe and how lucky I am to have discovered its energies.

There will be times that you will doubt, and you will want to give up. But I urge you not to. Give it time. It will work itself out on its own time. Every situation is different. Sometimes things will resolve themselves overnight, and it will be blatantly obvious. Other times, it will be a bit disguised. And other times, it will be a slow process. But every time, something will happen, every time. Continue to go back into your journal, see how the universe has worked for you. Give thanks to your strength and the power and energy of our universe.

Blessed Be All,
Rue Onyx

Printed in Great Britain
by Amazon

Ian
RANKIN
Taghadh de Sgeulachdan
Inspeactair Rebus

IAN RANKIN 'S e Ian Rankin, ùghdar a bhios a' reic gu mòr gu h-eadar-nàiseanta, a sgrìobh na nobhailean sa bheil Inspeactair-sgrùdaidh Rebus agus am Fear-rannsachaidh Malcolm Fox, a bharrachd air gaoir-sgeòil eile. Chaidh na leabhraichean aige eadar-theangachadh gu 36 cànan agus tha iad a' reic gu mòr thar corra mhòr-roinn. Fhuair Ian ceithir DUAISEAN CWA DAGGER agus duais chliùiteach Ameireaga, DUAIS EDGAR ann an 2004. Choisinn e ceuman urramach bho oilthighean Obar Tatha, Chill Rìmhinn, Hull agus Dhùn Èideann, agus fhuair e OBE airson sheirbheisean do litreachas. Roghnaich e an duais fhaotainn ann an Dùn Èideann, baile àraich, far a bheil e a' fuireach còmhla ri chompanach agus dithis mhac.

Ian
RANKIN
Taghadh de Sgeulachdan
Inspeactair Rebus

Chaidh *Taghadh de Sgeulachdan Inspeactair Rebus*
fhoillseachadh an toiseach
le Grace Note Publications ann an 2014

GRACE NOTE PUBLICATIONS
Grange of Locherlour
Uachdar Thìre mu Chraoibh
Siorrachd Pheairt PH7 4JS, ALBA
Post-dealain: books@gracenotereading.co.uk
www.gracenotepublications.co.uk

LAGE/ISBN 978-1-907676-52-9

Chuidich Comhairle nan Leabhraichean am foillsichear
le cosgaisean an leabhair seo.

Tha clàradh CIP dhan leabhar seo ri fhaighinn bho
Leabharlann Bhreatainn

Tha Grace Notes Publications a' toirt taing do Tormod MacGill-Eain
agus do Ruairidh Mac an t-Saoir airson na sgeulachdan eadar-theangachadh.
Taing do Chatriona Mhoireach airson dearbh-leughadh a dhèanamh.
Taing do dh'Iain MacDhòmhnaill, Gillebrìde Mac IlleMhaoil,
Iain MacLeòid, Margaret Bennett, Eberhard (Paddy) Bort
agus Iain MacAonghais airson cuideachadh is
comhairle air a' phròiseact.

CLÀR-INNSE

1

CLÀRADH

'S e murt glan a bh' ann.

Seadh, glan, ann am beachd Poilis Lodainn is nan Crìochan. Chuir am murtair fòn thuca a dh'aideachadh na rinn e, agus an uair sin chaidh e na bhoil is dh'fheuch e ri teicheadh, ach chaidh a ghlacadh dìreach nuair a bha e a' fàgail an àite far an do rinn e an eucoir. Agus b' e sin deireadh na sgeòil.

Ach a-nis, bha e a' dèanamh a-mach gun robh e neoichiontach. Bha e a' sgiamhail, a' burralaich agus ag èigheach àrd a chlaiginn gun robh e neoichiontach. Agus bha seo a' dèanamh dragh don Inspeactair-sgrùdaidh John Rebus. Bha e na iomagain dha fad na slighe eadar an oifis aige agus an teanamaint ceithir-ùrlarach ann an ceàrnaidh fhasanta docaichean Lìte. Bha an teanamaint seo glè choltach ri gin sam bith ann an Dùn Èideann san robh an t-obair-chlas a' fuireach. B' e an t-eadar-dhealachadh gun robh sgàileanan ioma-dhathach no nàdar de shlatan bambù ann an stoidhle Shìonach ris na h-uinneagan. Bha cuideachd na ballachan air an teann-ghlanadh, agus ri taobh gach dorais, bha intercoms nach leigeadh eucorach a-steach. B' aocoltach na togalaichean ann a sheo ris na bruchlagan bochda le sgàilein robach ann an stoidhle Venice agus na dorsan grànda, briste, ri aghaidh nan clobhsaichean salach air Easter Road no ann an Gorgie, no eadhon ann am badan de Lìte fhèin far nach robh ùidh fhathast aig an luchd-leasachaidh.

B' e rùnaire ann an oifis luchd-lagha a bha sa bhoireannach a chaidh a mharbhadh. Cha b' aithne do Rebus mòran a bharrachd mu deidhinn. Bha i ceithir bliadhna fichead a dh'aois. 'S e Moira Bitter a b' ainm dhi. Thug sin fiamh a' ghàire air Rebus. B' e gàire ciontach a bh' ann, ach cho tràth seo sa mhadainn bha rud sam bith a bheireadh gàire air caran na chùis iongnaidh.

Stad e an càr air beulaibh an teanamaint, agus oifigear poilis ga stiùireadh gu cùramach gu àite-parcaidh. Dh'aithnich an t-oifigear an càr aig Rebus air an t-sloc dhomhainn a bha sa bhumpair-aghaidh aige. Bha e air a chur às leth Rebus gun robh an t-sloc ann air sgàth a liuthad cailleach a leag e, agus carson a rachadh Rebus às àicheadh? Sin an seòrsa faoinsgeòil a bha ga fhàgail ainmeil agus a chuireadh eagal am beatha air an fheadhainn òga san t-seirbheis.

Ghluais cùirtear aig tè dhe na h-uinneagan air an làr ìosal, agus fhuair Rebus plathadh de chailleach. Anns a h-uile teanamaint mar seo, air ath-nuadhachadh gus nach robh, bha an-còmhnaidh aon chailleach àraidh a' fuireach. Bhiodh i leatha fhèin 's gun aice ach cat no cù mar chompanach, agus bha i a' faicinn agus a' cluinntinn a h-uile sìon a bha a' tachairt san togalach. Dìreach nuair a ghabh Rebus a' chiad cheum a-steach dhan chlobhsa, dh'fhosgail doras agus stob a' chailleach a-mach a ceann.

'Bha am fear a bh' ann a' feuchainn ri teicheadh,' thuirt i 's i ri sainnsearachd. 'Ach fhuair am poileasman grèim air. Chunna mi fhìn e. Bheil an nighean marbh? An e sin a thachair?' Bha a beul air fàs staoin mar gum b' ann le uabhas. Rinn Rebus fiamh-ghàire, ach cha tuirt e dad. Chan fhada gus am biodh fios aice fhèin air a h-uile sìon. Mar-thà, bha i a cheart cho eòlach air na thachair 's a bha e fhèin. Siud am mialladh nuair a bha thu a' fuireach ann am mòr-bhaile mu mheud baile meadhanach mòr, ach far an robh muinntir an àite coltach ris an t-sluagh a bha a' fuireach ann an clachan beag.

Dhìrich e air a shocair suas na ceithir staidhrichean, is e ag èisteachd fad na h-ùine ri iomradh a' chonstabail a bha ga threòrachadh gu corp na h-ighinn, Moira Bitter. Bha iad a' bruidhinn ann an guth sèimh: bha cluasan mòra air ballachan a' chlobhsa.

'Is ann aig còig uairean sa mhadainn a chuir cuideigin fòn thugainn,' thuirt An Constabal MacMhànais. 'Thuirt am fear a bha air ceann eile na loidhne gur e Iain MacPhàrlain an t-ainm a bh' air agus gun robh e dìreach às dèidh a leannan a mharbhadh. A rèir aithris, bha e gu math troimh-a-chèile, agus chuireadh brath thugamsa a dhol a-mach is rannsachadh a dhèanamh. Aig an aon àm 's a ràinig mi, bha fireannach na ruith a-nuas an staidhre. Shaoil mi gun robh luchd mòr fiabhrais air.'

'Fiabhras, an tuirt thu?'

'Mar gun robh e air a chall fhèin, Inspeactair.'

'An tuirt e dad riut?' dh'fhaighnich Rebus.

'Thubhairt. Thuirt e, "Taing dhan Àigh gu bheil sibh ann. Tha Moira marbh." An uair sin, dh'iarr mi air a dhol air ais suas an staidhre còmhla rium dhan flat, chuir mi fòn dhan stèisean feuch am faighinn cuideachadh, agus chaidh am fear a bh' ann a chur an grèim.'

Dh'aom Rebus a cheann. Neo-ar-thaing beul comasach aig MacMhànais. Bha a chainnt cuimir is fileanta. Bha na briathran aige air a theangaidh, ach cha robh coltas gun do rinn e cus smaoineachaidh orra. Rachadh dha gu math mar oifigear, ach cha do shaoil Rebus gun robh na sgilean aig an fhear seo a ghiùlaineadh e dhan CID. Nuair a ràinig iad an ceathramh làr, sheas Rebus gus anail a leigeil, agus an uair sin chaidh e a-steach dhan flat.

Bha dathan socair blàth – pinc, buidhe-bhàn is glas-liath – air feadh an taighe, bhon trannsa, tron t-seòmar-cadail chun an rùm mhòir. Dh'fhàg seo coltas sìtheil air an àite gu lèir. Ach gu dearbha fhèin, cha robh dad de choltas sìtheil air an fhuil. Air an uabhas fala. Bha Moira Bitter na sìneadh air a druim dìreach air an leabaidh agus bha a broilleach làn fala. 'S e aodach-leapa uaine a bh' oirre agus bha a falt bàn cho mìn ri sìoda. Bha fear galar-eòlais a' phoilis a' sgrùdadh a cinn.

'Tha i air a bhith marbh mu thrì uairean a thìde,' thuirt e ri Rebus. 'Chuireadh inneal beag geur na bodhaig trì no ceithir a thursan. A dh'aon fhacal, canaidh sinn gur e sgian a bh' ann. Bheir mi sùil nas mionaidiche oirre a-rithist.'

Dh'aom Rebus a cheann agus thionndaidh e ri MacMhànais air an robh dath a' bhàis.

'An e seo a' chiad uair agad?' dh'fhaighnich Rebus. Chrom am poileasman a cheann gu slaodach. 'Coma leat,' thuirt Rebus.

'Chan fhàs thu cleachdte ris a-chaoidh. Thugainn.'

Stiùir e an constabal a-mach às an rùm agus a-steach dhan trannsa bhig. 'Am fear seo a chuir sinn an grèim; dè thuirt thu an t-ainm a bh' air?'

'Iain MacPhàrlain,' fhreagair an constabal agus e a' tarraing anail gu cabhagach. 'Tha e air a bhith a' suirghe air an tè a bhàsaich, tha e coltach.'

'Thuirt thu gun robh seòrsa de dhèisinn air. An robh dad eile mu choltas a ghlac d' aire?'

Chuir an constabal sgraing air, is thug e greis a' smaoineachadh.

'Mar shamhla?' dh'fhaighnich e mu dheireadh.

'Fuil,' thuirt Rebus dìreach mar fhacal. 'Chan urrainn dhut 's tu aig àrd-theas do chorraich sgian a chur ann am bodhaig cuideigin gun steall fala a dhol ort.'

Dh'fhan MacMhànais na thost. Gun teagamh cha b' e adhbhar buill dhen CID a bha san fhear seo, agus ma dh'fhaodte gur ann air a' mhionaid ud a ghabh e sin thuige fhèin. Chuir Rebus a chùl ris agus chaidh e a-steach dhan rùm mhòr. Bha an t-àite air a sgioblachadh ann an dòigh a bha cha mhòr mì-nàdarrach. Bha irisean agus pàipearan-naidheachd air an cur gu grinn ann an cliabh ri taobh an t-sòfa. Air bòrd le casan meatailt agus mullach glainne air, cha robh ach soitheach-luatha agus nobhail mu shuirghe le còmhdach pàipeir oirre. Bha an t-àite gu lèir air uidheamachadh mar àite a chitheadh tu aig Taisbeanadh Ideal Home. Cha robh ròs air dealbhannan teaghlaich, no frachd sam bith. B' e seo àite-còmhnaidh a bhuineadh do chuideigin air leth. Cha robh ceangal ann eadar an-diugh 's an-dè. Agus fhad 's a chitheadh duine, bha an latha an-diugh loma làn àirneis às Habitat agus Next. Cha robh càil a choltas sabaid ann, no eadhon gun do choinnich dithis còmhla an seo: cha robh fiù 's glainneachan no cupannan rim faicinn. Cha do dh'fhan am murtair ro fhada san àite, air neo rinn e a ghnothach gu sgiobalta.

Chaidh Rebus a-steach dhan chidsin. Bha sin cuideachd glan, sgiobalta. Bha cupannan is truinnsearan air muin a chèile gan tiormachadh ri taobh an t-sinc fhalamh. Air an dèilean-tiormachaidh bha sgeinean, forcan agus spàinean. Cha robh inneal-muirt ann. Bha spotan uisge anns an t-sinc agus air an dèilean-tiormachaidh, ach bha na soithichean fhèin is a h-uile dad tioram. Dh'amais Rebus air searbhadair shoithichean a bha crochte air cùl an dorais agus chuir e làmh air. Bha e rud beag fliuch. Thug e sùil na bu ghèire air. Bha pat beag dorcha air. 'S dòcha gur e sùgh no teoclaid bu choireach. No fuil. Bha cuideigin an dèidh rudeigin a thiormachadh bho chionn ghoirid. Ach saoil dè bh' ann?

Dh'fhosgail e drathair uidheam-ithe. Na broinn, còmhla ri iomadach inneal eile, bha cutag ghoirid le làmh throm, dhubh.

'S e sgian neo-àbhaisteach a bha san tè seo, agus lann na sgeine cho geur 's cho boillsgeach. Bha an uidheam-ithe eile san drathair cho tioram ri àrc, ach bha làmh na sgeine seo fliuch fo mheòirean. Cha robh teagamh aig Rebus nach b' e seo an t-inneal a thug bàs dhan nighinn.

Nach e MacPhàrlain a bha gleusta ge-tà nuair a ghlan e agus a chuir e air falbh an sgian. Seo an rud a dhèanadh duine somalta air nach robh cabhag sam bith. Bha Moira Bitter air a bhith marbh trì uairean a thìde. Thàinig brath gu stèisean a' phoilis bho chionn uair a thìde. Dè rinn MacPhàrlain san dà uair a thìde eadar am murt agus am brath? An do ghlan e am flat gu lèir? An do nigh e agus an do thiormaich e na soithichean? Choimhead Rebus dhan bhucaid-sgudail, ach cha d' fhuair e sìon a chuidicheadh e – cha robh sgealban crèadha no càil eile ann a bheireadh tuaiream gun robh strì air a bhith ann. Agus mura robh strì ann, mas e 's gun d' fhuair am murtair a-steach dhan chlobhsa an toiseach, agus an uair sin a-steach dhan flat aig Moira gun fòirneart a chleachdadh … ma bha seo uile fìor, cha b' urrainn nach robh Moira eòlach air an duine a mharbh i.

Ghabh Rebus cuairt timcheall air a' flat gu lèir, ach chan fhaca e dad a bha na chuideachadh dha. Ri taobh a' fòn anns an trannsa bha bogsa a dh'aithnich e mar inneal-freagairt. Chluich e an teip agus chuala e guth Moira Bitter.

'Hallò. Seo Moira. Chan eil mi a-staigh, no tha mi a' gabhail bath, no tha mi a' dèanamh rudeigin nach bu chòir dhomh.' (Praoisgeil.) 'Fàg fios agam agus cuiridh mi fòn thugad, 's e sin mura bi mi air mo leamhachadh.'

Cha robh ann ach aon teachdaireachd. Dh'èist Rebus rithe, agus an uair sin chuir e an teip air ais chun an toisich agus dh'èist e aon uair eile.

'Hallò, Moira. 'S e Iain a th' ann. Fhuair mi am brath a dh'fhàg thu. Tha mi a' tighinn a-nall. An dòchas nach ann a' dèanamh rudeigin nach bu chòir dhut a bha thu. Gaol ort.'

Iain MacPhàrlain: Cha robh teagamh sam bith aig Rebus mun sin. A rèir mar a bha Moira a' bruidhinn, 's e nighean gu math frogail is aighearach a bh' innte. Ach saoil an robh beagan dhen eud anns na thuirt MacPhàrlain mar fhreagairt? Ma dh'fhaodte gun robh i dha-rìribh a' dèanamh rudeigin nach bu chòir dhi nuair a ràinig e. Ghabh e an caothach tioram, chaidh e na bhoil. Bha sgian faisg air làimh. Chunnaic Rebus a leithid cheudna iomadach uair mar-thà. Bha a' chuid bu mhotha de mhurtairean aithnichte dhan fheadhainn air an tug iad ionnsaigh. Mura b' e sin cha deigheadh aig na poilis air uiread de eucoirean fhuasgladh. Sin dìreach an fhìrinn. Ghlasadh tu gu daingeann an doras-aghaidh eagal 's gum brùchdadh fear às a chiall a-steach le sàbh-sèine na làimh, ach 's e do leannan, do chèile-phòsta, do mhac no do nàbaidh a chuireadh biodag nad dhruim.

Bha Iain MacPhàrlain cho ciontach 's a bha Iùdas. Bhiodh boinneag fala air a chuid aodaich a dh'aindeoin 's cho math 's a dh'fheuch e ri ghlanadh. Chuir e biodag na leannan, shìolaidh e sìos, chuir e brath gu na poilis gun do rinn e an eucoir, ach chlisg e air a' cheann thall agus dh'fheuch e ri teicheadh.

Cha robh ach aon cheist aig Rebus agus b' e sin carson? Carson, agus an dà uair a thìde air nach robh aithris.

Dùn Èideann air an oidhche. Corra thagsaidh a' snàgadh tro chrois-rathaidean agus creutairean nam faileasan a' triall dhachaigh, an làmhan nam pòcaidean, is croit orra. Rè na h-oidhche gheibheadh na lapaich is na seann daoine am bàs socair, aig an taigh no anns an ospadal. Dà uair sa mhadainn gu ceithir uairean: na h-uairean marbh. 'S ann an uair sin a gheibheadh cuid eile bàs oillteil, agus an sùilean a' brùchdadh leis an uabhas.

Coma leat, bhiodh na tagsaidhean fhathast a' glagadaich, agus bhiodh sluagh na h-oidhche fhathast a' gluasad. Bha an càr aig Rebus na stad aig solais trafaig, agus nuair a dh'atharraich iad gu bhith uaine, cha robh for aige; cha tàinig e thuige fhèin gus an deach orains gu dearg a-rithist. Bha sgioba ball-coise Rangers à Glaschu a' tighinn dhan bhaile Disathairne. Gu cinnteach bhiodh fòirneart gun tùr ann. Cha robh Rebus mì-chofhurtail mun chùis. Cha toireadh am bleigeard a bu mhiosa dhen luchd-leantainn ionnsaigh cho brùideil le sgian 's a thug murtair Moira Bitter. Leag e na mailghean aige. Bha e ga bhrosnachadh fhèin gu feirg. 'S ann a dhùraigeadh e fhèin an aghaidh a thoirt air a' mhurtair.

Bha Iain MacPhàrlain a' caoineadh nuair a chaidh a thoirt a-steach dhan t-seòmar-ceasnachaidh far an robh Rebus air e fhèin a dhèanamh cofhurtail, le toitean aige san dara làimh agus cupa cofaidh san làimh eile. Ged is iomadh rud ris an robh dùil aig

Rebus, cha robh dùil aige ri deòir.

'An gabh thu dad ri òl?' dh'fhaighnich e. Chrath MacPhàrlain a cheann. Bha e na chnap anns an t-sèithear air taobh thall an deasg, a cheann crom agus a ghuailnean air tuiteam, agus e fhathast a' tuthannaich bho chridhe briste. Thuirt e rudeigin ann an guth mabach.

'Dè bha siud?' thuirt Rebus.

'Thuirt mi nach bu mhi rinn e,' thuirt MacPhàrlain ann an guth beag fann. 'Ciamar a b' urrainn dhomh a dhèanamh. Tha gaol mo chridh' agam air Moira.'

Thug Rebus an aire gun robh MacPhàrlain a' bruidhinn mar gum biodh Moira fhathast beò. Smèid e chun an inneil-clàraidh a bh' air an deasg. 'Bheil thu coma ged a chlàrainn an t-agallamh seo?' Chrath MacPhàrlain a cheann a-rithist. Chuir Rebus an t-inneal gu dol. Chrath e luath an toitein chun an làir, ghabh e balgam cofaidh is dh'fhan e na thost. Mu dheireadh, thog MacPhàrlain a cheann is thug e sùil air Rebus. Bha na sùilean a' coimhead gu math dearg is goirt. Choimhead Rebus gu mionaideach dha na sùilean ud, ach fhathast cha tàinig smid às. Bha coltas air MacPhàrlain gun robh e air sìoladh sìos beagan. Cuideachd, bha coltas gun robh e a' tuigsinn a-nis dè bha fa-near do Rebus. Dh'iarr e toitean, 's nuair a fhuair e fear, thòisich e air bruidhinn.

'Bha mi air a bhith a-muigh anns a' chàr, dìreach a' dràibheadh, a' smaoineachadh.'

Chuir Rebus stad air. 'Dè an uair a bha seo?'

'Uill,' arsa MacPhàrlain, 'riamh bhon a dh'fhàg mi m' obair, saoilidh mi. 'S e ailtire a th' annam. Tha farpais ann an-dràsta airson ionad ùr le gailearaidh ealain agus taigh-tasgaidh ann an Sruighlea. Tha a' chompanaidh againne a' dol a dh'fheuchainn air. Anns an oifis bha sinn a' dian smaoineachadh air cha mhòr fad an latha.' Sheall e suas ri Rebus agus dh'aom am fear sin a cheann. Brainstorm: nach ann an siud a bha am facal inntinneach!

'Agus nuair a sgaoil sinn an dèidh na h-obrach,' thuirt MacPhàrlain, 'bha mi air mo rothaigeadh cho mòr 's gun robh miann agam dràibheadh. Bha mi a' sìor bheachdachadh air na roghainnean eadar-dhealaichte agus na planaichean agus mi a' feuchainn ri smaoineachadh dè an fheadhainn a b' fheàrr – .'

Sguir e bhruidhinn, 's e a' tuigsinn 's dòcha gun robh e a' cabarsaich ro chabagach, gun fhaiceall agus gun smaoineachadh. Thug e toit a-steach dha na sgamhain. Bha Rebus a' sgrùdadh aodach MhicPhàrlain. Bròganèille a chosg airgead mòr, briogais chòrd dhonn, lèine thiugh de chotan geal dhen t-seòrsa a bhiodh air gillean a' chriogaid, amhach ris gun taidh, seacaid chlò air a tàillearachd a rèir a thomhais fhèin. Bha am BMW 3-Series aige ann an garaids a' phoilis agus iad ga sgrùdadh. Chaidh a phòcaidean fhalamhachadh, agus thugadh bhuaithe an taidh shnog à Liberty air eagal 's gun gabhadh e nòisean gus e fhèin a chrochadh. Bha na bròganèille iad fhèin gun bharraill annta air an aon adhbhar. Bha Rebus air na bhuineadh dhan duine a rannsachadh. Fhuair e lorg air màileid-pòca anns nach robh cus airgid, ach anns an robh deannan math de chairtean-creideis. Bha tuilleadh chairtean ann an leabhar-eagraidh pearsanta MhicPhàrlain. Cha tug Rebus fada a' leughadh na bha sgrìobhte san leabhar-latha, ach nuair a sheall e anns an earrann fon tiotal 'seòlaidhean agus notaichean' bha e soilleir gun robh dòigh-beatha glè dhripeil aig MacPhàrlain, ach cha robh dad innte a-mach às an àbhaist. Far an robh e na shuidhe aig taobh eile a' bhùird, thug Rebus sùil gheur air MacPhàrlain. 'S e duine dèanta a bh' ann, duine brèagha dh'fhaodadh tu ràdh, nam biodh tu miadhail air eireachdas ann am fear. Bha coltas air gun robh e làidir, ach chan ann brùideil. 'S e tiotal na sgeulachd a thigeadh a-mach anns na pàipearan-naidheachd 'Secretary's Yuppy Killer'. Chuir Rebus às an toitean.

'Tha fhios againn gur tusa rinn e, Iain. Chan eil ceist an sin idir. Tha sinn dìreach airson faighinn a-mach carson.' Bhruidhinn MacPhàrlain ann an guth sèimh, is reachd air briseadh air. 'Mo mhionnan, cha mhi rinn e, mo mhionnan.'

'Feumaidh tu dèanamh nas fheàrr na sin.' Stad Rebus fad diog. Bha na deòir a' tuiteam air briogais MhicPhàrlain. 'Cùm ort le do sheanchas,' thuirt Rebus ris.

Sgruid MacPhàrlain a ghualainn. 'Cha mhòr nach e sin uile na th' agam ri innse,' thuirt e is e a' suathadh a shròin air muinchill a lèine.

Dh'fheuch Rebus ri bhrosnachadh. 'An do stad thu an àite a dh'fhaighinn peatroil no biadh no rudeigin mar sin?' Bha fuaim na ghuth mar nach toireadh e fideadh air an fhear eile. Chrath MacPhàrlain a cheann.

'Cha do stad,' thuirt e. 'Chùm mi orm a' dràibheadh mun cuairt gus an do dh'fhàs mo cheann beagan na bu shoilleire. Ràinig mi drochaid-rathaid Linne Fhoirthe. Chaidh mi far an rathaid an sin agus stad mi aig Aiseag na Banrighinn. Thàinig mi a-mach às a' chàr an sin agus dh'amhairc mi air a' chaolas. Thilg mi a dhà no trì chlachan dhan uisge los gum biodh soirbheachadh leam.' Rinn e fiamh-ghàire a' smaoineachadh air ìoranas na cùise. 'An uair sin ghabh mi rathad a' chladaich agus thill mi a Dhùn Èideann.'

'Am faca duine thu? An do bhruidhinn thu ri neach sam bith?'

'Mas math mo chuimhne, cha do bhruidhinn.'

'Agus cha do bhuail an t-acras thu idir?' Cha robh Rebus buileach cinnteach idir às a h-uile dad.

'Bha diathad mhòr againn cheana, mi fhìn 's na co-obraichean agam agus am fear dhan robh sinn a' toirt aoigheachd. Thug sinn esan dhan taigh-bìdh ris an can iad The Eyrie. Ma ghabhas mi dinnear an sin, 's ann uair ainneamh a ghabhas mi an còrr gu madainn.'

B' e The Eyrie an taigh-bìdh a bu daoire ann an Dùn Èideann. Cha b' ann airson a' bhìdh a rachadh duine ann, ach los gun caitheadh e tòrr aigid. Bha Rebus fhèin caran acrach a-nis. Gheibheadh e roile is hama shìos anns a' chantìon.

'Cuin a chunna tu Moira Bitter mu dheireadh, is i beò?'

'S e am facal 'beò' a thug grìs air MacPhàrlain. Thug e deagh phoile mus do fhreagair e. Sheall Rebus air an teip a bha a' sìor chur nan caran. 'Madainn an-dè,' thuirt MacPhàrlain mu dheireadh thall. 'Dh'fhan i an oidhche còmhla rium sa flat agam.'

'Dè cho fad 's a tha thu air a bhith eòlach oirre?'

'Timcheall air bliadhna, chanainn. Ach cha do theann mi ri dèanamh suas rithe gu bho chionn mìos no dhà.'

'Seadh? Agus ciamar a bha thu eòlach oirre ron a sin?'

Bha dàil ann. 'Bha i a' falbh le Coinneach roimhe sin,' thuirt e mu dheireadh.

'Agus cò Coinneach?'

Thàinig rudhadh dha na gruaidhean aig MacPhàrlain mus do dh'fhosgail e bheul. 'An caraid as fheàrr a th' agam,' thuirt e. 'B' e Coinneach an caraid a b' fheàrr a bh' agam riamh. Dh'fhaodadh tu ràdh gun do ghoid mi i air. Ach sin mar a bhitheas, nach ann?' Rinn Rebus caogadh air. 'An ann?' thuirt e. Chrom MacPhàrlain a cheann a-rithist.

'Saoil am faighinn cupa cofaidh?' thuirt e gu ciùin.

Dh'aom Rebus a cheann agus chuir e thuige toitean eile.

Thug MacPhàrlain balgam às a' chofaidh, agus grèim aige air le dhà làimh mar gum b' e fear a shàbhail aig muir a bh' ann. Shuath Rebus a shròn 's e ga staghadh fhèin agus e a' faireachdainn sgìth. Choimhead e air uaireadair. Ochd uairean sa mhadainn. Nach ann aige a bha saoghal a' choin! Bha e an dèidh dà roile is hama ithe agus cha robh air fhàgail dhiubh air an truinnsear air a bheulaibh ach rùsg. Dhiùlt MacPhàrlain am biadh, ach cha tug e ach dà ghlamhach gus a' chiad chupa cofaidh òl agus bha e taingeil fear eile fhaighinn.

'Mar sin,' thuirt Rebus, 'thill thu dhan bhaile.'

'Tha sin ceart.' Ghabh MacPhàrlain balgam beag eile dhen chofaidh.

'Chan eil fhios a'm carson, ach chuir mi romham èisteachd ris an inneal-freagairt agam aig an taigh feuch an do chuir duine fòn thugam fhad 's a bha mi a-muigh.'

11

'An ann nuair a ràinig thu dhachaigh a rinn thu seo?'

Chrath MacPhàrlain a cheann. 'Cha b' ann: 's ann a rinn mi e sa chàr. Chuir mi fòn chun an taighe le bhith a' cleachdadh fòn a' chàir agus chluich an t-inneal-freagairt aig an taigh teachdaireachdean sam bith a chaidh fhàgail.'

Ge b' oil leis, dhrùidh seo gu mòr air Rebus. 'Nach tu tha gleusta,' thuirt e.

Dh'fheuch MacPhàrlain ri gàire fann a dhèanamh, ach cha do mhair e fada. 'Tè dhe na teachdaireachdan a bh' air an teip, 's ann bho Mhoira a thàinig i,' thuirt e. 'Bha i airson m' fhaicinn.'

'Aig an uair ud?' Cha do rinn MacPhàrlain ach a ghualainn a chrathadh. 'An tuirt i carson a bha i airson d' fhaicinn?' thuirt Rebus.

'Cha tubhairt,' thuirt MacPhàrlain. 'Bha an guth aice caran ... neònach.'

'Neònach?'

'Caran ... chan eil fhios agam ... caran fad' às ann an dòigh air choreigin.'

'An do dh'fhairich thu gun robh i leatha fhèin nuair a dh'fhòn i thugad?'

'Chan eil beachd fon ghrèin agam.'

'An do chuir thu fòn air ais thuice?'

'Chuir. 'S ann air an inneal-freagairt aice a dh'fhàg mi teachdaireachd.'

'An canadh tu gur e duine eudach a th' annad, a Mhaighstir MhicPhàrlain?'

'Dè thuirt sibh?' thuirt MacPhàrlain, na faclan a' tuiteam às a bheul. Thug e greis a' beachdachadh. 'Chanainn nach eil mi dad nas miosa na duine sam bith eile,' thuirt e mu dheireadh.

'Carson a bhiodh duine sam bith airson a marbhadh?'

Bha MacPhàrlain a' sìor amharc a' bhùird agus e a' crathadh a chinn gu slaodach.

'Siuthad,' thuirt Rebus, 's e a' leigeil osna: bha e a' teannadh ri fàs mì-fhoighidneach. 'Bha thu ag innse mar a fhuair thu brath bhuaipe.'

'Uill, chaidh mi dhan flat aice sa charachadh. Bha e anmoch gun teagamh. Ach bha fhios a'm nam biodh i na cadal gun rachadh agam air mi fhìn a leigeil a-staigh.'

'Chan eil thu ag ràdh,' thuirt Rebus. 'Ciamar?'

'Bha iuchair eile agam airson an taighe.'

Dh'èirich Rebus agus choisich e chun a' bhalla a b' fhaide air falbh. Thill e. Fad an t-siubhail bha e a' sìor smaoineachadh.

'Chan eil beachd agad cuin a chuir Moira fòn thugad, a bheil?' Chrath MacPhàrlain a cheann. 'Ach bidh an uair air a chomharrachadh chun na mionaid anns an inneal,' thuirt e. Ma bha deagh bheachd aig Rebus air mar-thà, 's ann a' dol nas fheàrr is nas fheàrr a bha e a-nis. Nach mìorbhaileach an teicneòlas! A bharrachd air sin, bha am barail a bh' aige air MacPhàrlain mar dhuine a' dol am feabhas. Mas e murtair a bh' ann, 's e fear dhen fheadhainn a b' fheàrr air an do thachair e riamh oir bha e air toirt a chreidsinn air Rebus gun robh e neoichiontach. Cha robh ciall anns a' ghnothach. Cha robh sìon ann a bha ga chomharrachadh mar dhuine neoichiontach. Ach a dh'aindeoin sin, bha faireachdainn a' sìor dhol am meud ann an ceann Rebus a dh'fhaillich air faighinn cuidhteas i. Agus bha faireachdainn mar sin gu deimhinne a' dèanamh dragh do Rebus.

'Tha mi airson an t-inneal ud fhaicinn,' thuirt e. 'Agus tha mi airson èisteachd ris an teachdaireachd a th' air. 'S e tha dhìth orm na faclan mu dheireadh aig Moira a chluinntinn.'

Nach iongantach mar a dh'fhàsadh cùis fhurasta gu bhith na cùis nach robh cho furasta a fuasgladh. Cha robh teagamh sam bith fhathast aig an fheadhainn a bha ag obair còmhla ri Rebus – iadsan a bha os a chionn agus iadsan a bha na b' ìsle – nach robh Iain MacPhàrlain ciontach. Bha de dh'fhianais aca na dh'fhòghnadh dhaibh, bha iad a' saoilsinn, ach cha robh criomag stèidhichte air fiosrachadh cruaidh.

Bha càr MhicPhàrlain glan: cha robh luideagan làn fala air an dinneadh dhan deireadh. Cha robh meur-lorgan MhicPhàrlain air

13

an sgithinn, ged a bha an còrr dhen àite loma làn leotha, rud nach robh na iongnadh, a chionn 's gun do thadhail e air an taigh an oidhche ud, agus air iomadh oidhche eile ron sin. Cha robh làrach a chorragan air an t-sinc anns a' chidsin no air gocan an uisge ged a nigh am murtair sgian làn fala an sin. Shaoil Rebus gun robh siud neònach. A thaobh adhbhar: an t-eud, dol a-mach air a chèile, droch ghnìomh a rinneadh bho chionn fhada air nochdadh. Bha muinntir an CID eòlach orra uile.

Chaidh a dhearbhadh gur e sàthadh le sgithinn a dh'adhbhraich am bàs, agus chaidh uair a' bhàis a chomharrachadh aig trì uairean sa mhadainn, no cairteal na h-uarach an dara taobh dheth. Aig an àm sin bha MacPhàrlain a' cumail a-mach gun robh e air an rathad air ais a Dhùn Èideann, ach cha robh fianaisean ann a dhaingnicheadh fhacal. Cha robh fuil idir air aodach MhicPhàrlain, ach mar a bha Rebus fhèin ag aithneachadh, cha robh sin a' ciallachadh nach b' e murtair a bh' ann.

Ach na b' inntinniche, ge-tà, bha gun deach MacPhàrlain às àicheadh gun do chuir e riamh fòn chun nam poileas. Gun teagamh, chuir cuideigin – am fear a rinn am murt is cinnteach – fòn thuca. Ach fiù 's nas inntinniche na sin bha an t-inneal-freagairt anns an taigh aig MacPhàrlain.

Chaidh Rebus dhan flat aig MacPhàrlain ann an Liberton a dhèanamh rannsachadh. Bha tòrr chàraichean air an t-slighe a-steach dhan bhaile, ach cha robh an trafaig a bha a' tilleadh a-mach ach tearc. B' e fear de cheàrnaidhean a' bhaile a bha cha mhòr gun ainm a bh' ann an Liberton: sgìrean a bha gu math pailt air feadh Dhùn Èideann agus air an robh meadhan-chomann a' bhaile gu math titheach. Bha taighean mòra, tomadach ann, bùthan beaga agus rathad mòr, trang a' ruith tro mheadhan. Mura robh coltas cunnartach air an àite aig meadhan-oidhche, cha robh e idir, idir cunnartach 's an latha geal ann.

Nuair a thug MacPhàrlain flat mar ainm air an taigh far an robh e a' fuireach, 's e bha e a' ciallachadh ach an dà lobhta a b' àirde air mullach taigh air leth. Chaidh Rebus air feadh an àite 's gun e cinnteach idir dè gu h-àraidh a bha e a' sireadh. Cha do lorg e mòran. Bha e soilleir gun do chùm MacPhàrlain smachd theann air a dhòigh-beatha, agus bha an dachaigh aige uidheamaichte da rèir. Bha fear dhe na rumannan air a chur air dòigh mar gymnasium le uidheam togail chuideaman is a leithid. Bha fear eile air a chur a-mach mar oifis gnìomhachais, agus bha seòmar-leughaidh air leth ann. Dh'aithnicheadh tu gur ann a' tighinn ri càil fireannaich a bha an seòmar-cadail, ged a chaidh dealbh de bhoireannach rùisgte a thoirt far a' bhalla agus a chur air cùl sèithir. Shaoil Rebus gur e buaidh Moira Bitter a bha an sin.

Anns a' phreas-aodaich bha nithean a bhuineadh dhìse còmhla ri paidhir bhròg. Bha dealbh-camara dhith, le frèam timcheall air, na sheasamh air bòrd beag ri taobh na leapa. Thug Rebus ùine mhòr a' coimhead air an dealbh seo. An uair sin, leig e osna agus dh'fhàg e an seòmar-cadail. Dhùin e an doras gu cùramach às a dhèidh. Cò aige bha fios cuin a chitheadh Iain MacPhàrlain a dhachaigh a-rithist?

Bha an t-inneal-freagairt anns an t-seòmar-suidhe. Chluich Rebus an teip air an robh a h-uile brath a ràinig an dachaigh aig MacPhàrlain air an oidhche roimhe. Bha an guth aig Moira caran fuar, lom, ach bha e a' sealltainn gun robh i gu math cinnteach aiste fhèin: 'Hallò.' An uair sin bha dàil ann. 'Feumaidh mi d' fhaicinn. Tadhail cho luath 's a dh'èisteas tu ri seo. Gaol ort.'

Bha MacPhàrlain air innse do Rebus gun sealladh an sgàilean cuin a chaidh seo a chlàradh. Chuir Moira a' fòn aig 3.50 sa mhadainn – bha sin trì chairteal na h-uarach an dèidh dhi am bàs fhaighinn. Dh'fhaodadh eadar-dhealachadh beag a bhith ann eadar an dà uair, ach cha bhiodh an diofar cho mòr ri trì chairteal na h-uarach. Sgrìob Rebus a smiogaid agus rinn e cnuasachadh. Chuir e an teip gu dol a-rithist.

'Hallò.' An uair sin bha dàil ann. 'Feumaidh mi d' fhaicinn.' Stad e an teip agus dh'èist e rithe aon uair eile, ach an turas seo chuir e am fuaim suas agus dh'èist e le chluas air a dinneadh gu teann air an inneal. Bha a' bheàrn eadar 'Hallò' agus 'Feumaidh' neònach agus cha robh fuaim na teip ach fann. Chuir e air ais i chun an toisich agus dh'èist e ri teachdaireachd eile a thàinig an oidhch' ud. Bha an clàr fada na bu ghlaine agus bha an guth na bu shoilleire. An sin, dh'èist e ri Moira a-rithist. Nach fhaodadh na h-innealan-clàraidh a dhol ceàrr aig amannan? Tha fhios gum faodadh. Ma dh'fhaodte gun do bhean cuideigin ris an inneal los gun sealladh e an uair cheàrr air an sgàilean. 'S dòcha nach robh an clàradh fhèin fìor. An dèidh sin 's na dhèidh, cò rachadh am fianais gur e an guth aig Moira Bitter a bha ri chluinntinn? Cò ach Iain MacPhàrlain. Ach chaidh Iain MacPhàrlain a ghlacadh 's e a' feuchainn ri teicheadh às an àite san do rinneadh murt. Agus a-nis, bha e mar gum biodh e a' leigeil air ri Rebus gun deach e a choimhead air a leannan air sàillibh brath a fhuair e bhuaipe. Ceart gu leòr, dh'fhaodadh e bhith gun robh an teip fallsa agus gun robh MacPhàrlain ga ùisneachadh los gun dèanadh e an stòiridh a bha e ag innse na bu làidire. Ach nach e bha gòrach nach do chuir e gu feum i gus an deach an nighean a mharbhadh! A dh'aindeoin sin, a rèir na chuala Rebus dhen ghuth aig Moira air an inneal-freagairt aice fhèin, bha an dà ghuth gu math coltach ri chèile. Och, leigeadh e le luchd-saidheans a' phoilis anns na labs aca an gnothach a rèiteachadh len cuid innleachdan a dhèanadh na mìorbhailean. Bha còir aig duine sònraichte nam measg fàbhar a dhèanamh do Rebus.

Chrath Rebus a cheann. Fhathast cha dèanadh e bun no bàrr dhen ghnothach. Chluich e an teip a-rithist 's a-rithist.

'Hallò.' Dàil. 'Feumaidh mi d' fhaicinn.'

'Hallò.' Dàil. 'Feumaidh mi d' fhaicinn.'

'Hallò.' Dàil. 'Feumaidh'

Agus gu grad, dh'fhàs an gnothach rud beag na bu shoilleire na inntinn. Thug e a-mach an teip agus chuir e ann am pòcaid a sheacaid i, agus an uair sin thog e a' fòn is chuir e fios a stèisean nam poileas. Dh'fhaighnich e am faodadh e bruidhinn ri DC Brian Holmes. Bha blas sàraichte, ach aig an aon àm caran spòrsail, air a' ghuth a fhreagair.

'Cha leig thu leas a bhith ag innse dhomh,' thuirt Holmes.

'Leig leam tomhas a dhèanamh. Tha thu airson gun cuir mi sàr san obair an làrach nam bonn los gun dèan mi fàbhar dhut.'

'Feumaidh gu bheil fiosachd agad. Ach tha dà fhàbhar a dh'fheumas tu a dhèanamh dhomh. An toiseach, na brathan a thàinig thugainn a-raoir. Èist ris a' chlàr agus feuch am faigh thu lorg air brath a chuir MacPhàrlain thugainn agus e a' dèanamh a-mach gun do mharbh e a leannan. Dèan lethbhreac dhen sin agus fuirich far a bheil thu gus an tig mi. Tha teip eile agam dhut agus tha mi airson gun cuir thu na dhà dhiubh dhan lab. Thoir rabhadh dhaibh gu bheil thu air do shlighe-'

'Agus can riutha gum feumar a dhèanamh sa bhad; tha fhios a'm. An-còmhnaidh feumar a dhèanamh sa bhad. Canaidh iadsan, mar a chanas iad daonnan: thoir dhuinn ceithir lathaichean.'

'Cha chan an turas seo,' thuirt Rebus. 'Bruidhinn ri Bill Costain agus cuir na chuimhne gu bheil nì aig Rebus air. Ge bith dè bhios e a' dèanamh, feumaidh e an obair sin a chur gu aon taobh. Feumaidh an toradh a bhith agam an-diugh fhèin, chan ann an-ath-sheachdain.'

'Dè th' agad air Bill?'

'Ghlac mi e a' smocadh marijuana anns an taigh-bheag air a' mhìos seo chaidh.'

Thug seo gàire air Holmes. 'Nach e an saoghal a tha air a dhol gu ... pot!' thuirt e. Cha do rinn Rebus ach gnòsail nuair a chuala e an dibhearsain seo agus chuir e sìos a' fòn. Bha cruaidh-fheum aige air còmhradh a dhèanamh ri Iain MacPhàrlain a-rithist. Chan ann mun fheadhainn air am biodh e a' suirghe, ach mu na caraidean aige.

Bha Rebus air clag an dorais a bhualadh aon trì tursan mus cuala e guth bhon taobh a-staigh.

'Gabh air do shocair e; tha mi a' tighinn.'

'S e duine àrd, caol is speuclairean le frèamaichean uèir gu fada shìos air a shròin a dh'fhosgail an doras. Bha e a' liùgadh air Rebus fhad 's a bha e a' cìreadh a ghruaig le mheòirean.

17

'A Mhaighstir MhicThòmais?' thuirt Rebus. 'Maighstir Coinneach MacThòmais?'

'Is mi,' fhreagair an duine. 'Tha sin ceart.'

Bha Rebus deas leis an ID aige. 'Inspeactair-sgrùdaidh John Rebus' thuirt e. 'Am faod mi tighinn a-staigh?'

Dh'fhosgail MacThòmais an doras dha.

''S e ur beatha,' thuirt e. 'Am biodh seic math gu leòr?'

'Seic?'

'Tha mi a' tuigsinn gur e na bileagan parcaidh a chuir an seo sibh,' thuirt an duine. 'Air m' onair, bha mi a' dol gam pàigheadh gun teagamh. 'S e bu choireach gun do dh'fhaillich e orm tighinn thuige na bu thràithe gu bheil mi air a bhith sgràthail fhèin trang eadar a h-uile càil a th' ann…'

'Tha thu ceàrr,' thuirt Rebus ann an guth fuar fad' às. 'Chan ann air sgàth bileagan parcaidh a tha mise air ceann gnothaich.'

'Ò, nach ann?' thuirt MacThòmais is e a' putadh a speuclairean suas air a shròin agus a' sìor choimhead air Rebus. 'Dè ur gnothach an seo, ma-tà?'

''S ann am Moira Bitter a tha an ùidh agam,' thuirt Rebus.

'Moira? Dè mu deidhinn?'

'Tha i marbh.'

Bha Rebus an dèidh MacThòmais a leantainn a-steach do rùm mì-sgiobalta a bha loma-làn phàipearan-naidheachd is irisean. Bha hi-fi na sheasamh ann an aon oisean, agus air an sìneadh a-mach fad balla gu lèir bha sgeilpean làn teipichean casaet. Bha iad seo air an cur an òrdugh, mar gum biodh cuideigin air clàr-amais a chur orra, le figear comharrachaidh àraidh air cùl a h-uile casaet.

Sheas MacThòmais na stob reòta 's e an teis-meadhan sèithear a chartadh gus am faigheadh Rebus àite-suidhe nuair a chuala e na briathran aige.

'Marbh?' thuirt e 's e a' plosgartaich. 'Ciamar?'

'Chaidh a murt. Tha sinn dhen bheachd gur e Iain MacPhàrlain a mharbh i.'

'Iain?' thuirt MacThòmais, 's e a' coimhead caran amharasach an toiseach, agus an uair sin mar gum biodh e a' gabhail ris. 'Ach carson?'

'Chan eil fhios againn air a sin fhathast. Shaoil mi gum b' urrainn dhut fhèin beagan cuideachaidh a thoirt dhuinn.'

'Cuidichidh mi sibh gu dearbh. Siuthadaibh. Nach suidh sibh?'

Chuir Rebus sliasaid air oir an t-sèithir agus sguab MacThòmais meall de phàipearan gu aon taobh agus shocraich e e fhèin air an t-sòfa.

''Cha chreid mi nach e sgrìobhadair a th' annad,' thuirt Rebus.

Dh'aom MacThòmais a cheann, ach bha coltas air gun robh aire air falbh gu smuain eile. ''S e sin a th' annam gun teagamh,' thuirt e. 'A' sgrìobhadh air mo cheann fhèin air biadh is deoch, siubhal, cuspairean mar sin. Air uairean coimisean airson leabhar a sgrìobhadh. Sin a tha mi a' dèanamh an-dràsta – a' sgrìobhadh leabhar.'

'Ò, is fìor thoigh leam fhìn leabhraichean. Cò mu dheidhinn a bheil e?'

'Feuch nach bi sibh a' fanaid orm,' thuirt MacThomais, 'ach 's ann air eachdraidh nam prainnseag a tha mi a-mach.'

'Eachdraidh nam prainnseag?' Cha b' urrainn do Rebus gun a bhith a' gàireachdaich. Cha robh a bheul idir cho staoin a-nis: bha e mar gum biodh cuideigin an dèidh cluasag a chur air a' chloich. Ghlan e a sgòrnan agus sheall e timcheall air an rùm air fad, 's e a' faicinn tùir de leabhraichean a bha a' leigeil taic gu cugallach ris na ballachan. Nam measg bha bileagan, pasgain is bìdeagan de phàipearan-naidheachd. ''S fheudar gu bheil thu a' dèanamh tòrr rannsachaidh,' thuirt e, is e a' cur meas air an obair aige.

'Air uairean bithidh,' thuirt MacThòmais. An uair sin chrath e a cheann. 'Is doirbh leam a chreidsinn. Tha mi a' ciallachadh, an naidheachd mu dheidhinn Moira. Agus Iain.'

Thug Rebus a-mach leabhar-sgrìobhaidh. Cha b' ann a dh'aon ghnothach, ach gus am faiceadh e a' bhuil air MacThòmais. 'Bha thu fhèin agus Moira Bitter a' cumail ri chèile greis mhath, nach robh?' dh'fhaighnich e.

'Tha sin ceart, Inspeactair'

'Ach an uair sin dh'fhalbh i còmhla ri MacPhàrlain.'

'Tha sibh ceart a-rithist.' Bha blas searbh air tighinn air guth MhicThòmais.

'Bha mi gu math feargach aig an àm, ach fhuair mi os a chionn.'

'An robh thu a' dol na còir fhathast?'

'Cha robh.'

'Agus dè mu Mhaighstir MacPhàrlain?'

'Cha bhitheadh. Bhruidhinn sinn air a' fòn uair no dhà. Ach an-còmhnaidh, bhiomaid a' cur crìoch air ar còmhradh le bhith ag èigheach ri chèile.

B' àbhaist dhuinn a bhith mar – tha fhios a'm gum bi daoine tric ag ràdh an aon rud – bha sinn dìreach mar dhithis bhràithrean.'

'Tha e coltach,' thuirt Rebus. 'Sin a' chuimhne a bh' aig MacPhàrlain ort.'

'An e?' thuirt MacThòmais, is e air ùidh a ghabhail san fhios a bha seo. 'Dè an còrr a bh' aige ri ràdh?'

'Cha robh mòran idir.' Dh'èirich Rebus agus choisich e a-null chun na h-uinneig. Tharraing e na cùirtearan lios los gun sealladh e air an t-sràid shìos fodha. 'Thuirt e gun do chuir sibh eòlas air a chèile bho chionn fhada.'

'O bha sinn a' dol dhan sgoil còmhla,' thuirt MacThòmais.

Dh'aom Rebus a cheann. 'Agus thuirt e gur e Ford Escort dubh a bhiodh tu a' dràibheadh. An e sin e shìos air taobh thall na sràide?' Thainig MacThomais a-nall chun na h-uinneig.

''S e,' fhreagair e gu mì-chinnteach. 'Sin an càr agamsa, ach dè an gnothach a th'aig – '

'Mhothaich mi dha nuair a bha mi a' parcadh a' chàir agam fhìn,' thuirt Rebus, 's gun e a' toirt feart air MacThòmais. Leig e leis na cùirtearan tuiteam a-rithist agus thionndaidh e air ais chun an t-seòmair. 'Thug mi 'n aire gu bheil rabhadh-mèirle agad sa chàr.

Tha mi cinnteach gum bi grunn mhèirleach timcheall air an sgìre seo.'

'Chan ann am broilleach nan uaislean a tha mi a' fuireach,' thuirt MacThòmais. Chan eil a h-uile sgrìobhadair coltach ri Jeffrey Archer.'

'An robh buintealas aige ri airgead?' dh'fhaighnich Rebus.

Thug MacThòmais greis mus do fhreagair e.

'An robh ceangal eadar airgead agus dè rud?'

'An ann air sàillibh an airgid a dh'fhàg Miss Bitter thu airson Mgr MacPhàrlain? Chan eil e gann dhen sgillinn, a bheil?'

Dh'fhàs guth MhicThòmais na bu chruaidhe. 'Chan eil fhios a'm de a' ghnothach a th' aig a seo ri –'

'Bhris cuideigin a-steach dhan chàr agad bho chionn a dhà no trì mhìosan, nach do bhris? Bha Rebus a-nis a' dèanamh sgrùdadh air cruach irisean a bh' air an ùrlar. 'Leugh mi iomradh a' phoilis mu dheidhinn. Ghoid iad an rèidio agus a' fòn às a' chàr agad, nach do ghoid?'

'Ghoid.'

'Thug mi 'n aire gun do chuir thu fòn ùr a-steach dhan chàr.' Sheall Rebus air MacThòmais. Rinn e gàire beag agus lean e air a' leughadh nan irisean.

'Gu dè ged a chuir?' thuirt MacThòmais. Bha coltas caran troimh-a-chèile air a-nis, 's gun fhios aige cò an taobh a bha Rebus a' gabhail leis a' chòmhradh.

'Bhiodh feum aig neach-naidheachd air fòn a bhith aige sa chàr, nach bitheadh?' thuirt Rebus. 'Los gum faodadh daoine bruidhinn ris agus fios a chur thuige uair sam bith. A bheil sin ceart?'

'Cho ceart 's a ghabhas, Inspeactair.'

Thilg Rebus an iris air ais air a' chruaich agus dh'aom e a cheann gu slaodach. 'Rudan mìorbhaileach, fònaichean nan càraichean.' Choisich e a-null gu deasg MhicThòmais. Cha robh fad' aige ri dhol a chionn 's nach robh am flat ach beag. Bha e follaiseach gun robh an rùm seo na ionad-còmhnaidh agus na sheòmar-leughaidh mar aon. Chan e gun robh mòran dhaoine a' tighinn a chèilidh air MacThòmais. 'S dòcha gun robh feadhainn dhen bharail gun robh e ro chonnspaideach, agus gun robh feadhainn eile dhen bheachd gun robh e ro dhùinte. 'S e sin a bha MacPhàrlain ag ràdh co-dhiù.

Air an deasg bha tuilleadh sgudail, ged a rinneadh oidhirp air sgioblachadh. Bha pròiseasair-sgrìobhaidh beag, grinn an sin cuideachd agus ri thaobh bha fòn na laighe. Agus làimh ris a' fòn bha inneal-freagairt.

'Siud an dòigh,' thuirt Rebus. 'Feumaidh luchd nam pàipear-naidheachd a bhith a' conaltradh ri chèile. Conaltradh. Sin a h-uile rud. Agus innsidh mi dhut rud eile dhut mu luchd-naidheachd.'

'Dè rud?' A chionn 's nach b' urrainn dha an ceann-uidhe aig Rebus aithneachadh, bha fonn ann an guth MhicThòmais a bha ag innse gun robh e, mar gum biodh, air a leamhachadh. Stob e a làmhan gu domhainn a phòcaidean na briogais aige.

'Tha luchd-sgrìobhaidh nam pàipearan uile ri gleidheadh.' Mar a thàinig na faclan a-mach às a bheul, shaoileadh tu gur ann bho ghliocas nam ban-sìthe a bha a' chomhairle. Ghabh Rebus plathadh dhen rùm a-rithist. 'Tha mi a' ciallachadh gum bi iad cha mhòr ri stòradh gun chiall. Chan fhuiling iad dad sam bith a thilgeil air falbh, oir chan eil fhios aca le cinnt cuin a bhios feum aca air rudeigin. Bheil mi ceart?'

Sgruid MacThòmais a ghualainn.

'Tha mi ceart,' thuirt Rebus. 'Cuiridh mi geall gu bheil. Nach seall thu air na bogsaichean-casaet a th' agad shuas an sin, mar eisimpleir?' Ghabh e ceum no dhà a-null gu far an robh sreathan de theipichean air an sìneadh a-mach ann an deagh òrdugh. 'Dè chuir thu orra? Agallamhan, rudan dhen t-seòrsa sin, an e?

''S e rudan mar sin a tha sa chuid as motha dhiubh,' dh'aontaich MacThòmais.

'Agus tha thu gan gleidheil fhathast ged a tha iad cho sean ri ceò nam beann?'

Sgruid MacThòmais a ghualainn a-rithist. 'Okay, bidh mi gan gleidheadh.'

Ach bha Rebus air mothachadh do rudeigin air an sgeilp àird – bogsaichean air an dèanamh le cairt-bhòrd. Shìn e a ghàirdeanan suas agus thug e fear dhiubh a-nuas. Na bhroinn bha teipichean eile air an comharrachadh a rèir na mìos agus a rèir na bliadhna a chaidh an clàradh. Ach bha na teipichean seo na bu lugha na an fheadhainn eile. Thug e am bogsa do MhacThòmais is e ga cheasnachadh le shùilean.

Rinn MacThòmais snodha-gàire frionasach. 'Sin teipichean a thug mi a-mach às an inneal-freagairt,' thuirt e.

Tha thu gan gleidheil sin cuideachd?' thuirt Rebus, 's e a' leigeil air gun robh sin na chùis-iongnaidh.

'Uill,' thuirt MacThòmais, 'can gun aontaich cuideigin ri rudeigin air a' fòn, ann an agallamh mar shamhla, agus an uair sin gun tèid e às àicheadh nas fhaide air adhart. Tha mi gan gleidheil mar chunntas air na gheall e.'

Dh'aom Rebus a cheann, is e a-nis a' tuigsinn a' ghnothaich. Chuir e am bogsa ruadh air ais air an sgeilp. Bha a chùl fhathast ri MacThòmais nuair a sheirm a' fòn; fuaim biorach, àrd.

'Duilich,' thuirt MacThòmais, 's e a' dol ga fhreagairt.

'Tha sin taghta.'

Thog MacThòmais cromag a' fòn. 'Hallò.' Dh'èist e greis, is an sin chuir e sgraing air aodann. Shìn e a' fòn gu Rebus. ''S ann ribhse a tha e airson bruidhinn, Inspeactair.'

Chuir Rebus na cluasan air ma b' fhìor, is ghabh e a' fòn bhuaithe. Mar a bha fhios aige bhon toiseach, cò bh' ann ach DC Holmes.

'Okay,' thuirt Holmes. 'Chan eil dad agad air Costain bho seo a-mach. Dh'èist e ris an dà theip. Ged nach do dh'fheuch e a h-uile deuchainn orra fhathast, cha mhòr nach eil e deimhinne.'

'Siuthad, cùm ort.' Bha Rebus a' sìor choimhead air MacThòmais, a bha na shuidhe air sèithear le làmhan air a ghlùinean.

'A' fòn a chuireadh thugainn a-raoir,' thuirt Holmes, 'nuair a dh'aidich Iain MacPhàrlain gun do mharbh e Moira Bitter, 's ann bho inneal a ghiùlaineas tu nad làimh a thàinig an naidheachd.'

'Chan eil thu ag ràdh!' thuirt Rebus 's e ag amharc gun phriobadh air MacThòmais. 'Agus dè mu dheidhinn na teip eile?'

'Uill, an teip a thug sibh dhomh, tha e coltach gun deach a clàradh air astar.'

'Dè tha sin a' ciallachadh?'

Tha e a' ciallachadh,' thuirt Holmes, 'a rèir na thuirt Costain, nach e clàradh glan a bh' ann idir: 's e th' ann ach clàradh a chaidh a chlàradh bho teip eile.' Dh'aom Rebus a cheann 's e riaraichte.

'Okay, tapadh leat, 'ille.' Chuir e a' fòn sìos.

'An e deagh naidheachd no droch naidheachd a fhuair sibh?' dh'fhaighnich MacThòmais.

'An dà chuid,' fhreagair Rebus gu smaoineachail. Bha MacThòmais a-nis air a chasan.

'Cha chreid mi nach gabh mi drama, Inspeactair. An gabh sib' fhèin deur?'

'Tha e rud beag ro thràth dhòmhsa, tha eagal orm,' thuirt Rebus 's e a' toirt sùil air an uaireadair aige. Bha e aon uair deug air a' bhuille: bhiodh na taighean-òsta a' fosgladh an-dràsta. 'Glè mhath,' thuirt e. 'Gabhaidh mi tè bheag.'

'Tha an t-uisge-beatha anns a'chidsin,' thuirt MacThòmais.

'Cha bhi mi tiota.'

'Tha sin taghta, dìreach taghta.'

Bha Rebus ag èisteachd nuair a dh'fhàg MacThòmais an rùm 's e a' dèanamh air a' chidsin. Bha e na sheasamh ri taobh an deasg 's e a' cur ri chèile na inntinn a h-uile sìon a b' aithne dha a-nis. An uair sin, an dèidh dha ceumannan MhicThòmais air a shlighe air ais bhon chidsin a chluinntinn, agus cuideachd dèilean an làir a' dìosgail fo chuideam, rug e air bucaid-sgudail a bha fon deasg, agus aig an dearbh àm a thàinig MacThòmais a-steach dhan rùm, thaom e a-mach na bha na broinn air an t-sòfa.

Sheas MacThòmais anns an doras, gun smid aige, agus glainne

uisge-bheatha anns gach làimh. 'Dè fo thalamh a tha sibh a' dèanamh?' thuirt e mu dheireadh is e a' plubraich. Ach cha do leig Rebus air gun cuala e MacThòmais agus theann e ri sporghail air feadh na bha am broinn na bucaid, 's a h-uile sìon a-nis air a sgaoileadh air a bheulaibh, agus e a' bruidhinn fhad 's a bha e a' rannsachadh.

'Cha mhòr nach d' fhuair thu às leis, a Mhaighstir MhicThòmais. Leig leam seo a mhìneachadh dhut. Chaidh am murtair dhan flat aig Moira Bitter agus, a dh'aindeoin 's gun robh e cho anmoch, thug e oirre a leigeil a-steach. Cha do sheall e tròcair dhi nuair a mharbh e i, faodaidh sinn a bhith cinnteach às a sin. Chan fhaca mi riamh roimhe a leithid de chnuasachadh timcheall air murt. Ghlan e an sgian agus chuir e air ais dhan drathair i. Bha miotagan air, oir thigeadh dha bhith air earalas: bha fios aige gum biodh lorgan-meòir MhicPhàrlain air feadh an àite gu lèir agus ghlan e an sgian a dh'aona ghnothach los gun cuireadh e às fianais gun robh miotagan air. Cha robh miotagan idir, tha fhios agad, air MacPhàrlain.'

Ghabh MacThòmais balgam uisge-beatha, ach a-mach às sin bha e gun ghluasad. Bha na sùilean aige air a dhol fàs, mar gum biodh e a' leantainn stòiridh Rebus na inntinn.

'Chaidh iarraidh air MacPhàrlain a dhol dhan flat aig Moira,' thuirt Rebus 's e a' cumail air le rùrachadh. 'Ach cha b' ann bhuaipese a thàinig an t-iarrtas. Cha robh MacPhàrlain cho gòrach 's nach aithnicheadh e guth air an robh e gu math eòlach. Dh'fhan am murtair taobh a-muigh flat Moira gus an tigeadh MacPhàrlain. An uair sin, chuir e fòn eile – an turas seo chun a' phoilis agus e ag atharrais air MacPhàrlain 's e air a dhol às a rian. Tha fios againn gun do chuireadh a' fòn mu dheireadh a bha seo air fòn càir. Tha muinntir an t-saidheans gu math gleusta. Tha am poileas nan luchd-tasgaidh cuideachd, a Mhgr MhicThòmais, bheil fhios agad? Tha sinn a' clàradh a h-uile fios-èiginn a thig thugainn. Cha bhi e doirbh dhuinn sgrùdadh mionaideach a dhèanamh air guth

MhicPhàrlain agus feuchainn ri mhaidseadh ri Iain MacPhàrlain. Ach chan e Iain MacPhàrlain a bhios ann, an e? Sguir Rebus de bhruidhinn airson blasad de dhràma fhàgail air a' cheist. ''S tusa a bhios ann.'

Rinn MacThòmais snodha beag gàire, ach cha robh an grèim a bh' aige air an dà ghlainne idir teann, agus bha an t-uisge-beatha a' sruthadh à tè dhiubh.

'Tha thu agam!' thuirt Rebus. Bha e air lorg fhaighinn air an rud a bha e a' coimhead air a shon am measg na trealaich a bha am broinn na bucaid. Ged a bha aodann gun bhearradh agus coltas gu math sgìth air, thàinig plìonas air aodann a bha ag innse gun robh e air a dhòigh glan nuair a ghreimich e air rudeigin eadar a sgealbag is òrdag. Thog e làmh suas gus am faiceadh e fhèin agus MacThòmais na b' fheàrr dè bh' aige eadar a chorragan. Dè bh' ann ach criomag bheag, bhìodach, ruadh de theip-clàraidh.

'Bheil thu a' tuigsinn,' thuirt Rebus, 'gum feumadh am murtair MacPhàrlain a tharraing chun a' chuirp air dòigh air choreigin? An dèidh dha Moira a mharbhadh, chaidh e sìos dhan chàr aige, mar a thuirt mi cheana. An sin bha fòn aige agus inneal-clàraidh. Mar a tha fhios againn, 's e fear a bhios a' gleidheadh a tha sa mhurtair. Bha e air a h-uile teip a bh' anns an inneal-freagairt aige a ghleidheil, agus nam measg bha a h-uile teachdaireachd a chuir Moira thuige aig an àm a bha iad a' dèanamh suas ri chèile. Fhuair e an teachdaireachd a bha a dhìth air agus rinn e gearradh oirre. Cha robh aige a-nis ach seo a chur chun an inneil-freagairt a bh' aig MacPhàrlain. Cha robh an còrr aige ri dhèanamh an dèidh sin ach a bhith a' feitheamh. B' iad na briathran a chuala MacPhàrlain, "Hallò. Feumaidh mi d' fhaicinn." Bha dàil ann eadar "Hallò" agus "Feumaidh". Agus 's ann sa bheàrn ud a rinneadh atharrachadh air an teip. Chaidh pìos a ghearradh aiste.' Choimhead Rebus air an t-sliseag teip. Chan eil oirre seo ach aon fhacal. 'S e sin "Choinnich". 'S e bh' oirre mus do bhean thu rithe ach "Hallò, Choinnich. Feumaidh mi d' fhaicinn." 'S ann riutsa a bha Moira a' bruidhinn, a Mhaighstir MhicThòmais, agus 's fhada on uair sin.'

Thilg MacThòmais an dà ghlainne còmhla, agus iad a' sràcadh air Rebus. Ach chrùb esan is chuir MacThòmais am beum air a tharsainn. Bhuail na glainneachan anns a' bhalla air cùl Rebus is thuit tòrr sgealban air ceann Rebus. Bha MacThòmais air an doras-aghaidh a ruighinn mar-thà, agus bha e air fhosgladh, mus tug Rebus cruinn-leum air a mhuin agus phut e am fear òg a-mach air an doras gu ceann na staidhre. Bhuail ceann MhicThòmais anns na rèilichean iarainn le glag mus do leig e roimhe. Chrath Rebus dheth na spealgan glainne, ged a dh'fhairich e mìr no dhà fhathast ga bhriogadh nuair a shuath e aodann le làimh. Chuir e làmh ri shròin agus tharraing e anail mhòr. Bhiodh athair daonnan ag ràdh gun cuireadh an t-uisge-beatha gaoiseid air a bhroilleach. Saoil an toireadh e leigheas air a bhathais 's air mullach a chinn?

'S e murt glan a bh' ann. Uill, cha mhòr nach b' e. Ach cha do smaoinich MacThòmais air a' chomas air leth a bh' aig Rebus. 'S e sin gum b' urrainn dha creidsinn gun robh cuideigin neoichiontach a dh'aindeoin cho mòr 's a bha an fhianais na aghaidh. Bha e glè shoilleir, ma b' fhìor, aig toiseach cùise gun robh MacPhàrlain ciontach. Ach dh'fhairich Rebus gu làidir gun robh teagamh sa ghnothach, agus b' fheudar dha smaoineachadh nach robh rian air ach gun robh stòiridhean eile, adhbharan eile, meadhanan eile co-cheangailte ris a' chrìch oillteil a bha seo. Cha dèanadh e an gnothach cantail gun deach Moira a mharbhadh le cuideigin a b' aithne dhi. Dh'fheumadh MacPhàrlain a bhith air a chur ann an lìon. Bha am murtair an tòir air an dithis aca. Ach b' ann air Moira a bha gràin an uilc aig a' mhurtair, air sgàth 's gun do bhris i an càirdeas agus a chridhe.

Sheas Rebus air stairsich stèisean a' phoilis. Bha MacThòmais ann an cealla am badeigin fo chasan. Bhiodh e ag aideachadh ri gach nì. Rachadh e dhan phrìosan, agus bha MacPhàrlain, 's gun e a' tuigsinn cho fortanach 's a bha e air a bhith, air a leigeil mu sgaoil.

Bha na rathaidean glè thrang a-nis: trafaig àm dinnearach, fuaimean àbhaisteach a chluinnear a h-uile latha. Bha a' ghrian

27

fhèin ris, an dèidh dhi a bhith air a mùchadh. Thug seo uile gu cuimhne Rebus gun robh an latha aigesan air tighinn gu crìch a-nis. Bha an t-àm aige, sgrìob a thoirt dhachaigh, e fhèin a bhogadh fon fhrasair, a chuid aodaich atharrachadh, agus nam b' e sin toil an Tighearna agus an t-Sàtain, norrag bheag a ghabhail.

2

MALLACHD DEAN

B' e am Brigadier, air neo 'am fear-airm ud a cheannaich a'
West Lodge,' a bh' aig muinntir Bharnton air an duine. B' e taigh
mòr, tomadach a bha san Loidse an Iar, agus cha deach mòran
leasachaidh a dhèanamh rithe gu bho chionn ghoirid. Bha an taigh
air a thogail air acaire gu leth de thalamh le badan chraobhan air
fheadh agus balla-cloiche timcheall air. Bha a' chuid bu mhotha de
mhuinntir an àite toilichte gun robh na ballachan àrda timcheall
ga fhalach oir bha an taigh ro bhiorach agus ro ghotaig dhaibh. Gu
cinnteach bha an taigh-còmhnaidh seo ro mhòr dhan bhanntraich
agus an nighean sturraiceach aige. Bhiodh nàbaidhean feòrachail
a' ceasnachadh na tè a bha a' glanadh an àite dha, boireannach
pòsta air an robh A' Bh-uas NicIllinnein mar ainm, mun dithis,
ach cha robh aicese ach gun do rinn am Brigadier-General Dean
leasachadh air pàirt dhen taigh agus gun robh a' chuid bu mhotha
dheth cofhurtail gu leòr. Bha fear dhe na rumannan na leabharlann
a-nis, fear eile na sheòmar-billiards, fear eile na sheòmar-sgrùdaidh
agus fear eile na sheòmar-eacarsaich, 's mar sin air adhart. Bha
cunntas mar seo a' còrdadh ris an luchd-èisteachd math gu leòr,
ach cha do dh'fhoghain sin dhaibh. Bha iad ag iarraidh tuilleadh.
Dè mun nighinn? Am b' aithne dhi dad mu eachdraidh-beatha a'

Bhrigadier fhèin? Dè dh'èirich dhan tè a bha pòst' aige?

Dh'fhaighnicheadh do luchd-bùtha cuideachd airson am beachdan. 'S e càr eireachdail le mullach fosgailte a bha am Brigadier a' dràibheadh. Bha e mar chleachdadh aige a bhith a' stad le fuaim mòr ri taobh an rathaid. Cha bu luaithe a bha an càr na stad na leumadh e a-mach, is rachadh e na chabhaig a-steach do chorra bhùthaidh a dh'fhaighinn na bha a dhìth air. Bha e ainmeil cuideachd airson a bhith a' tighinn a-mach às an tè bu daoire dhe na bùthan a bha a' reic deoch-làidir aig an aon àm a h-uile latha is botal de rudeigin aige na làimh.

Bha Bob Sladden, an grosair, a' cumail a-mach gun do rugadh am Brigadier-General Dean anns an sgìre agus gun do chaith e greis dhe òige anns an Loidse an Iar agus air sàillibh sin, nuair a leig e dheth a dhreuchd, gun tàinig e a dh'fhuireach ann a chionn 's gun robh an taigh mòr a' toirt na chuimhne làithean geala òige. Ach cha chuimhnicheadh A' Bh-uas Dalrymple, a bha air aois ceithir fichead 's a trì-deug a ruighinn agus a bha air neach cho aosta 's a bh' ann am Barnton, air teaghlach dom b' ainm Dean a bha riamh a' fuireach anns an Loidse an Iar. Gu dearbh, cha robh cuimhne aice air duine sam bith air an robh an t-ainm Dean a bhith a' fuireach anns a' chuid seo de Bharnton. Ach a-mhàin Sam Dean. Ach nuair a chuireadh ceistean oirre mu dheidhinn Sam Dean, cha dèanadh i ach a ceann a chrathadh is chanadh i: 'S e bleigeard a bha san fhear ud agus fhuair e an rud a thoill e. 'S e an Cogadh Mòr a chuir crìoch airsan.' An uair sin, chrathadh i a ceann gu slaodach is gu smaoineachail agus cha bhiodh na daoine dad sam bith na b' fhaide air adhart.

Bha fathannan a' sìor dhol am meud an dèidh sin, nuair nach robh brath às ùr a' tighinn am bàrr. Aon fheasgar ann an taigh-seinnse air an robh An Claymore – cha mheantraigeadh am 'Brigadier ' a dhol na chòir – (agus cò chuala riamh mu neach a bha san arm nach robh dèidheil air an druthaig?) chuir fear òg, dom b' ainm Uilleam Barr, fear-plèastraidh gun obair aig an àm, beachd ùr air adhart.

''S dòcha nach e Dean an t-ainm ceart aige.'

Ach rinn a h-uile duine a bha timcheall air a' bhòrd-pool lachan gàire nuair a chuala iad sin, agus cha do rinn Uilleam còir ach a ghualainn a sgruideadh 's e ga chur fhèin air ghleus gus beum eile a thoirt dhan bhall. 'Uill,' thuirt e, 'co-dhiù tha Dean air mar ainm gus nach eil, b' fheàrr leam an nighean aige a bhith maille rium na duine sam bith agaibhse.'

An uair sin, dh'fheuch e ri buille dhùbailte a chur air a' bhall-targaid 's e a' toirt air leum a-mach air cliathaich a' bhùird, ach cha deach gu math leis. Cha b' ann air sàillibh 's gun robh an suidheachadh doirbh, no air sàillibh cus òl a dh'fhàillig e, ach a thaobh 's gun tàinig crith air uilinn nuair a chuala e brag an spreadhaidh.

'S e càr eireachdail dha-rìribh a bh' ann; Jaguar XJS convertible, agus dath dearg air a chuireadh dalladh air sùilean. Am measg an t-sluaigh ann am Barnton cha robh aon duine a shaoileadh gum buineadh an càr do dhuine sam bith eile. A bharrachd air sin, bha a h-uile duine eòlach air an dòigh anns am biodh am Brigadier ga pharcadh 's e a' toirt air a' charbad brag mòr a dhèanamh. Agus cuideachd dh'aithnicheadh iad crònan an einnsein a bha a' dol gun stad fhad 's a bha e fhèin anns a' bhùthaidh. Bhiodh feadhainn ri gearan – gun a bhith a' seasamh ris bus ri bus feumar a ràdh – mun fhuaim agus mun toit a bha a' spùtadh a-mach à pìob an einnsein. Cha robh fhios aig duine carson nach cuireadh Dean stad air an einnsean. A rèir an dol air adhart aige, bha e an-còmhnaidh deiseil gu tarraing às cho luath 's a ghabhadh dèanamh. Air an fheasgar seo, bha an teicheadh na bu bhraise na b' àbhaist, 's na taidhrichean a' sgiamhail, nuair a bhrùchd an càr air falbh bhon chabhsair na leum agus a dh'fhalbh e mar am peilear sìos an rathad seachad air na bùthan. An toiseach, ar leis an t-sluagh gun robh an dràibhear a' dol a ghabhail tron t-solas dhearg aig a' chrois-rathaid thrang. Ach cha d' fhuair e an cothrom. Dh'èirich lasair mhòr suas dhan iarmailt far an robh an càr diog roimhe sin, agus chualas spreadhadh a thug cluas bhodhar dhan fheadhainn a bha mun cuairt. Bhrùchd pìosan meatailt suas dhan adhar, 's an uair sin thuit iad gu làr fear às dèidh fir, agus bha a' bhuil air na daoine a bha a' dol seachad le feadhainn dhiubh air an droch leòn is feadhainn eile 's an craiceann air a losgadh. Chaidh uinneagan bhùthan a bhriseadh agus rinn spealgan glainne, a bha cho geur ri ràsar, milleadh a bharrachd. Chaidh na solais-trafaig gu uaine, ach cha do charaich dad air an t-sràid.

Fad diog, bha sàmhchair ann, air a briseadh dìreach le fuaim a rinn bloighean dhen chàr – inneal an astair, solas mòr agus eadhon a' chuibheall-stiùiridh – 's iad a' tuiteam gu làr. An sin thòisich an sgreuchail, nuair a dh'aithnich an sluagh gun robh iad air an leòn. Ach 's e bu mhiosa buileach balbhachd dhaoine le aghaidhean làn eagail nach dìochuimhnicheadh rim maireann a' mhionaid seo, is a dhèanadh dragh dhaibh is a chumadh nan dùisg iad fad iomadh oidhche.

Agus an uair sin bha duine na sheasamh ann an doras bùtha far am b' àbhaist dhan cheannaiche a bhith a' reic fìon. Bha botal air a phasgadh gu cùramach na làimh agus bha a bheul fosgailte 's e air a chlisgeadh. Leig e às am botal is chaidh e na spealgan nuair a thuig e nach robh an càr aige far an do dh'fhàg e e, agus nuair a ghabh e na fhaireachadh gun robh a' bheucaich a chuala e is e mionnaichte gun robh e ga h-aithneachadh bhon charbad aige fhèin agus srainnsear ga dhràibheadh air falbh. Faisg air a chasan chunnaic e tè dhe na miotagan aige na laighe air a' chabhsair. Bha toit fhathast a' tighinn aiste. Cha robh ach còig mionaidean bhon a chunnaic e an dearbh mhiotag na laighe air an t-seata ri thaobh sa chàr. Bha an ceannaiche-fìona na sheasamh ri thaobh a-nis le dath a' bhàis air 's e air chrith, agus coltas air gum b' fheàirrde e steall de dheoch-làidir e fhèin. Sheall am Brigadier air na bha air fhàgail dhen Jaguar bhrèagha, dhearg aige.

'Mise a bu chòir a bhith an siud.'

Agus an uair sin: 'Am faod mi a' fòn agaibh a chleachdadh?'

Thilg John Rebus The *Dain Curse* suas dhan adhar is chaidh an leabhar, 's e a' cur nan caran, gu mullach an taighe. Ach cha do ràinig e buileach mullach an t-seòmair, mus do theann e ri tuiteam a-nuas gus an do bhuail e le brag 's e fosgailte air an làr a bha gun bhrat. Cha robh ann ach lethbhreac saor nach deach a cheannach ùr agus a bha mòran air a leughadh roimhe. Ach cha robh Rebus; ràinig e an treas earrann, air an robh *Quasada* mar ainm, mus do leig e roimhe agus chaith e air falbh an nobhail a b' fheàrr, ann am barail iomadh duine, a sgrìobh Hammett riamh. Shracadh cuid de na duilleagan air falbh bho chùl an leabhair nuair a bhuail e an làr, is chaidh caibideilean a sgapadh. Rinn Rebus osna. Thòisich a' fòn air seirm, mar gum biodh fios aig an inneal gun robh an leabhar a-nis gun fheum. Rinn e fuaim ciùin, ach maireannach. Thog Rebus a' fòn is thug e sùil gheur air. Bha e sia uairean feasgar air a' chiad latha fois a bha air a bhith aige bho chionn, bha e a' saoilsinn, grunn mhìosan. Cò bhiodh a' cur fòn thuige? Toileachas no gnothach? Cò b' fheàrr leis? Thog e a' fòn gu chluais.

'Seadh?' thuirt e ann an guth nach robh ag innse dad.

'DI Rebus?' 'S ann bhon obair a bha seo gun teagamh. Cha do rinn Rebus ach plaosg mar fhreagairt. 'DC Coupar an seo, Inspeactair. Shaoil an Ceannard gum biodh ùidh agaibh ann an naidheachd.' Bha dàil ann los gun toireadh Coupar beagan dràma air an t-seanchas. 'Chaidh boma a spreadhadh ann am Barnton an ceartuair.'

Bha sùilean Rebus air na duilleagan pàipeir a bha sgapte timcheall air. Dh'iarr e air an DC an naidheachd innse dha aon uair eile.

'Boma, Inspeactair. Ann am Barnton.'

'Dè thuirt thu? Cnap sgudail bho àm a' chogaidh, an e?'

'Chan e. Chan e sin a th' ann idir. No dad sam bith coltach ris.'

Bha loidhne de bhàrdachd a' ruith air inntinn Rebus nuair a bha e a' dràibheadh a-mach às a' bhaile gu ruige fear de na sgìrean sàmhach meadhan-chlas, agus sgìre anns nach biodh cha mhòr càil a' tachairt, agus an seòrsa àite san robh eucoir a' ciallachadh gun deach feuchainn ri briseadh a-steach do thaigh air choreigin, agus uair ainneamh rachadh baidhsagal a ghoid. Sin mar a bha Barnton. Ach cha b' ann mu Bharnton a chaidh a' bhàrdachd a sgrìobhadh. Slough mun robh i. "S e mo choire fhìn a th' ann', bha Rebus a' smaoineachadh, 'a chionn 's nach d' fhuair mi an fhìrinn anns an stòiridh aig Hammett. Neo-ar-thaing gun robh i tarraingeach, ach chan urrainn dhut creideas duine fheuchainn ro chruaidh, agus dh'fheuch Dashiell Hammett creideas Rebus fada ro chruaidh. Tuiteamas an dèidh tuiteamais 's iad gun stèidh, tachartas an dèidh tachartais air muin a chèile is iad dhen aon ghnè, corp an dèidh corp eile, mar gum biodh iad a' taomadh a-mach à factaraidh eadar dà chluais an ùghdair.

Gu deimhinne, bha e do-chreidsinneach. Ach dè bha Rebus a' dol a dhèanamh mun bhrath air a' fòn. Rinn e cinnteach dè an latha dhen bhliadhna a bh' ann: cha b' e Latha na Gogaireachd a bh' ann. Ach b' fhurasta dha a chreidsinn gum feuchadh Brian Holmes, no fear dhe na co-obraichean aige, ri a char a thoirt às air an aon latha dheth a bh' aige a chionn 's gun robh e air a bhith gam bòdhradh o chionn lathaichean leis an aon duan. Seadh, dh'fhaodadh corrag Holmes a bhith an seo. Ach a-mhàin airson aon rud.

B' e sin na naidheachdan air an rèidio. Bha iomradh air feadh rèidio nam poileas: agus nuair a chuir Rebus thuige an rèidio anns a' chàr chun an t-sianail-reic, bha an naidheachd an sin cuideachd. Bha iomradh air tighinn a-steach mu spreadhadh ann am Barnton, gu math faisg air a' chearcall san rathad. Bhathar ag ràdh gun do spreadh càr. Cha robh an còrr fiosrachaidh ann, ged a thàinig nuadal a-nuas gun deach mòran a leòn. Chrath Rebus a cheann a-rithist agus chùm e air a' dràibheadh. Thàinig a' bhàrdachd thuige a-rithist, 's an inntinn aige a' greimeachadh ri cuspair sam bith a chumadh aire air falbh bhon naidheachd. Boma ga spreadhadh ann an càr? Boma ga spreadhadh ann an càr? Ann am Beul Feirt dh'fhaodadh e tachairt, ma dh'fhaodte ann an Lunnainn corra uair. Ach an seo an Dùn Èideann? Dh'fhàg Rebus a' choire air fhèin. Nach b' e an truaighe gun do chuir e mallachd air Dashiell Hammett, nach bochd gun do rinn e fanaid air an leabhar aige, air an àibheiseachd a bh' ann agus a chuir an sgrìobhadair ris an fhìrinn agus a liuthad breug a dh'inns e air sgàth melodrama, nach bochd… Cha bhiodh dad dhen seo air tachairt.

Ach bha e a cheart cho cinnteach gum bitheadh e air tachairt co-dhiù. Thachair e.

Bha na poilis an dèidh an rathad a dhùnadh. Dh'fhalbh na carbadan-eiridinn len luchd. Bha luchd-amhairc, ann an ceithir sreathan, nan seasamh air cùl nan teipichean geal is orains a chaidh a chur suas gu cabhagach. Cha robh ach aon cheist aig an t-sluagh: cia mheud a chaidh a mharbhadh? B' e am freagairt a bha air tighinn gu cluasan an t-sluaigh nach d' fhuair bàs ach aon neach. Dràibhear a' chàir. B' esan an aon neach a bha marbh. Nochd sgioba de shaighdearan a bha eòlach air bomaichean a chur bho fheum, agus a chionn 's nach robh sìon aca ri dhèanamh, bha iad a' sgrùdadh bhùthan air gach taobh dhen t-sràid. Bha loidhne de phoilis, agus deannan shaighdearan nam measg, a' gluasad gu mall suas an rathad, a' mhòr-chuid air am màgan, mar gum biodh iad a' feuchainn cò rachadh na bu shlaodaiche ann an rèis neònach air choreigin. Bha puicean polaidhthìon aig gach fear agus bhiodh iad a' stobadh annta rud sam bith a lorgadh iad. Bha an sealladh mar nì gun rian, ach bha e air a dheagh chur air dòigh. Cha tug Rebus na b' fhaide na dà mhionaid mus do dh'aithnich e cò bha na cheannard san obair seo – Superintendent 'Tuathanach' Watson. Bhiodh iad ag èigheach 'Tuathanach' air nuair nach biodh e fhèin ann, ach bha am far-ainm iomchaidh gu leòr air sàillibh gur ann à ceann a tuath na h-Alba a bha e agus air sgàth nan dòighean àiteachais a bh' aige. Chuir Rebus roimhe gun seachaineadh e an t-oifigear os a chionn agus gum feuchadh e ri fiosrachadh fhaighinn bho oifigearan nach robh cho àrd san t-seirbheis.

Bha e air tighinn a Bharnton le meall de bheachdan na inntinn agus thug e poile mus d' fhuair e cuidhteas iad. Mar shamhla, bha e air tighinn chun a' cho-dhùnaidh gur ann leis an fhear a bha anns a' chàr, seadh, an duine a bhàsaich is a bha gun ainm fhathast, a bha an càr. Shaoil e gur ann air an duine seo a bha nàimhdean ag amas nuair a spreadh iad am boma (a rèir na bha sgapte mun cuairt 's e boma a dh'adhbhraich an sgrios, seach, mar eisimpleir, an càr a dhol na theine gun adhbhar leis fhèin no air sgàth mìneachadh sam bith eile).

Mura b' e rudeigin mar sin a thachair, 's dòcha gun deach an càr a ghoid le cuideigin aig an robh ceangal ri buidheann cheannairceach air choreigin, agus ma dh'fhaodte gun do rinn an dearbh fhear mearachd luideach a dh'adhbhraich an spreadhadh a thug bàs dha fhèin mus do ràinig e a cheann-uidhe. 'S iomadh àite a bhuineadh dhan arm a bh' air àrainn Dhùn Èideann: taighean-feachd, ionadan-armachd, ionadan-èisteachd. Air taobh thall na Linne Duibhe bha na bh' air fhàgail de ghàrradh-bhàtaichean na nèibhi agus an t-ionad-tèarainte fon talamh ann am Pitreavie. Bha targaidean ann gun teagamh. Far am faighte boma, gheibhte luchd-ceannairc, agus far am faighear luchd-ceannairc gheibhear targaidean. 'S ann mar sin a bha an saoghal riamh.

Ach cha b' ann mar sin a bha e an turas seo. Bha diofar mòr ann an turas seo. Shàbhail am fear air an robh an luchd-sgrios ag amas, dìreach a chionn 's gun deach e a-steach do bhùthaidh fad a dhà no trì mhionaidean. Ach fhad 's a bha e anns a' bhùthaidh, rinn cuideigin oidhirp air an càr aige a ghoid, agus bha an neach sin a-nis na smùr fo ghlùinean nam poileas a bha nan crùban air an rathad mhòr. Bha fios aig Rebus air an sin mus d' fhuair Superintendent Watson sealladh dheth, mus d' fhuair e plathadh de Rebus 's snodha-gàire air aodann agus e a' beachdachadh air cruaidh fhortan a' mhèirlich. Cha b' ann a h-uile latha a bhiodh cothrom aig mèirleach Jaguar XJS a ghoid ... ach nach e a thagh an droch latha!

'Inspeactair!' dh'èigh an Tuathanach Watson 's e a' smèideadh Rebus a-null thuige, rud a rinn Rebus 's gun fiamh a' ghàire a-nis air aodann.

Mus d' fhuair Watson cothrom bruidhinn ri Rebus mu na fhuair e a-mach thuige seo, bhruidhinn Rebus fhèin.

'Cò air a bha iad ag amas, Superintendent?'

'Fear dhen ainm Dean.' Bha dàil ann agus bha seo a' leigeil leis an dithis aca smaoineachadh. 'Brigadier-General Dean, mar a bh' air mus do leig e dheth a dhreuchd.'

Dh'aom Rebus a cheann. 'Thug mi an aire gun robh Tommies mun cuairt.'

'Bidh sinn ag obair còmhla ris an arm an turas seo, John. Sin mar as còir dhuinn a dhèanamh, tha e coltach. Agus tha Scotland Yard ann cuideachd. An fheadhainn a tha an sàs ann an obair an aghaidh cheannairceach.'

'Tuilleadh 's a chòir, nam bheachd-sa.'

Dh'aom Watson a cheann. 'Ach nuair a smaoinicheas tu air, tha ainm aig na bleigeardan ud gur math as aithne dhaibh an ciùird.'

'Agus chan eil sinne gu feum ach nuair a bhios sinn a' cur an grèim dhràibhearan is smùid orra no daoine a bhios a' sabaid am broinn an taighe, nach e sin e?'

Thug seo gàire air an dithis aca. Smèid Rebus ris a' chàr a bha a-nis na bhruchlaig. 'Eil sìon a dh'fhios agaibh cò bha air cùl na cuibhle?'

Chrath Watson a cheann. 'Chan eil fhathast. Agus chan eil mòran againn a chuidicheas sinn. Ma dh'fhaodte gum feum sinn fuireach gus an tig brath bho mhàthair no bho leannan gu bheil e air chall.'

'Bheil tuairmse agaibh air a choltas?'

'Chan eil an fheadhainn a chunnaic an damaist fiot air an ceasnachadh. Chan eil fhathast co-dhiù.'

'Mar sin, dè mu dheidhinn Brigadier-General … dè an t-ainm a bh' air?'

'Dean.'

'Seadh, cà' bheil e?'

'Aig an taigh. Thàinig dotair a choimhead air, ach a rèir coltais, tha e taghta. Rud beag troimh-a-chèile.'

'Rud beag, an tuirt thu? Reub cuideigin an cùl às a' chàr aige agus tha e rud beag troimh-a-chèile?' Bha Rebus amharasach. Bha sùilean Watson air luchd-trusaidh an sgudail a bha a' sìor thighinn na b' fhaisg' orra.

'Saoilidh mi gum faca an dearbh fhear fada na bu mhiosa na latha.' Thionndaidh e ri Rebus. 'Nach teirig thu a chòmhradh ris, John? Feuch dè do bharail.'

Dh'aom Rebus a cheann gu slaodach. 'Carson nach tèid?' thuirt e. 'Rud sam bith airson dibhearsain, nach e? Dè?'

Chaidh Watson na thost mar gum biodh e gun chomas freagairt, agus mus tàinig freagairt thuige, bha Rebus air èaladh sìos tro na ribinnean, a làmhan ann am pòcaidean a bhriogais, 's e coltach ri fear a bha a' gabhail cuairt air a shocair air feasgar brèagha samhraidh. B' ann an uair sin a bhuail e air an t-Superintendent gur e seo an latha dheth aig Rebus. Cha robh e buileach cinnteach an e deagh phlana a bh' ann Rebus a leigeil mu sgaoil los gum bruidhneadh e ri Brigadier-General Dean. An sin, rinn e gàire beag nuair a chuimhnich e air an adhbhar a bh' aige nuair a dh'iarr e air Rebus tighinn a-mach an seo an toiseach: b' e sin gun robh rudeigin nach robh a' faireachdainn ceart mun chùis. Ma bha e fhèin a' faireachdainn nach robh cùisean idir dòigheil, dh'fhairicheadh Rebus an aon rud, agus dhèanadh esan cladhach gu domhainn gus am faigheadh e lorg air ciamar a thàinig an fhaireachdainn seo gu buil an toiseach – chladhaicheadh Rebus cho domhainn 's a dh'fheumadh e agus, 's dòcha, na bu dhoimhne na bha còir aig Superintendent a dhèanamh.

Gun teagamh, aig amannan bha cruaidh fheum air leithid Inspeactair-sgrùdaidh John Rebus.

'S e taigh mor a bh' ann. Ann am barail Rebus cha dèanadh am facal 'mòr ' an gnothach. Bha e na bu mhotha na an taigh-òsta mu dheireadh anns an do dh'fhuirich e, ged a bha an aon chumadh air an dà aite: bha an taigh seo na bu choltaiche ri àite-còmhnaidh a chitheadh duine ann an *Hammer Film* seach dachaigh a chitheadh tu ann an *House and Garden*. 'S ann an Scarborough a bha an taigh-òsta far an do chaith e trì oidhche de dhrabastachd ann an sgoil còmhla ri còcaire a bha dealaichte on duine aice. B' aocoltach an tè seo agus na còcairean air an robh e eòlach nuair a bha esan san sgoil ... air neo 's dòcha nach robh e a' toirt an aire do chòcairean anns an dòigh ud an uair sin.

Bha aire air a' ghnothach a-nis ge-tà. Thug e an aire gur e duine ann an aodach an airm a dh'fhosgail doras na Loidse an Iar dha. Roimhe sin, b' fheudar dha an comas-labhairt a bh' aige a chleachdadh mus d' fhuair e seachad air an sgioba a bha a' geàrd aig a' gheata. B' e sin aon phoileasman a bha caran similidh na dhòigh agus dà shaighdear nach robh idir, idir similidh. Sin bu choireach gun do theann e ri cuimhneachadh air Scarborough 's e a' feuchainn ri inntinn a thoirt air falbh on mhiann a bh' aige deagh sgleog fheuchainn air pearcaill an dithis aca. Mar a b' fhaisge a bha e a' tighinn air Brigadier-General Dean, b' ann a b' fhiadhaiche is bu ghràinde a bha coltas nan saighdearan a' fàs. Ma bha an dithis aig a' gheata dona, bha iad mar dhà uan an taca ris an fhear aig doras-aghaidh an taighe, agus ma bha esan borb, bu duilghe dha am fear a thug a-steach e dhan rùm-suidhe a bha air a dheagh sgeadachadh agus a thug òrdugh dha gum feumadh e fuireach an siud.

Bha gràin an uilc aig Rebus air an arm – agus 's ann aige a bha adhbhar. Esan a bha thall 's a chunnaic, agus nan canadh duine nach robh Rebus air a dhòigh leis, cha robh siud ach dà thrian dhen mhiothlachd. Miothlachd? Bha seo fada fichead na bu mhiosa na miothlachd! Chan fhaca e dad na b' fheàrr na dhol a-null chun an dreasair nuair a chunnaic e searrag de dheoch-làidir air uachdar, agus dhòirt e òirleach de dh'uisge-beatha dha fhèin. Bha e a' tràghadh na glainne nuair a dh'fhosgail an doras.

Bha tuilleadh 's a chòir de bheachdan stèidhte fìor ann an ceann Rebus air an latha seo. Bha e dhen bheachd gun robh a h-uile

39

Brigadier-General beag, tiugh is croit air, stais thiugh air a liop, sròn VSOP air, gruag thana, ghlas le tòrr Brylcreem oirre, agus 's dòcha bata na làimh. Bhiodh iad a' leigeil dhiubh an dreuchd aig aois trì fichead 's a deich agus bhiodh iad a' cur seachad na tìde a' cur asta mu iomairtean bho shean aig dinnearan.

Cha b' ann mar sin a bha Brigadier-General Dean. Bha coltas air gun robh e sna leth-cheudan 's e a' sreap ri trì fichead bliadhna a dh'aois. Bha còrr is sia troighean ann, an t-aodann aige a' coimhead gu math òg dha aois, agus cràic de dh'fhalt dorcha air. Bha e caol, agus cha robh blàth duine dìomhain air idir, agus cha robh ròs air pluicean dearga an fhir-òil air nas mò. Bha e a' coimhead fada na b' èasgaidhe na bha Rebus e fhèin a' faireachdainn, agus ge b' oil leis, sheas e gu stobach agus dhìrich e a ghuailnean.

'Deagh bheachd,' thuirt Dean 's e a' dol a-null chun an dreasair ri taobh Rebus. 'Bheil thu coma ged a ghabhainn fhìn tè bheag cuideachd?' Bha an guth socair, ciùin, guth a bhuineadh do dhuine a bha aig an fhoghlam, duine sìobhalta. Dh'fheuch Rebus ri dealbh a dhèanamh de Dhean a' toirt seachad òrdain do shaighdearan borb, garbh. Dh'fheuch e, ach dh'fhaillich e air.

'Is mise Inspeactair-sgrùdaidh Rebus,' thuirt e. 'Tha mi duilich dragh a chur oirbh, ach tha ceist no dhà…'

Dh'aom Dean a cheann, dh'òl e an drama aige is thabhainn e leth-tè eile do Rebus.

'Carson nach gabh?' thuirt Rebus. B' e an rud bu neònaiche ge-tà, gun robh e mionnaichte nach b' e uisge-beatha à Alba a bha seo ach uisge-beatha à Èirinn – deoch na bu chiùine 's gun i idir cho geur ris an stuth à Alba.

Ghabh Rebus àite-suidhe air an t-sòfa, agus shuidh Dean air cathair mhòr air a deagh chleachdadh. Ghuidh am Brigadier-General 'slàinte' mus do thòisich e air an dara drama aige, agus leig e a-mach anail le plosg.

'Dh'fheumadh e tachairt, uair no uaireigin, tha mi a' creidsinn, thuirt e.

'Ò?'

Dh'aom Dean a cheann gu slaodach. 'Thug mi greis ag obair ann an Ulaidh. Deagh ghreis. Chanainn gun robh mi glè fhaisg air mullach na craoibhe thall an siud. 'S fhada bhon a bha fhios a'm gum feuchadh iad orm latha brèagha air choreigin. Bha fhios aig an arm cuideachd, ach dè ghabhas dèanamh? Cha b' urrainn dhan arm geàrd a chur air a h-uile saighdear a bha an sàs san aimhreit, am b' urrainn?'

'Tha mi a' creidsinn nach b' urrainn, ach bha sibh faiceallach, tha fios.'

Chrath Dean a ghuailnean. 'Chan eil dad mum dheidhinn ann an Who's Who agus chan eil àireamh a' fòn agam air liosta sam bith. 'S ann ainneamh a chuireas mi an rang agam gu feum, a dh'innse na fìrinn.'

Ach dh'fhaodadh corra litir a bhith a' dol gu Brigadier-General Dean mar eisimpleir?'

Chaidh beul Dean na gheòb. 'Carson a thigeadh a leithid de rud a-steach oirbh, Inspeactair?'

'Dè rud tha sin?'

'An tiotal a thug thu orm. Chan e Brigadier-General a th' annam ann. 'S e Màidsear a bh' annam nuair a dh'fhàg mi an t-arm.'

'Ach bha iadsan…'

'Cò iadsan? Muinntir an àite seo? Tuigidh mi mar a rachadh sgudal mar sin thar fìrinn. Tuigidh tu fhèin mar a tha daoine ann an àite mar seo, Inspeactair. Thig cuideigin a dh'fhuireach dhan àite – fear a bhios ga chumail fhèin aige fhèin, agus coltas air gun robh e san arm. Bheir iad tuairmse cheàrr air an toiseach 's an uair sin thèid iad a sheachd miosad.'

Dh'aom Rebus a cheann 's e a' smaoineachadh. 'Chan eil sibh fada ceàrr.' Bha e cinnteach gun deach Watson air iomrall bhon a' chiad dol a-mach. 'Ach a' tilleadh gu gnothach a' phuist, 's e a' cheist a tha a' dol nam aghaidh ciamar a fhuair iad lorg oirbh.'

Rinn Dean fiamh beag gàire. 'Tha an IRA gu math ionnsaichte

an-diugh, Inspeactair. Cho fad' 's as aithne dhòmhsa, 's dòcha gun do bhris iad a-steach a choimpiutair air choreigin, no ma dh'fhaodte gun tug iad duais-eucoir do chuideigin, air neo 's dòcha nach robh ann ach tuiteamas.' Chrath e a ghuailnean. 'Tha eagal orm gum feum sinn a dhol air imprig aon uair eile a-nis, 's gum bi againn ri tòiseachadh às ùr. Jacqueline bhochd.'

'Cò th' ann an Jacqueline?'

'Sin an nighean agam. Tha i shuas an staidhre an-dràsta, is i cho troimh-a-chèile. Tha còir aice a dhol dhan oilthigh anns an Dàmhair. 'S ann oirrese a tha truas agam.'

Bha coltas air Rebus gun deach na thuirt Dean na fhaireachdainn. An fhìrinn, bha co-fhaireachdainn aige dha-rìribh. Bha saoghal a' phoilis gu math coltach ri saoghal an t-saighdeir – dh'fhaodadh iad le chèile droch bhuaidh a thoirt air do bheatha phearsanta.

'Agus a' bhean agaibh?' Cà'il ise?'

'Marbh, Inspeactair. Tha grunn bhliadhnaichean bhuaithe.' Thug Dean sùil air a' ghlainne a bha a-nis falamh. Bha e a' coimhead na bu shine a-nis; mar chuideigin a bha ag iarraidh fois. Ach bha rudeigin eile mu dheidhinn, rudeigin fuar agus cruaidh. 'S iomadh seòrsa duine ris an do choinnich Rebus nuair a bha e san arm – agus bhon uair sin. Cha bhiodh e air a mhealladh a-nis leis a' choltas a bhiodh air daoine air an taobh a-muigh, agus, air cùl a' choltais ionnsaichte a bha Dean a' sealltainn do dhaoine, dh'fhairich Rebus rudeigin eile, rudeigin a thachair ann am beatha Dean bho chionn fhada. Chan e a-mhàin gur e deagh shaighdear a bh' ann an Dean. Aig aon àm bha e marbhtach.

'A bheil sìon a bheachd agaibh ciamar a fhuair iad lorg oirbh?'

'Chan eil, idir. Dhùin Dean a shùilean fad diog. Bha blas an aithreachais air a chainnt. ''S e smior na cùise gun d' fhuair iad lorg orm.' Choimhead e gu dùrachdach a-steach do shùilean Rebus. 'Agus faodaidh iad a dhèanamh a-rithist.'

Ghluais Rebus gu luaisgeanach san t-sèithear. Shìorraidh, nach b' e siud a' mhallachd oillteil, b' e siud ... smaoinich, uill, boma ga spreadhadh … thusa an-còmhnaidh air d' aire is dùil agad daonnan ri tachartas mì-nadarra, 's an t-eagal ort fad an t-siubhail. Agus chan ann a-mhàin air do shon fhèin.

'Chòrdadh e rium buidhinn ri Jacqueline mus falbh mi. 'S dòcha gum bi tuairmse aice ciamar a chaidh aca…'

Chrath Dean a cheann. 'Na teirig ann an-dràsta, Inspeactair. Fàg e greiseag. Chan eil mi airson – uill, tuigidh tu fhèin. A bhàrr air seo, cha chreid mi gur e do ghnothach e an dèidh an latha a-màireach. Cha chreid mi nach eil sgioba on Anti-Terrorist Branch air an rathad suas an seo mar-thà. Eadar iad sin agus an t-arm … mar a thuirt mi cheana, chan e do ghnothach a bhios ann.'

Chuir seo beagan feirge air Rebus. Ach bha Dean ceart, nach robh? Carson a bhiodh tu a' riasladh ri cuideam a thogail agus an t-uallach gu bhith air fear eile a-màireach? Dhinn Rebus a bhilean ri chèile, dh'aom e a cheann is sheas e.

'Chì mi fhìn chun an dorais thu, Inspeactair,' thuirt am Màidsear 's e a' toirt na glainne fhalamh à làmh Rebus.

Nuair a bha iad a' dol tron talla-inntrigidh, fhuair Rebus plathadh de nighean òg – b' e seo Jacqueline Dean a rèir coltais. Bha i air a bhith a' cuachaill mu bhòrd a' fòn aig bonn na staidhre, ach a-nis bha i a' dìreadh na staidhre 's a làmh cho geal is cho tana air an rèile. Dh'amhairc Dean oirre nuair a bha i a' dol suas. Rinn e leth-ghàire is leth-chrathadh dhe ghuailnean ri Rebus.

'Tha i troimh-a-chèile,' thuirt e, ged nach robh feum aige air seo a mhìneachadh. Ach cha robh i a' coimhead troimh-a-chèile idir ann an sùilean Rebus. 'S ann a bha coltas oirre gun robh i ag ionndrainn.

An-ath-mhadainn, thill Rebus a Bharnton. Bha iad an dèidh dèilean a chur air uinneagan nam bùth a bh' air sgàineadh, ach b' e sin an aon chomharra a bha ri fhaicinn an dèidh tubaist an latha an-dè. Cha b' iad na h-aon daoine a bha a' geàrd nan geataichean nas mò: bha an fheadhainn-sa, a bha an ceann an dleastanais, reamhar is còmhdach na sràide orra is blas Lunnainn air an cainnt. Ged a bha rèidio aig gach fear dhiubh, 's ann a bha iad na bu choltaiche ri luchd-dìon no luchd-trusaidh fhiachan no bàillidhean. Chuir iad brath chun an taighe le bhith a' cur an rèidio aca gu feum. Bha Rebus dhen bheachd gum biodh e air a bhith a cheart cho math dhaibh èigh a dhèanamh, ach bha iad ro mheasail air an teicneòlas: bha sin furasta ri aithneachadh san dòigh a bha iad a' làimhseachadh an rèidio. Bha e an dèidh an aon chneadachadh fhaicinn am measg shaighdearan nuair a gheibheadh iad an làmhan air raidhfil ùr.

'Tha am fear mòr a' tighinn gad fhaicinn,' thuirt fear dhiubh mu dheireadh thall. B' fheudar do Rebus feitheamh fad mionaid mus tàinig e.

'Dè tha dhìth ort?'

'Is mise Inspeactair-sgrùdaidh Rebus. Bha mi a' bruidhinn ri Màidsear Dean an-dè agus...'

Labhair an duine gu guineach: 'Cò dh'inns dhut gur e Màidsear a bh' ann?'

'Dh'inns am Màidsear Dean fhèin. Bha mi a' smaoineachadh gur dòcha gum faodainn...'

'Ge bith dè bha thu a' smaointinn, faodaidh tu a leigeil às do cheann, Inspeactair. Tha an gnothach air ar cùram-ne a-nis. Cumaidh sinn fiosrachadh riut.'

Thionndaidh am fear a bh' ann air a shàil agus choisich e a-mach gu stràiceil tro na geataichean. Bha plìonas air aodainn an luchd-faire nuair a dhùin iad na geataichean an dèidh dhan 'fhear mhòr' falbh. Dh'fhairich Rebus mar gur e balach-sgoile a bh' ann agus e air fhàgail a-mach à gèam ball-coise. Bha na sgiobaidhean air an taghadh agus bha e na sheasamh an siud leis fhèin gun duine ga iarraidh. Bha samh Lunnainn air na daoine a bha seo, 's iad a' saoilsinn gun robh iad os cionn chàich. Dè an t-ainm a thug iad orra fhèin? C13 no rudeigin mar sin? Am Meur An Aghaidh Ceannairc. Bha iad ceangailte ris an Special Branch agus bha fhios aig a h-uile poileas air far-ainm Special Branch – Smug Bastards.

Cha robh an duine ach beagan na b' òige na Rebus; bha e air a dheagh phonaigeadh 's e coltach ri cunntasair. Na bu thuigsiche, bha e soilleir, na a' ghràisg aig na geataichean, ach air dheagh chomas e fhèin a dhìon. Ma dh'fhaodte gun robh gunna beag, grinn falaichte fo achlais na deise spaideil a bh' air a dhruim. Cha robh dad dhen sin gu diofar. 'S e bha gu diofar gun robh an caiptean a' fàgail Rebus a-mach às an sgioba aige. Bha seo ga fhàgail ann am fìor dhroch shunnd, agus leis an fhìrinn innse cha robh an còrr ann nach robh an caothach tioram air.

Cha robh Rebus ach air leth-dusan ceum a thoirt air falbh bho na geataichean nuair a thionndaidh e agus chuir e a-mach a theanga ris an luchd-faire. An uair sin, 's e toilichte gun robh obair na maidne a-nis seachad, chuir e roimhe feòrach a dhèanamh leis fhèin. Bha e leth uair an dèidh aon uair deug. Ma tha thu airson fiosrachadh fhaighinn mu chuideigin, thuirt Rebus ris fhèin 's am pathadh air, theirig dhan taigh-sheinnse àbhaisteach aig an duine.

Ach an turas seo, bha reusanachadh Rebus air a dhol air iomrall. Cha deach Màidsear Dean faisg air a' 'Chlaymore' riamh na bheatha.

'Thàinig an nighean aige tric gu leòr, ge-tà,' thuirt fear dhe na h-òganaich a bh' ann. Cha robh mòran a-staigh cho tràth seo san latha, ach dithis no triùir de dhaoin' uasal a bha an dèidh an dreuchd a leigeil dhiubh agus a bha trang a' bruidhinn ri luchd-naidheachd. Bha fear a' bhàir trang ag innse eachdraidh a bheatha do thè-naidheachd òg, no co-dhiù ga h-aithris dhan inneal-clàraidh aice. Mar sin, cha robh e idir furasta do Rebus òrdanachadh, ged nach robh an t-àite cho trang 's a bhitheadh e aig àm dinnearach. Dh'fhuasgail fear dhe na gillean òg' a' cheist ge-tà – shìn e ghàirdean air cùl a' chunntair agus lìon e a ghlainne le measgachadh de lagar is cider agus dh'fhàg e airgead air a' chunntair.

'Ò,' thuirt Rebus 's e a' comharrachadh na glainne a bha trì chairteil làn. 'An gabh thu tèile?'

'Gabhaidh, cho luath 's a chrìochnaicheas mi an tè seo,' thuirt am fear òg. Ghlug e air a h-uile deur agus an uair sin bha fear a' bhàir deiseil dhen aithris aige – rud a bha, a rèir coltas na h-ighinn, na fhaothachadh. 'Pinnt Snakebite, a Phòil,' dh'èigh am fear òg. Cho luath 's a bha a' phinnt air a bheulaibh thuirt e ri Rebus gur e Uilleam Barr a b' ainm dha, agus gun robh e gun obair.

'Thuirt thu gum faca tu an nighean a-staigh an seo?'

Bha Rebus deònach gun toireadh Uilleam freagairt mus toireadh an deoch buaidh air.

'Tha sin ceart. Bhiodh i ann gu math tric.'

'Leatha fhèin, an ann?'

'Chan ann, bha an-còmhnaidh fireannach air choreigin còmhla rithe.'

'Duine àraidh, a bheil thu a' ciallachadh?'

Ach rinn Uilleam lachan gàire, 's e a' crathadh a chinn. 'Duine diofraichte a h-uile turas. Tha a i a' faighinn beagan de dh'ainm dhi fhèin. Agus,' thuirt e 's e a' bruidhinn a-mach los gun cluinneadh fear a' bhàir e, 'cha chreid mi gu bheil i ochd bliadhn' deug fhathast.'

'An ann às an àite seo a bha na gillean?'

'Cha do dh'aithnich mise duine aca co-dhiù. Cha robh còmhradh eadarainn.' Chrath Rebus a' ghlainne, is thàinig cop air uachdar na deoch.

'An robh cainnt Èireannach aig duin' aca?'

'A-staigh an seo?' Rinn Uilleam gàire ri Rebus. 'Nach ist thu, a dhuine! Fhad 's as cuimhneach leamsa tha grunn math sheachdainean ann a-nis bho nach fhaca mi i an seo. Ma dh'fhaodte gun do chuir a h-athair stad oirre, dè? Cha bhiodh e a' coimhead ro mhath ann am pàipearan na Sàbaid: 'Nighean Brigadier ann am bruchlag ann am Barnton.'

Rinn Rebus gàire. 'Ach cha chanadh tu gur e sluma a th' ann?'

'Tha sin fìor, ach an fheadhainn a bha a' tighinn a-steach còmhla rithe 's a' suirghe oirre …'s e tha mi a' ciallachadh, bha a h-uile fear dhiubh na bu choltaiche ri meacanaig na bha iad ri fear-lagha. Bheil sibh a' tuigsinn?' Rinn e sùil bheag. 'Chan e gun do rinn duine caran garbh cron riamh air a leithid-se, eh?' Agus rinn e lachan gàire a-rithist agus chuir e roimhe gun cluicheadh e geama pool air geall nota no còig notaichean ma bha Rebus titheach air a bhith ag iomairt.

Ach chrath Rebus a cheann. Thàinig e a-staigh air dè bu choireach gun robh Barr ag òl na h-uiread: bha deagh mhogan aige. Agus b' e an t-adhbhar gun robh airgead mòr aige gun robh e a' reic na stòiridh aige ris na pàipearan-naidheachd – air prìs mhòr. Nighean Brigadier Ann Am Broilleach Nan Ìslean. Neo-ar-thaing beul, ach cha tigeadh na sgeulachdan a bha e air innse air beulaibh an t-sluaigh am feast. Chuireadh na h-Urracha Mòra bacadh air an sin.

Bha Barr a' lìonadh pinnt eile dha fhèin nuair a dh'fhàg Rebus an taigh-seinnse.

Bha e fada dhen fheasgar nuair a thàinig duine-uasal air chèilidh air Rebus – cò bha seo ach am fear a bha coltach ri cunntasair air a dheagh sgeadachadh bhon Mheur An Aghaidh Ceannairc.

'Tha fear Maighstir Matthews airson bruidhinn riut,' bha an sàirdseant aig an deasg air innse do Rebus, agus cha robh air a' choigreach riamh bhon uair sin ach Matthews, agus cha tug e seachad dearbhadh sam bith air cò no dè bh' ann. Thàinig e, thuirt e, los gun seasadh e suas ri Rebus.

'Dè bha thu a' dèanamh anns a' Chlaymore?'

'A' gabhail deoch.'

'Bha thu a' cur cheistean. Thuirt mi riut mar-thà, Inspeactair Rebus, nach eil e ceadaichte…'

'Tha fhios a'm, tha fhios a'm.' Thog Rebus a làmhan mar gum biodh e a' gèilleadh. 'Ach mar as motha a tha ur giùlan fhèin a' sìor fhàs carach, 's ann as motha a tha m' ùidh anns a' ghnothach a' fàs.'

Bha Matthews a' sìor choimhead air Rebus gun smid a ràdh. Bha fhios aig Rebus gun robh an duine a' beachdachadh air na roghainnean a bh' aige. An toiseach, dh'fhaodadh e a dhol chun an 'Tuathanaich' ga chomhairleachadh gun robh còir aige rabhadh a thoirt do Rebus sgur dhe dhol-a-mach sa bhad. Ach ma bha

Matthews cho gleusta 's a bha e a' coimhead, bhiodh fhios aige, nan dèanadh e siud gur dòcha gun deigheadh a' chùis na aghaidh. B' e roghainn eile gum faodadh e faighneachd do Rebus dè am fiosrachadh a bha a dhìth air.

'Dè tha thu airson fhaighinn a-mach?' thuirt Matthews mu dheireadh.

'Bu mhath leam tuilleadh fhaighinn a-mach mu dheidhinn Dean.'

Chuir Matthews a dhruim ri cùl an t-sèithir. 'Eadar sinn fhèin agus an doras?'

'Cha do chuir iad às mo leth riamh gur e beul gun phutan a bh' annam.'

'Beul gun phutan?'

'Fear nach cùm naidheachd aige fhèin,' mhìnich Rebus. Bha Matthews a' smaoineachadh.

'Glè mhath, ma tha,' thuirt e. 'Tòisichidh mi le bhith ag innse nach e Dean an t-ainm ceart aige. B' fheudar dhuinn an t-ainm aige atharrachadh is bha cruaidh fheum air sin. Fhad 's a bha e san arm bha Dean a' trusadh fiosrachaidh, a' chuid bu mhotha dhen ùine b' ann sa Ghearmailt a bha e, ach cuideachd bha e treis ann an Ulaidh. Bha an obair anns an robh e an sàs anns gach àite glè chudromach, uabhasach fhèin cudromach. Cha ruig mi leas cunntas ro mhionaideach a thoirt air an obair. Anns an dreuchd mu dheireadh a bh' aige, b' ann sa Ghearmailt an Iar a bha e stèidhichte. Chaidh a bhean a mharbhadh nuair a thug luchd-ceannairc ionnsaigh oirre: cha mhòr nach eil sinn cinnteach gur e an IRA a rinn e. Chan eil sinn dhen bharail gun do chomharraich iad ise gu sònraichte. Bha i dìreach san àite cheàrr leis a' chlàradh cheàrr air a' chàr'.

'An e boma a mharbh i?'

'Chan e, 's e peilear a bh' ann. Tron uinneig. Bha am fear a loisg oirre cha mhòr na h-uchd. Dh'iarr Màidsear Dean … uill, dhealaich sinn 's e na euslainteach. B' e sin a b' fheàrr. Mar a bhiodh dùil agad, thug sinn aithneachadh ùr dha.'

'Shaoil mi gun robh e a' coimhead ro òg do dhuine a leig dheth a dhreuchd. Agus an nighean, ciamar a ghabh ise ris a' chùis?'

'Cha deach cùisean a mhìneachadh dhi gu h-iomlan, fhad 's as fiosrach mi. Bha i air falbh ann an sgoil-chòmhnaidh ann an Sasainn.' Stad Matthews. 'B' e sin a b' fheàrr dhi.'

Dh'aom Rebus a cheann. 'Gu dearbh, cha rachadh duine às àicheadh sin. Ach carson a thàinig … Dean … a dh'fhuireach a Bharnton?'

Shuath Matthews a mhala chlì, agus an uair sin bhrùth e na speuclairean suas gu mullach a shròin bhioraich. 'Rudeigin co-cheangailte ri piuthar a mhàthar,' thuirt e. 'Chuir e seachad saor-làithean ann nuair a bha e na ghille òg. Bha athair fhèin san arm cuideachd agus dh'fhàgadh a dhreuchd e ann an iomadh àite thall 's a bhos. Cha b' e togail shuidhichte a fhuair e mar sin. Saoilidh mi gun robh cuimhneachain thoilichte aige air Barnton.'

Ghluais Rebus anns an t-sèithear. Cha b' urrainn dha tomhas dè cho fada 's a dh'fhuiricheadh Matthews, dè cho fada 's a chumadh e air a' freagairt cheistean Rebus. Agus bha iomadh ceist ann.

'Agus am boma?'

'Tha e coltach ri inneal a dhèanadh an IRA. Chan eil e às an t-sreath dhaibhsan, agus tha a h-uile comharra air gur iad a thog e. Tha sinn fhathast a' dèanamh sgrùdadh, tha sibh a' tuigsinn, ach tha sinn glè chinnteach.'

'Agus dè mu dheidhinn an duine a chaidh a mharbhadh?'

'Cha d' fhuair sinn ròs air fhathast. Thig fios uaireigin, saoilidh mi, luath no mall, gu bheil cuideigin air chall. Bidh sin na uallach oirbhse mar phoilis.'

'Shìorraidh, tha sin uabhasach fhèin laghach dhibh.'

Dh'fhan Rebus na thost gus an tuigeadh am fear eile gur ann a' tarraing às a bha e, agus an sin, thuirt e na chabhaig: 'Dè cho càirdeil 's a tha Dean agus an nighean aige?'

Cha robh dùil aig Matthews ris a' cheist. Rinn e priobadh, cha b' ann aon uair ach a dhà agus a trì, agus an uair sin thug e sùil air an uaireadair aige.

'Càirdeil gu leòr, tha dùil agam,' thuirt e mu dheireadh, 's e a' leigeil air gun robh e a' glanadh salchar air choreigin bho mhuinichill a sheacaid. 'Chan eil mi a' tuigsinn carson… dad ort, Inspeactair, mar a thuirt mi cheana, bheir sinn fios dhut, an ceann ùine. Ach thuige sin…'

'Feumaidh mi tarraing a-mach às ur sealladh, an e sin e?'

''S tu fhèin a thubhairt e.' Sheas Matthews. 'A-nis feumaidh mi tilleadh…'

'A Lunnainn?'

Rinn Matthews snodha-gàire nuair a chuala e an fhadachd ann an guth Rebus. 'A Bharnton,' thuirt e.

'Na gabh dragh, Inspeactair, mar as fhaide bhuam a bhios tusa 's ann as luaithe a bhios mise air falbh bhuatsa. Bheil sin ceart is cothromach?' Rug e gu cabhagach air làimh air Rebus agus theab e an lùths a thoirt às leis cho làidir 's a bha an grèim aige.

'Ceart gu leòr,' thuirt Rebus. Thug e fhèin Matthews a-mach às an rùm, agus dhùin e an doras a-rithist, is thill e chun an t-sèithir aige. Rinn e e fhèin cho socair 's a b' urrainn dha anns an t-sèithear a bha cho cruaidh 's cho mì-chofhurtail, agus chuir e a chasan air an deasg 's e a' sealltainn air na brògan aige a bha làn sgròbaidhean. Dh'fheuch e ri bhith coltach ri Sam Spade, ach dh'fhaillich e air. Cha b' fhada gus an do dh'fhàs a chasan goirt agus ghluais e iad far uachdar an deasg. Cha b' fhiach na cuinnseachan aig Dashiell Hammett hò-rò an taca ris an tachartas neònach a bha seo far an do ghoid cuideigin càr dìreach diogan mus deach a sgàineadh na spealgan. Feumaidh gun robh cuideigin air a bhith a' cumail sùil air, 's e deiseil gus an spreadhadh a dhèanamh. Ach ma bha cuideigin air faire, dè bu choireach nach tug e an aire nach b' e Dean, an duine a bha iad an tòir air, a leum a-steach dhan chàr mus do theann e ri dràibheadh air falbh?

An dara cuid bha tòrr an seo a bha fhathast falaichte air neo bha a h-uile sìon cho soilleir ri grian a' mheadhain-latha. Bha Rebus faiceallach – gu math faiceallach. Bha e air a dhol às an riaghailt ro thric roimhe, agus bha e air a bhith ceàrr na bheachdan ro thric roimhe. Cùm d' inntinn fosgailte, siud an dòigh. Biodh d' inntinn fosgailte, ach cùm ort a' ceasnachadh. Dh'aom e a cheann gu slaodach, ach chùm e a shùilean air an doras.

'Ceart gu leòr,' thuirt e ann an guth sèimh. 'Cumaidh mi air falbh bhuatsa, a Mhaighstir Matthews, ach chan eil sin a' ciallachadh gun cùm mi air falbh on h-uile duine.'

Ged a bha e fìor nach robh an Claymore air a mheas mar fhear dhe na taighean-òsta a b' uaisle ann am Barnton, bha e cho eireachdail ri Taigh-òsta a' Chaledonian air Sràid a' Phrionnsa an taca ris na bothain dhan deach Rebus an oidhche ud. Thòisich e anns na bàraichean a bha dìreach robach, an fheadhainn far an cluinnear anns gach cagar sàmhach mìothlachd a bhiodh a' maireachdainn fad beatha an fhir-labhairt. An uair sin, theàrn e sìos ceum air cheum. 'S e obair mhàirnealach a bha seo: bha na bàraichean mar gum biodh iad ann an cearcall timcheall Dhùn Èideann; feadhainn dhiubh air iomaill a' bhaile anns na sgeamaichean fad' às, agus feadhainn eile na b' fhaisge air meadhan a' bhaile na shaoileadh a' mhòr-chuid dhen t-sluagh.

Cha robh mòran charaidean air a bhith aig Rebus bhon a dh'fhàs e suas, ach bha lìonradh le daoine a thigeadh na thaic an-dràsta 's a-rithist, agus bha e cho moiteil às an teaghlach sgapte a bha seo 's a bhiodh seanair sam bith às na h-oghaichean aige. Bha iad mar cho-oghaichean, na daoine a thigeadh na thaic aig amannan: mar bu trice bha iad eòlach air a chèile, no bhiodh iad co-dhiù air cluinntinn mu chèile, ach cha chanadh Rebus dad mun dara duine ris an duine eile, agus mar sin cha robh fhios aig duine dè cho fada 's a bha an t-sreath a' sìneadh a-mach. Bha cuid de na daoine a bha ag obair còmhla ri Rebus a' cur ris an fhìrinn gu mòr – agus mar a thuirt Màidsear Dean, bheireadh iad tuairmse an toiseach 's an uair sin chuireadh iad a dheich uiread ris – ach bha a' chuid bu mhotha dhen bheachd gun robh an sluagh a bha a' toirt fiosrachadh do John Rebus fada na bu mhotha na buidheann a bh' aig poileas sam bith eile.

Bha Rebus air ceithir uairean an uaireadair, agus cha mhòr dà fhichead nota a chaitheamh, mus d' fhuair e seòrsa de shanas gun robh an obair aige a' dol gu math. Bha smior na ceiste, ged nach robh i air a cur gu teann, gu math sìmplidh: am b' aithne do dhuine mèirleach chàraichean a ghabh a' ghaoth dhe fhèin bhon latha an-dè? Labhair triùir dhaoine air leth ann an trì badan diofraichte anns a' bhaile an aon ainm: Brian Cant. 'S e ainm a bha seo nach do chiallaich càil do Rebus.

'Chan eil sin na iongnadh,' chaidh innse dha. 'Cha tàinig Brian a-nall an seo bhon Iar ach bho chionn bliadhna no dhà. Thòisich e tràth air a dhol ceàrr, ach tha e air fàs beagan nas seòlta on uair sin. Nuair a theann na poilis ann an Glaschu ri ùidh a ghabhail ann, 's ann a chaidh e air imprig.' Dh'èist Rebus, dh'aom e a cheann, dh'òl e leth tè uisge-beatha le cus uisge innte, agus cha tuirt e mòran. An toiseach cha robh ann ach an t-ainm Brian Cant. An uair sin, thàinig tuairisgeul agus a-mach às an sin thàinig neach le brìgh. Ach bha rudeigin a bharrachd air sin ann.

'Cha sibhse an aon duine a tha air ùidh a ghabhail ann,' chaidh innse do Rebus ann am bàr ann an Gorgie. 'Bha cuideigin eile a' cur cheistean bho chionn greis. Bheil cuimhn' agaibh air Jackie Hanson?'

'B' àbhaist dha a bhith anns an CID, nach b' àbhaist?'

'Tha sin ceart, ach chan eil a-nis.'

'Cha b' e seann chrann-àiteach de chàr a bha fa-near do Bhrian Cant: 's e bha air aire ach sàr chàraichean'. Mu dheireadh thug cuideigin seòladh do Rebus: flat air an treas ùrlar de theanamaint faisg air an trag-rèisidh ann am Powderhall. 'S e fear òg a fhreagair an gnogadh aig an doras. B' e Seumas Cant ainm, bràthair òg do Bhrian. Thug Rebus an aire gun robh Seumas gu math eagalach, frionasach. Chuir Rebus ceist an dèidh ceist gu cabhagach air a' ghille, 's e a' mìneachadh dha am barail gun robh Brian marbh agus gur ann air sàillibh sin a bha e fhèin an seo. Ged a bha fhios

aige taghta ciamar a bha Brian a' dèanamh a bheòshlaint, cha robh
ùidh aige an sin nas lugha na bhiodh buintealas aig an obair ri mar
a fhuair e bàs. Lean Rebus air fad ghreis mar seo, gus mu dheireadh
an do dh'fhosgail Seumas a bheul.

'Dh'inns e dhomh gun do chuir neach-ceannach fòn thuige 's e
ag iarraidh càr,' thuirt Seumas Cant. 'Èireannach', thuirt e.

'Ciamar a bha fhios aige gur e Èireannach a bh' ann?'

'Feumaidh gun do dh'aithnich mi e air a chainnt. Cha chreid mi
gun do choinnich iad riamh. Ma dh'fhaodte gun do choinnich. Bha
sùil aig an neach-ceannach air càr àraidh.'

'Jaguar dearg, an e?'

''S e, convertible. Càraichean brèagha. Agus bha fios aig an
Èireannach far am faigheadh e fear dhiubh! 'S e obair gu math
furasta a bhiodh ann, tha e coltach. Sin a bha Brian ag ràdh co-
dhiù. Airgead air a shaor chosnadh.'

'Bha e dhen bheachd gum biodh e furasta a ghoid?'

'Cha toireadh e ach còig diogan. Sin a bha e a' cantail. Shaoil
mise gun robh an obair a' coimhead ro fhurasta. Agus thuirt mi ris
e.' Chrùb e anns an t-sèithear 's e a' greimeachadh ri ghlùinean
agus dh'aom e a cheann eadar a làmhan. 'Och, a Bhrian, gu dè air
talamh a rinn thu?'

Dh'fheuch Rebus ri cofhurtachd a thoirt dhan fhear òg le bhith a'
toirt air branndaidh agus tì òl. Dh'òl e fhèin muga tì 's e a' dol air
feadh an taighe 's an eanchainn aige air a dhol na boil. An robh e
air gnothaichean a leudachadh thar na còrach? 'S dòcha. Bha e air a
dhol ceàrr roimhe, chan ann air sàillibh mearachd breithneachaidh
ach a chionn 's gun robh e foileach, bras gu tighinn gu co-dhùnadh.
Ach bha rudeigin falaichte am measg a h-uile càil a bha seo ...
Rudeigin.

'Bheil dealbh agad de Bhrian?' dh'fhaighnich e dheth dìreach
nuair a bha e an impis fàgail. 'Fear a chaidh a thogail bho chionn
ghoirid; bhiodh sin na b' fheàrr.' Shìn Seumas thuige dealbh a
chaidh a thogail air saor-làithean.

'Chaidh sinn gu ruige Crete as t-samhradh an-uiridh,' thuirt e. 'Bha e sgoinneil.' An uair sin, nuair a bha e a' cumail an dorais fosgailte do Rebus: 'Nach bi agam ri dearbhadh gur e th' ann no rudeigin mar sin?'

Bheachdaich Rebus air na corran a bh' air fhàgail de Bhrian Cant. Chrath e a cheann. 'Cuiridh mi brath thugad,' thuirt e. 'Ma bhios feum againn ort, cuiridh sinn brath thugad.'

Làrna-mhàireach 's e Là na Sàbaid a bh' ann, latha tàimh. Ghabh Rebus tàmh na chàr fhèin, suidhichte mu leth-cheud slat air falbh bho gheataichean na Loidse an Iar. Chuir e thuige an rèidio, phaisg e a ghàirdeanan agus chliùc e sìos ann an suidheachan an dràibheir. Bha seo na bu choltaiche ri gnothaich. Lorgaire prìobhaideach ann a' Hollywood ri faire. B' e an duilgheadas, air film cha mhaireadh a' chaithris ach mu dhà mhionaid, ach an seo, gu fìrinneach, bha an ùine air a tomhas ann am buillean gach dioga mar a bha iad a' dol seachad … ann am mionaidean … ann an cairteil na h-uarach.

Mu dheireadh, dh'fhosgail na geataichean agus thàinig cuideigin a-mach ann an cabhag agus sìos an cabhsair mar chuideigin air a leigeil a-mach à prìosan. Bha seacaid denim air Jacqueline Dean, sgiort ghoirid dhubh agus stocainnean tiugha, dubha. Bha currac gu cugallach air falt goirid, dorcha agus dh'fheumadh i a bas a dhinneadh air a' bhonaid an-dràsta is a-rithist gus a cumail air a ceann. Ghlas Rebus an càr mus do theann e ri leantail. Choisich e air taobh eile an rathaid – chan ann air eagal 's gum faigheadh i fàir air, ach air eagal 's gun robh C13 ga leantail cuideachd.

Stad i an toiseach aig bùth nam pàipearan-naidheachd agus thàinig i a-mach le ultach de phàipearan na Sàbaid. Choimhead Rebus, air bheul a bhith deas gus a dhol tarsainn an rathaid, gu dùrachdach air a h-aodann, mas fhìor fear eile a bha a' gabhail cuairt air a shocair madainn na Sàbaid. Dè na briathran a chleachd e nuair a dh'fheuch e ri tuairisgeul a thoirt oirre nuair a chunnaic e i an toiseach? Sin e, ag ionndrainn; bha i mar gun robh i a' gabhail fadachd. Bha cuid dhen sin fhathast anns na sùilean donna, faileasach aice, le sgàilean dubha fòdhpa. Bha i a' dèanamh air bùth san oisean a-nis. Thigeadh i a-mach, is cinnteach, le rolaichean no ìm no hama no bainne. Nach iad sin na dearbh rudan a bhiodh a dhìth air Rebus fhèin madainn na Sàbaid a dh'aindeoin cho dìcheallach 's a bha e air a bhith ag ullachadh!

Chuir e a làmhan ann am pòcaidean a sheacaid, ach cha robh sìon an sin a bheireadh cofhurtachd dha – dìreach an dealbh de Bhrian Cant. Ann an uinneag na bùtha, a bha fhathast slàn an dèidh an spreadhaidh, bha mu dhusan cairt gheal crochte le sgrìobhadh tiugh orra. Thug e sùil orra sin, agus seachad orra far an robh Jacqueline a' ceannach. Bainne 's rolaichean: sìmplidh, a Chonan Doyle! Fhad 's a bha i a' feitheamh air iomlaid, thionndaidh i a ceann chun na h-uinneig. Ghabh Rebus beachd air na cairtean. Bha tè dhiubh, 'Candy Masseuse' air a cur gu dùbhlan le feadhainn eile mar 'Pram and Carry-Cot for Sale' 'Babysitting considered' agus 'Lada, seldom used.' Rinn Rebus gàire cha mhòr an aghaidh a thoil nuair a dh'fhosgail doras na bùtha le gliong.

'Jacqueline?' thuirt e. Thionndaidh i. Bha a' chairt-aithneachaidh fosgailte aige na làimh. 'Am faod mi bruidhinn riut, a Mhiss Dean?'

Bha Màidsear Dean a' lìonadh glainne le uisge-beatha Èireannach nuair a dh'fhosgail doras an t-seòmair-suidhe.

'Am faod mi tighinn a-steach?' Cha b' ann air Dean a bha Rebus a' cur na ceist ach air Matthews a bha na shuidhe air sèithear faisg air an uinneig, an dara cas tarsainn air an tèile, 's a làmhan a' greimeachadh ri cliathaichean an t-sèithir. 'S ann a bha e coltach ri fear-gnothachais a bha gu math frionasach air plèan agus e a' feuchainn gun a bhith a' sealltainn dha nàbaidh gun robh eagal a bheatha air.

'Inspeactair Rebus,' 'thuirt e air a shocair. 'Shaoil mi gun tug rudeigin grìs orm.'

Bha Rebus air tighinn a-steach dhan rùm mar-thà. Dhùin e an doras air a chùlaibh. Smèid Dean chun na searraig-ghlainne, ach chrath Rebus a cheann.

'Ciamar a fhuair thu a-steach an seo?' dh'fhaighnich Matthews.

'Bha Miss Dean cho math 's gun do leig i leam a dhol tro na geataichean còmhla rithe. Thug mi an aire gu bheil freiceadain ùra agaibh shìos an siud a-nis. Dh'innis i dhaibh gur e caraid dhan teaghlach a bh' annam.'

Dh'aom Matthews a cheann. 'An e sin a th' annad, Inspeactair? An e caraid dhan teaghlach a th' annad?'

'Tha sin a rèir dè tha sibh a' ciallachadh nuair a chanas sibh caraid.'

Bha Dean na shuidhe air oir an t-sèithir, a dhà làimh air a' ghlainne, ga cumail socrach. Taca ri mar a bha e a' coimhead air latha an spreadhaidh, cha b' e an aon choltas a bh' air idir. 'S e buille às ùr a bha air beantainn dha, mar a shaoil Rebus. Air an latha sin bha e air a dhòigh gun do shàbhail e: an-diugh bha e air oillteachadh leis na thachair.

'Càit a bheil Jacqui?' thuirt Dean 's e air stad agus a' ghlainne ri bhilean.

'Shuas an staidhre,' thuirt Rebus. 'Shaoil mi gum biodh e na b' fheàrr dhi mura cluinneadh i seo.'

Bha corragan Matthews a' spìonadh cliathaichean an t-sèithir.

'Dè nas aithne dhi mun ghnothach?'

'Chan aithne dhi cus. Thuige seo. 'S dòcha gun tèid aice air barrachd fhuasgladh leatha fhèin an dèidh ùine.'

'Mar sin, Inspeactair, tha sinn air tighinn chun an adhbhair a tha thu an seo?'

'Tha mi an seo,' thuirt Rebus, 'mar phàirt de rannsachadh air murt. Bha dùil a'm gur ann air sgàth sin a bha sibh fhèin ann cuideachd, a Mhaighstir Matthews. 'S dòcha gun robh mi ceàrr. Ma dh'fhaodte gu bheil sibhse an seo gus gnothaichean fhalach an àite an nochdadh ris an latha gheal.'

Cha do mhair gàire Matthews ach tiotan. Ach cha tuirt e smid.

'Cha b' ann a' lorg eucoraich a bha mi,' thuirt Rebus. 'Mar a thuirt sibh fhèin, a Mhaighstir Matthews, b' e sin an obair agaibhse. Ach b' e adhbhar iongnaidh leam cò chaill a bheatha is e neochiontach. Fear neochiontach ann an tubaist, mar a shaoil mi aig an àm. Mèirleach chàraichean òg ris an canadh iad Brian Cant; sin a' bharail a bheirinn air. Ghoideadh e càraichean mar a dh'òrdanaicheadh ceannaichean iad. Dh'iarr ceannaiche Jaguar dearg *open type* air, agus chuidich an ceannaiche seo cho mòr leis 's gun do dh'inns e dha far am faigheadh e fear. Dh'inns an ceannaiche seo mu dheidhinn Màidsear Dean. Bha an t-iomradh air Màidsear Dean gu math mionaideach 's e air innse do Bhrian gum biodh am Màidsear a h-uile latha a' siolpadh a-steach do bhùth-fìon air a' phrìomh-shràid.' Thionndaidh Rebus gu Dean. 'Botal de dh'uisge-beatha Èireannach a h-uile latha. Nach e sin e, a Mhàidseir?'

Cha do rinn Dean ach a ghuailnean a chrathadh agus thràigh e a ghlainne. 'Co-dhiù' thuirt Rebus, ''S e sin a dh'inns an nighean agaibh dhomh. Cha robh aig Brian Cant ri dhèanamh ach feitheamh faisg air air bùth na dibhe. Thigeadh sibhse a-mach às a' chàr, 's an t-einnsean fhathast a' dol, agus fhad 's a bha sibh anns a' bhùthaidh, dh'fhaodadh esan an càr a thoirt leis. B' e an aon rud a bha a' dèanamh dragh dhomh gun robh cainnt nan Èireannach aig an fhear-ceannach – 's e sin a thuirt bràthair Cant co-dhiù – agus gun robh fhios aige air uiread agus ga dhèanamh cho furasta do Chant. Carson nach goideadh an duine seo an càr e fhèin?'

'Agus thàinig freagairt thugad, an tàinig?' thuirt Matthews, ann an guth làn ìoranais.

Cha do leig Rebus air gun do mhothaich e dhan mhodh-labhairt. Chùm e air a' sìor choimhead air Dean. 'Cha tàinig e thugam sa bhad,' thuirt e. 'Ach nuair a thàinig mi dhan taigh seo an toiseach, cha b' urrainn dhomh gun a bhith a' mothachadh do Mhiss Dean, gun robh i caran neònach a' coimhead. Mar gun robh i a' gabhail fadachd gus an cuireadh cuideigin fòn thuice agus gun do chuir cuideigin às a toinneamh i. Is urrainn dhomh a bhith nas cinntiche a-nis, ach aig an àm bhuail e orm gun robh rudeigin annasach mu deidhinn. Dh'fhaighnich mi dhi an-diugh sa mhadainn dè bu choireach, agus dh'aidich i gun robh i mar siud a chionn 's gun do chuir a leannan cùl rithe. Bha i air a bhith còmhla ri fireannach sònraichte, agus sin gu math cunbhalach, agus gu h-obann sguir e a dhèanamh suirghe oirre. Bha mi ga ceasnachadh mu dheidhinn ach cha do chuidich sin mi. Cha deach iad riamh dhachaigh dhan flat aigesan, mar shamhla. Bha càr air rogha dealbha aige gun teagamh agus airgead gu leòr, ach cha robh i cinnteach dè an obair a bh' aige.'

Thug Rebus dealbh às a phocaid 's rinn e a thilgeil an uchd Dean. Chaidh Dean na stob-reòite dìreach mar gum b' e greinèad a bha air thuar spreadhadh a bh' ann.

'Sheall mi dealbh de Bhrian Cant do Jacqueline. Seadh, sin ainm an duine a bha a' suirghe oirre – Brian Cant. Bu bheag an t-iongnadh nach cuala i guth bhuaithe.'

Dh'èirich Matthews bhon t-sèithear agus sheas e air beulaibh na h-uinneig, ach 's fheudar nach robh sìon a bha e a' faicinn a' tighinn ri chàil, agus thionndaidh e air a shàil gus an robh e a' sealltainn air Rebus agus Dean a-rithist. Bha de mhisneachd aig Dean a-nis an dealbh a thogail far a shliasaid agus a chur air an làr. Dh'èirich esan cuideachd agus rinn e air an t-searraig-ghlainne.

'An ainm an Àigh!' thuirt Matthews 's e a' srannanaich, ach lìon Dean glainne 's e gun diù aige.

Bhruidhinn Rebus gu stòlta. 'Bha mi riamh a' smaointinn gur e tuiteamas annasach a bh' ann, seadh, gun do ghoideadh an càr diogan mus deach e na smàl. Ach tha e na fhasan aig an IRA innleachdan a chleachdadh a chuireas iad an sàs astar air falbh, nach eil? Mar sin, bhiodh e comasach do chuideigin a bha air àrainn an àite spreadhadh a dhèanamh uair sam bith a thogradh e fhèin. Cha bhiodh feum aige air cloc no air bataraidh no air rudan cho seann-fhasanta ri sin. Bha mi fhìn nam bhall dhen SAS uair dhen robh an saoghal.'

Dh'èirich tè de mhailghean Matthews. 'Cha do dh'inns duine sin dhomh,' thuirt e 's a mhac-meanmna air ghleus a' chiad uair thuige seo.

'Sin agaibh Fiosrachadh dhuibh?' thuirt Rebus. 'Agus fhad 's a tha mi a' bruidhinn air a' chuspair sin, dh'inns sibh dhomh gun robh Màidsear Dean an lùib na Roinn Fiosrachaidh. Chuirinn geall gur ann ri obair dìomhaireachd a bha e, nach ann? Bhiodh e a' cur a-mach fiosrachadh ceàrr, 's e a' dèanamh milleadh air a dh'aona ghnothaich, nach bitheadh?'

'Chan eil an sin ach an rud a tha thusa a' smaoineachadh, Inspeactair.' Chrath Rebus a ghuailnean. 'Chan eil e gu diofar. 'S e tha cudromach gun robh cuideigin air a bhith a' beachdachadh air Brian Cant, fear a b' àbhaist a bhith na phoileas dom b' ainm Jackie Hanson. 'S e Lorgaire Prìobhaideach a th' ann a-nis. Gu nàdarra, cha chan e guth mu na daoine a bhios e a' frithealadh, ach cha chreid mi gum biodh e doirbh dhòmhsa tighinn gu co-dhùnadh gun a bhith a' cur ris an fhìrinn. 'S ann às ur leth a bha e ag obair, a Mhàidseir, oir bha ùidh agaibh ann am Brian Cant. Bha meas aig Jacqueline air, nach robh? Bha i cho measail air 's gun robh i air a cùl a chur ris an oilthigh air a shàillibh. Dh'inns i dhomh gun robh iad a' bruidhinn air taigh a ghabhail còmhla. Bha sibhse an aghaidh sin. Nuair a fhuair sibh a-mach dè an seòrsa … beòshlaint, mas e sin am facal ceart, a bh' aige, bhuail sibh air plana sònraichte.' Bha an gnothach a' fìor chòrdadh ri Rebus a-nis. Ach rinn e a dhìcheall gus a thoileachas fhalach.

'Chuir sibh fòn gu Cant,' thuirt e, 'a' leigeil oirbh gur e Èireannach a bh' annaibh. Tha sibh math air a bhith ag atharrais air cainnt nan Èireannach, nach eil, a Mhàidseir? Dh'fheumadh sibh a bhith agus sibh an sàs ann a bhith a' cur a-mach fiosrachadh ceàrr. Dh'inns sibh dha a h-uile sìon a bhuineadh dhan chàr – an càr agaibhse. Thairg sibh airgead mòr dha nan goideadh e an dearbh chàr agus dh'inns sibh dha an t-àm agus an t-àite far am faigheadh e lorg air. 'S e duine sanntach a bha ann an Cant. Cha b' e ruith ach leum a rinn esan.' Thug Rebus an aire ged a bha e fhèin na shuidhe gu cofhurtail na shèithear, gur ann a bha Dean a' coimhead … b' e am facal a thàinig thuige 'luaisgeanach.' Bha Matthews cuideachd air a

59

rothaigeadh air an taobh a-staigh dheth, ged a bha gleans meatailt, fuar air an taobh a-muigh dheth.

'Bhiodh fhios agaibh mar a thogadh sibh boma, cha ruig mi leas eadhon a ràdh. Nach bitheadh, a Mhàidseir? Feuch an aithne dhuibh ur nàmhaid, nach e sin e? Mar a thuirt mi cheana, bha mi fhìn anns an SAS. A bharrachd air sin, bha fhios agaibh mar a thogadh sibh boma air am biodh comharra an IRA. Bha an t-inneal leis a' phutan-spreadhaidh nur pòcaid. Chaidh sibh a-steach dhan bhùthaidh, cheannaich sibh botal uisge-beatha, agus nuair a chuala sibh fuaim a' chàir 's e a' togail air, cha do rinn sibh ach am putan a bhruthadh.'

'Jacqueline.' Cha robh guth Dean na b' àirde na cagar.

'Jacqueline.' Chaidh e air a chasan, choisich e cha mhòr air a chorra-biod chun an dorais agus dh'fhalbh e a-mach às an rùm. Bha coltas air gur e a' bheag a chuala e dhen aithris aig Rebus. Dh'fhairich Rebus cràdh-lot beag de bhriseadh-dùil agus sheall e air Matthews, ach cha do rinn am fear sin ach a ghuailnean a sgruideadh.

'Chan urrainn dhut, tha e soilleir, dad dhen seo a dhearbhadh, Inspeactair.'

'B' urrainn nan cuirinn m' aghaidh air.'

'Ò, tha mi cinnteach, gun teagamh sam bith.' Stad Matthews.

'Ach an cuir?'

'Tha e glan às a chiall; feumaidh tu aontachadh rium.'

'Às a chiall? Uill, tha e cugallach gun teagamh. Riamh bhon àm ... a bhean ...'

'Cha robh còir aige Brian Cant a mhurt.' Chuidich Rebus e fhèin gu leth-tè uisge-bheatha a-nis, 's na casan aige air fàs gliogach air dòigh air choreigin. 'Dè cho fad 's a bha fios agaibh?'

Chrath Matthews a ghuailnean a-rithist. 'Dh'fheuch e cleas mar sin anns a' Ghearmailt, tha e coltach. Cha deach leis an uair sin. Dè tha sinn a' dol a dhèanamh leis an turas seo? A chur an sàs, an e sin e? Cha ghabhadh iad tagradh bhuaithe a chionn 's gu bheil e bochd na inntinn.'

60

'Ge bith dè thachras,' thuirt Rebus, 'feumar a dhìon gu sàbhailte'

'Tha mi leat an sin.' Bha Matthews a' gnogadh a chinn 's e ag aontachadh. Thàinig e a-nall chun an dreasair. 'Ospadal, àiteigin far am faigheadh e leigheas. 'S e saighdear air leth math a bh' ann na latha. Leugh mi na chaidh a sgrìobhadh mu dheidhinn san arm. Saighdear air leth math a bh' ann. Na gabh dragh, Inspeactair Rebus, bithidh e, mar a chuir thu fhèin e, air a dhìon gu sàbhailte. Seallaidh sinn às a dhèidh gu math.' Thàinig làmh Matthews air ruighe Rebus. 'Faodaidh earbsa a bhith agad annamsa.'

Bha earbsa aig Rebus à Matthews – bha de dh'earbsa aige ann am Matthews 's nach leigeadh e leis a dhol dhan bhùthaidh a dh'iarraidh lof. Bhruidhinn Rebus ri caraid dha a bha ag obair aig pàipear-naidheachd, ach cha ghabhadh am fear sin gnothach ris an stòiridh. Stiùir e Rebus gu sgrìobhadair a bha math air rannsachadh, agus an dèidh dha beagan sgrùdaidh a dhèanamh, cha mhòr a b' fhiach na fhuair e a-mach. Cha b' aithne do Rebus an t-ainm ceart a bh' air Dean. Cha mhò bha fhios aige air ainm-baistidh Matthews no dè an inbhe a ràinig e no eadhon, leis an fhìrinn innse, am buineadh Matthews do C13 idir. Ma dh'fhaodte gur ann san arm a bha e no 's dòcha gun robh e na bhall ann am brochan de sheirbheisean a bha air a dhèanamh a-mach às an arm, an Secret Service agus Special Branch.

Làrna-mhàireach, bha Dean agus an nighean aige air an Loidse an Iar fhàgail agus, an ceann cola-deug, chunnaic Rebus sanas-reic air a shon ann an uinneag ceannaiche-seilbhe air Sràid Dheòrsa. Bha a' phrìs gu math ìosal; 's e sin ma bha thu titheach air Na Munsters. Ach bhiodh dealbh an taighe crochte ris an uinneig airson ùine mhòr.

Thàinig droch bhruadaran mu dheidhinn Dean gu Rebus fad oidhche no dhà ach cha do mhair sin fada. Ach ciamar as urrainn dhut duine mar siud a dhìon gu sàbhailte? Bha an t-arm air ball-airm a dhèanamh dhen duine agus chaidh am ball-airm sin ceàrr. Dh'fhaodadh tu ball-airm a thoirt às a chèile. Dh'fhaodadh tu an aon rud a dhèanamh le mac-an-duine cuideachd, nuair a smaoinicheas tu air. Ach fhathast, bhiodh a h-uile grèim dheth a cheart cho bàsmhor 's a bha bodhaig shlàn. Chaith Rebus air falbh nobhailean, chuir e Dashiell Hammett gu aon taobh, agus nan àite, theann ri leughadh leabhraichean mu eòlas-inntinn. Ach 's e uirsgeulan a bh' annta sin cuideachd nan dòigh fhèin, nach e? Agus an ceann ùine b' e cùis a bh' ann nach robh na cùis mu dhuine nach robh riamh ann.

3

 A' FAICINN RUDAN

A dh'innse na fìrinn, nam biodh Crìosda a' dol a nochdadh ann an àite sam bith an Dùn Èideann, cha robh àite na b' fheàrr na a' Hermitage.

No, airson an t-ainm ceart a thoirt dha, Hermitage of Braid, a fhuair ainm bho Shruth Bhraid a bha a' sruthadh tron fhàsach chumhang, lùbach eadar Rathad Chnoc Bhlackford agus Rathad Chnoc Bhraid. Tarsainn an rathaid, bha a' Hermitage air a dhol na raon goilf, air a dheagh chumail agus air a dheagh choiseachd, ach air feasgair ghrianach an deireadh-sheachdain, bha a' Hermitage fhèin air àite cho fiadhaich 's a b' urrainn dhut smaoineachadh air. Bhiodh clann a' ruith bho chraobh gu craobh no a' caitheamh bhioran dhan t-sruthan. Chitheadh tu leannain le grèim air làmhan a chèile is iad a' cromadh a' bhruthaich dhoirbh gu cùramach. Bhiodh coin a' ruith 's a' cur an sròinean ri bun-craoibhe is post, le puncan a bha nan suidhe air creagan, gan coimhead. Bhiodh canaichean, le cop blasta, gan cur ri beòil. Bhiodh buidhnean a bha airson picnic a ghabhail a' lorg an àite a b' fhasgaiche on ghaoith.

Bha e uaireannan doirbh a chreidsinn gun robh an t-àite ann an Dùn Èideann, gun robh geataichean a' Hermitage cho faisg air Rathad trang Chomiston air taobh a deas Mhorningside. Bha an sluagh a bha a' togail fianais – mas e sluagh a chanadh tu riutha – air caithris a dhèanamh aig na geataichean seo airson latha no dhà, a' gabhail òran is a' toirt seachad nam bileagan aca a bha ag ràdh 'Sìos le na Pàpanaich'. Bho àm gu àm bhiodh meagafòn aig fear aca airson a chuid sgudail èigheach ris an t-sluagh. Bha fear-reic choinnlean is rudan creideimh eile air stàile a chur suas tarsainn an rathaid bhon t-sluagh seo, ach fada gu leòr air falbh bhuapa. Bha e coltach gun robh am fear leis a' mheagafòn mar bu trice ag èigheach ris-san, gun targaid sam bith eile mun cuairt.

Bha èigheach den t-seòrsa seo a' dol air adhart nuair a ràinig Inspeactair John Rebus an t-àite. Am biodh Latha a' Bhreitheanais mar seo, smaoinich e, a' gabhail bileag bhon duine. Am buineadh na guthan a bu làidire dhan fheadhainn a bh' air an teàrnadh? Gheibh na h-uile meagafòn, smaoinich e ris fhèin, a' dol tron gheata. Thug e sùil air a' bhileig. Sìos le na Pàpanaich, gu dearbh.

'Carson?' Agus leis a' cheist seo, rinn e cnap dhen bhileig agus thilg e dhan bhiona a b' fhaisge i. Chuala e an guth ga leantail mar gum b' esan an targaid 'IODHAL-ADHRADH TOIRMISGTE! Chan eil ach aon Dia ann agus bu chòir dhuibh adhradh a thoirt dhà-san a-mhàin! Na tionndaidh D' AGHAIDH ri ÌOMHAIGHEAN fuadain! Chan eil fìrinn ann ach am BÌOBALL!'

Cùm ort às do rian…

Cha robh annta ach mion-shluagh an coimeas ri na daoine a bha air iongnadh a ghabhail agus air tighinn a choimhead. Ach bha iad sin fhèin a' fàs nam mion-shluagh an coimeas ris an fheadhainn a bha a' dèanamh làrach coisrigte den àite. Bha Rebus ga fhaicinn fhèin mar Chrìosdaidh, ach le tuilleadh 's a chòir theagamhan is amharasan a dhol gu aon taobh seach taobh eile, Caitligeach no Pròstanach. Chan fhaigheadh e air falbh bhon togail aige mar Phròstanach, ach bha a mhàthair, boireannach beannaichte, air bàsachadh òg, agus bha athair coma.

Cha robh e fiù 's air mothachadh gun robh diofar ann eadar Caitligich is Pròstanaich gus an do thòisich e san sgoil. Bha deagh charaid aige mus deach e dhan sgoil a bha na Chaitligeach, gille leis an ainm Miles Skelly. Air a' chiad latha san sgoil, bha iad air an sgaradh, air an cur gu sgoiltean air diofar thaobhan den bhaile. Mar sin, bha iad air caraidean ùra a lorg agus air sgur a chluich còmhla.

Sin a' chiad leasan a bha aig Rebus mun 'sgaradh'. Ach cha robh sìon aige an aghaidh nan Caitligeach. 'Ceàrr-chasach' a bh' aig a' choimhearsnachd Phròstanach orra, ach bha Rebus fhèin a' breabadh ball le cois cheàrr. Ach cha robh mòran earbsa aige ann an làraichean coisrigte. Bha iad ga dhèanamh an-fhoiseil: ìomhaighean a bha a' gluasad, no às an tigeadh deòir no fuil. Seallaidhean obann de Mhoire Mhàthair. Aodann a' nochdadh air anart.

Bu chòir do chreideamh a bhith mar chreideamh. Agus ma tha thu a' creidsinn, dè am feum a th' agad air mìorbhailean, gu h-àraidh feadhainn a tha nas coltaiche ri cleasan draoidheil na gnìomhan nèamhaidh? Ach, mar a b' fhaisge a bha e a' tighinn air an àite fhèin, 's ann bu chugallaiche a bha a chasan. Bha preaslach garbh air an talamh, agus air a bheulaibh bha craobh stobach. Mun cuairt air a' chraoibh bha coinnlean, ìomhaighean beaga, dealbhan, ùrnaighean air an sgrìobhadh, flùraichean, agus iad uile air an cur ann o chionn latha no dhà. Bha an t-atharrachadh iongantach. Bha buidheann bheag de dhaoine air an glùinean faisg air làimh, astar urramach air falbh bhon chraoibh. Bha an cinn crom ann an ùrnaigh. Bha cuid eile nan suidhe, gàirdeanan air an cùlaibh, air an fheur. Bha gàire aoibhneach air an aodainn, mar gun robh iad a' faicinn no a' cluinntinn rudeigin nach robh Rebus. Dh'èist e gu math, ach cha robh e a' cluinntinn ach ùrnaighean socair, coin a' comhartaich fada air falbh. Choimhead e, ach cha robh e a' faicinn ach craobh, ged a bha solas na grèine a' deàrrsadh oirre ann an dòigh annasach, ga togail air leth bho na pris mun cuairt oirre.

Chuala Rebus rudeigin bho chùl na craoibhe fhèin. Chaidh e mun cuairt air a' choithional – cha robh facal nas fheàrr airson a' cho-chruinneachaidh seo – gu ruige am preaslach, far an robh oifigearan poilis òga crom, chan ann ag adhradh, ach a' rùrachadh air an talamh.

'An d' fhuair sibh dad?'

Sheas fear dhiubh, a' cur a làmhan air a dhruim fhad 's a ghabh e anail. Chuala Rebus a chnàmhan a' dìosgail.

'Cha d' fhuair, Inspeactair, cha d' fhuair fiù 's aon deamhan rud.'

'An aire air do chainnt, Holmes. Cuimhnich gu bheil sinn air làrach coisrigte.'

Thàinig gàire cam air aodann DC Brian Holmes. Bha gàire air a bhith air tric a' mhadainn a bha seo. Bha e air a bhith air a chur os cionn a' ghnothaich seo, agus cha robh e gu diofar gun robh e ann am bogach, a' dèiligeadh ri sgioba de dh'oifigearan òga mì-thoilichte, no gun robh biorain na ghruaig. Bha e os an cionn. Cha b' urrainn fiù 's John Rebus sin a thoirt bhuaithe.

Ach b' urrainn. Agus thug.

'Siuthadaibh, 'illean,' thuirt Rebus, 'nì sin an gnothach. Fòghnaidh na tha sinn air a lorg gu ruige seo. No co-dhiù na th' aig na balaich san lab.'

Dh'èirich na h-oifigearan òga. Sguab duine no dithis fùdar geal, cailceach far an glùinean, sgrìob feadhainn eile air spotan puill no feòir. 'Nach math a rinn sibh, 'illean,' dh'aidich Rebus. 'Chan eil an obair seo cho taitneach sin, ach seo mar a bhios obair poilis. Ma tha sibh air tighinn ann airson fealla-dhà, tha sibh san àite cheàrr.'

Mise bu chòir a bhith a' dèanamh na h-òraid seo, smaoinich Holmes ris fhèin fhad 's a bha na h-oifigearan uile a' gàireachdainn mu na facail aig Rebus. Bha iad ag aontachadh ris a h-uile rud a chanadh e, a h-uile rud a dhèanadh e. 'S e Inspeactair a bh' ann. Inspeactair Rebus fhèin. Bha Holmes a' faireachdainn a bhrìgh is àirde a' crìonadh às, a' dol na cheò ìosal no na fhaileas falaichte. Bha Rebus os cionn a' ghnothaich a-nis. Bha na h-oifigearan òga air an seann cheannard cha mhòr a dhìochuimhneachadh. Cha robh sùilean aca ach airson aon duine, an duine a bha a' toirt seachad an òrdain a dhol is cupa tì a ghabhail.

'Dè tha ceàrr, Brian?'

Mhothaich Holmes, a bha a' coimhead orra a' coiseachd air falbh, gun robh Rebus a' bruidhinn ris-san. 'Gabh mo leisgeul?'

'Tha coltas ort gun do lorg thu sgillinn, ach gun do chaill thu tastan.'

Thog Holmes a ghuailnean. 'Bha mi a' meòrachadh air mar a b' urrainn dhomh an dà chuid a chumail. Naidheachd sam bith air an fhuil?'

'Cho coltach ri fuil ar Slànaigheir ri ar cuid fala fhèin.'

'Abair iongnadh.'

Dh'aom Rebus a cheann gu ruige na pàirce. 'Feuch orrasan e. Bidh freagairt aca dhut.'

'Tha fhios a'm. Tha iad air a bhith a' trod rium airson truailleadh mu thràth. Bheil fhios agad gu bheil iad air geàrd a chur ann fad na h-oidhche a-nis?'

'Carson?'

'Air eagal 's gun leag muinntir na h-Eaglaise Saoire a' chraobh agus gun ruith iad air falbh leatha.'

Choimhead iad air a chèile, agus thòisich iad air gàireachdaich. Chaidh an làmhan rim beòil airson stad a chur air an fhuaim. Truailleadh is tuilleadh truaillidh.

'Trobhad,' thuirt Rebus, 'tha coltas ort gum b' fheàirrde tu cupa tì thu fhèin. Pàighidh mise.'

'Nise, sin mìorbhail gun teagamh,' thuirt Holmes, ga leantail a-mach às na craobhan. Bha duine àrd, fèitheach a' dlùthachadh orra. Bha dinichean air agus lèine-T gheal. Bha crois mhòr fhiodh a' luasgadh mu amhaich, far an robh nèapraig dhearg cuideachd ceangailte. Bha fheusag cho tiugh agus cho ruadh ris a' ghruaig.

'An e poilis a th' annaibh?'

''S e,' thuirt Rebus.

'Bu chòir fios a bhith agaibh gu bheil iad a' feuchainn ris a' chraobh a ghoid.'

'A ghoid?'

'Seadh, a ghoid. Tha againn ri faire a chumail a latha is a dh'oidhche. A-raoir, bha fear ann le sgian, ach bha tuilleadh 's a chòir dhinn ann, taing do Shealbh.'

'Agus cò thu?'

'Steafan Byrne.' Stad e airson mionaid. 'Maighistir Steafan Byrne.'

Stad Rebus e fhèin, a' cur an fhiosrachaidh ùir seo còmhla na inntinn. 'Uill, a Mhaighstir, an aithnicheadh sibh an duine seo a-rithist? Am fear aig an robh an sgian?'

'Dh'aithnicheadh, saoilidh mi.'

'An tig sibh còmhla rinn dhan stèisean, ma tha, airson coimhead air dealbhan?'

Bha coltas gun robh Maighistir Byrne a' dèanamh sgrùdadh air Rebus. Ag aithneachadh nach robh e a' toirt a char às, dh'aom e a cheann gu slaodach. 'Mòran taing, ach chan eil mi a' smaointinn gum bi sin gu mòran feum. Ach bha mi airson sin innse dhuibh. 'S dòcha gum fàs cùisean nas miosa.'

Chùm Rebus aige fhèin freagairt mu bhith a' tionndadh na gial eile. 'Chan fhàs mas urrainn dhuinne sìon a dhèanamh mu dheidhinn,' thuirt e na àite. 'Ma chì sibh an duine a-rithist, a Mhaighstir, cuiribh fios thugainn sa mhionaid. Na feuchaibh sìon sibh fhèin.' Choimhead Maighistir Byrne mun cuairt air. 'Chan eil mòran fhònaichean mun cuairt oirnn an seo.' Bha a shùilean beò le àbhachd.

Duine laghach, smaoinich Rebus. 'S dòcha fiù 's tarraingeach.

'Uill,' thuirt e, 'feuchaidh sinn ri bhith cinnteach gum bi càr mun cuairt airson sùil a chumail air cùisean. Ciamar a tha sin?'

Dh'aom Maighistir Byrne a cheann. Ghluais Rebus air falbh.

'Dia gad bheannachadh,' chuala e an duine ag ràdh. Chùm Rebus air a' coiseachd, ach bha a ghruaidhean air fàs dearg. Ach bha e ceart, nach robh? Ceart agus cothromach gun deach a bheannachadh.

'Is beannaichte luchd-dèanamh na sìthe,' chuimhnich e, a' cluinntinn a' mheagafòn a-rithist.

Bha an sgeulachd gu math sìmplidh. Bha triùir nighean air a bhith sa Hermitage anmoch aon fheasgar. Às dèidh na sgoile, bha iad air a dhol tron phàirc, airson Cnoc Bhlackford a dhìreadh agus tighinn a-mach nas fhaisge air an dachaighean. Rathad fada airson rathad goirid, mar a thuirt Rebus aig an àm.

B' e nigheanan ciallach a bh' annta, bho dheagh dhachaighean Caitligeach. Bha iad còig bliadhna deug a dh'aois, agus bha iad uile am beachd a dhol dhan oilithigh, dreuchd a thoirt a-mach agus pòsadh. Cha robh coltas orra gun robh iad cleachdte ri bhith ri ròlaistean no ri àibheiseachd. Bha an aon sgeul air a bhith aca. Bha iad air a bhith mu dheich air fhichead troigh bhon chraoibh nuair a chunnaic iad duine. Aon mhionaid cha robh e ann, agus an uair sin nochd e. Sgeadaichte ann an geal le deàrrsadh mun cuairt air. Gruag fhada, dhualach, dhorcha agus feusag. Coltas bàn air aodann, bha iad cinnteach às an seo. Chuir e aon làmh air a' chraoibh, agus bha a làmh eile ri a chliathaich. A chliathach dheas – a-rithist, bha an triùir ag aontachadh. Thog e a làmh agus chunnaic iad gun robh fuil air a chliathaich. Paidse dorcha, dearg. Chlisg iad. Choimhead iad ri chèile airson na bha iad air fhaicinn a dhaingneachadh. Nuair a choimhead iad a-rithist, bha an duine air a dhol à sealladh.

Ruith iad dha na dachaighean aca, far an tàinig an sgeul a-mach aig gach dinneir. Cha robh na teaghlaichean gan creidsinn, an toiseach. Ach carson a bhiodh breug aig na nigheanan? Thàinig na pàrantan còmhla agus chaidh iad dhan Hermitage. Sheall na nigheanan dhaibh an t-àite, a' chraobh. Cha robh sgeul air duine. Ach an uair sin thàinig sgiamh bho thè de na màthraichean, 's i a' cur comharra na croise oirre fhèin.

'Seall!' dh'èigh i. 'Seall air sin!' Bha làrach dearg air fhàgail air rùsg na craoibhe, agus e fhathast fliuch. Fuil.

Chaidh na pàrantan gu na poilis agus rinn na poilis rannsachadh air an àite, ach fhad 's a bha seo a' tachairt, bha nàbaidh air fòn a chur gu caraid a bha ag obair aig pàipear-naidheachd Dòmhnach. Dh'fhoillsich iad sgeulachd air 'Samhladh sa Hermitage' agus thòisich an gnothach air fàs. Bha iad ag ràdh nach robh an fhuil air tiormachadh. Agus bha seo fìor, ach bha fios aig Rebus gum b' urrainn dhan sin a bhith air sàillibh mar a bha an fhuil ag iom-obrachadh ri rùsg na craoibhe. Fhuair iad lorgan-coise, ach bha uiread ann, agus cho eadar-dhealaichte, 's nach b' urrainn dhaibh a ràdh cò rinn iad no cuin. Bha na pàrantan, mar eisimpleir, air an t-àite a rannsachadh gu mionaideach, a' milleadh fianais sam bith a b' urrainn don phoileas a chleachdadh. Cha robh sgath fala air an talamh. Cha robh duine le cliathach leòinte air nochdadh aig ospadal no dotair sa bhaile.

Bha dealbh-chunntas an duine cuideachd gu math neo-shoilleir: caran àrd, caran tana, gruag agus feusag fhada gun teagamh – ach an robh a ghruag dubh no donn? Cha robh na nigheanan cinnteach. Sgeadaichte ann an geal – 'mar ghùn', chuimhnich tè dhiubh na b' fhaide air adhart. Ach a-nis bha an sgeul air a glacadh leis a' choimhearsnachd; ciamar a bha seo air a cuimhne atharrachadh? Agus an deàrrsadh. Bha Rebus fhèin air fhaicinn mar a bha a' ghrian a' deàrrsadh air an spot ud. Smaoinich air grian gu fann, ìosal, air feasgar. Bha seo a' dearbhadh an deàrrsaidh – do dhuine ciallach, co-dhiù.

Ach an uair sin nochd daoine dealasach – air gach taobh. Luchd a' chreideimh agus luchd an teagaimh, le coinnlean no meagafònaichean. 'S e àm sàmhach a bha air a bhith ann airson naidheachdan: mar sin, chòrd an sgeulachd seo ri na meadhanan gu mòr. Bha na nigheanan a' coimhead math ann an dealbhan. Nuair a nochd iad air an telebhisean, chaidh am beagan luchd-tadhail na thuil. Thàinig busaichean làn dhaoine tuath à Sasainn 's às a' Chuimrigh. Bha turasan air an cur air dòigh à Èirinn. Bha iris ann am Paris air an sgeulachd a thogail; bha iomradh ann cuideachd gun robh sianal mun Bhìoball bho na Stàitean a' tighinn.

Bha Rebus airson a làmhan a thogail agus a' mhuir-làn a thionndadh air ais. An àite sin, bha an làn air tighinn thairis air a cheann. Bha Superintendent Watson ag iarraidh fhreagairtean.

''S beag orm a' hocus-pocus seo,' thuirt e, le cinnt clèirich na ghuth air an robh blas Obair Dheathain. 'Tha mi ag iarraidh rudeigin susbainteach. Tha mi ag iarraidh mìneachadh, mìneachadh as urrainn dhomh a chreidsinn. Bheil thu a' tuigsinn?'

A' tuigsinn? Bha Rebus ga thuigsinn; bha agus an t-Àrd-Inspeactair Lauderdale. Bha an t-Àrd-Inspeactair Lauderdale a' tuigsinn gun robh esan airson gun dèanadh Rebus rudeigin mu dheidhinn. Bha Rebus a' tuigsinn gur ann aige fhèin a bha ri fuasgladh a lorg. Ma-tha teagamh ann, cuir an obair sìos gu cuideigin eile. Seo far an robh Brian Holmes agus na h-oifigearan òga a' tighinn a-steach air a' chùis. Gun fhianais ùr – gun fhianais sam bith – chuir Rebus roimhe tarraing a-mach. Bha ùidh nam meadhanan a' crìonadh mu thràth. Bho àm gu àm bhiodh 'fiosrachadh' no 'beachd-smuain' aig eòlaiche air choreigin a dhùisgeadh a' chùis a-rithist – an t-aonaran a b' àbhaist a bhith a' fuireach sa Hermitage, a chaidh a chur gu bàs air sgàth buidseachd ann an 1714 agus a tha fhathast a' tadhal air an àite, rudan mar sin, ach cha robh sin a' maireachdainn fada. Bha e mar gun robh iad a' bruideadh air na h-èibhleagan gun a bhith gam biathadh. Cha robh ann ach deàrrsadh car tiotain. Nuair a dh'fhalbhadh ùidh nam meadhanan, dh'fhalbhadh ùidh nan amadan. Bha 'ìomhaighean' dhen aon seòrsa air nochdadh mu thràth anns a' Chòrn, Caerphilly agus Croydon an Ear. Bha na Tòmasan Teagmhach a' nochdadh. Cuideachd, bha an fhuil a-nis air falbh, air a glanadh às le tuil uisge a thuit aon oidhche agus a mhùch cuideachd na coinnlean a bha mun cuairt air a' chraoibh.

Dh'fheumadh 'sealladh' eile nochdadh mura robh an rud a' dol a bhàsachadh. Bha Rebus ag ùrnaigh gach oidhche airson fuasgladh luath agus tròcaireach. Cha tàinig e. Na àite thàinig fios air a' fòn aig ceithir uairean sa mhadainn.

'Tha mi an dòchas gun fhiach seo mo dhùsgadh.'

''S fhiach gu dearbh.'

'Siuthad, ma-thà.'

'Cuin as urrainn dhut do shlighe a dhèanamh dhan Hermitage?'

Shuidh Rebus suas san leabaidh. 'Cùm ort.'

'Tha iad air corp a lorg. Uill, chan eil sin buileach fìor. Tha iad air pàirt de dhuine a lorg. An com a-mhàin.'

Gu dearbh 's e com a bh' ann.

'Dhia ann am Flaitheanas,' chagair Rebus, a' coimhead air an rud. 'Co fhuair e?'

Cha robh Holmes a' coimhead cho math e fhèin. 'Fear de mhuinntir na craoibhe,' thuirt e. 'Thàinig e a-nall an seo airson dileag a dhèanamh. Bha toirdse aige. Fhuair e seo. Tha e air a chlisgeadh, mar a thuigeas tu. Tha, agus a bhriogais.'

'Cha chuirinn coire sam bith air airson sin.' Bha e a' cluinntinn fuaim gineadair, a' dèanamh dealan airson nan trì solais àrd haloidean a bha a' soilleireachadh an àite. Bha oifigearan a' cur teip orains mun cuairt orra. 'An deach duine na chòir?'

'Cha deach.'

Dh'aom Rebus a cheann, riaraichte. 'Cùm mar sin e gus an tig luchd nam foireansaigs. Càit a bheil an dotair-sgrùdaidh? Chomharraich Holmes le cheann tarsainn air gualainn Rebus. 'Thig an donas ri iomradh,' thuirt e.

Thionndaidh Rebus. Bha dithis ann an còtaichean dorcha ann an stoidhle Crombie a' coiseachd gu luath chun na làraich. Bha baga dotair aig fear dhiubh, bha làmhan an fhir eile na phòcannan airson an cumail a-mach às an fhuachd. Bha an solas air an car a thoirt à eun no dhà, a bha a' seinn aig àird an claiginn. Ach cha robh a' mhadainn fada air falbh.

Dh'aom an t-Àrd-Inspeactair Lauderdale a cheann gu gruamach ri Rebus, fàilteachadh gu leòr san t-suidheachadh. Bha an dotair-sgrùdaidh, Dr Curt, cho cabach 's a bha e riamh.

'Madainn mhath, Inspeactair.' Bha Rebus air a bhith eòlach air Dr Curt o chionn bhliadhnaichean, is mar sin, bha e a' feitheamh airson an fhealla-dhà a bha ri tighinn. 'Tha deagh ghreis ann bho a fhuair mi 'trunk call',' thuirt e, a' sealltainn air com an duine.

Leig Rebus osna, mar a bha dùil aig an dotair. Thàinig gàire air aodann Dr Curt. Bha fios aig Rebus dè bha ri tighinn: na cinn-naidheachd èibhinn. A-rithist, bha an dotair èasgaidh.

'Corpse in the coppice baffles cops,' thuirt e gu ceòlmhor, a' cur còmhdach air a bhrògan is air aodach, 's e a' dol a dh'fhaicinn a' chuirp fhèin.

Bha an t-Àrd-Inspeactair Lauderdale ann an tuaineal. 'A bheil e tric mar seo?'

'Fad an t-siubhail.'

Bha an dotair air cromadh airson sùil a thoirt air a' chorp. Dh'iarr e orra na lampaichean a ghluasad, agus thòisich e air an sgrùdadh. Ach bha ùine aige tionndadh gu Rebus aon turas eile.

'Tha mi duilich; tha sinn ro fhadalach,' dh'èigh Dr Curt. 'Tha an truaghan duine marbh.'

A' gàireachdaich ris fhèin, thill e gu obair, a' toirt inneal-clàraidh a-mach agus a' bruidhinn ann bho àm gu àm.

Choimhead Lauderdale air airson mionaid. Bha seo leth-cheud diog 's a naoi ro fhada. Thionndaidh e ri Rebus a-rithist. 'Dè 's urrainn dhut innse dhomh?'

'Mu dheidhinn Dr Curt? No mun mharbh?'

'Mun mharbh.'

Phut Rebus a chorragan tron ghruaig aige, a' sgròbadh air craiceann a chinn. Bha e a' smaointinn air a' chainnt-chluich a bha fhathast ri làimh airson Dr Curt. Thug e a chasan leis, chaill e a cheann...

'Inspeactair?'

Leig Rebus leum às. 'Gabh mo leisgeul?'

Thug Lauderdale sùil gheur air.

'Ò,' thuirt Rebus, a' cuimhneachadh. "Uill, tha e rùisgte. Agus leis nach do gheàrr iad a h-uile ball dheth, tha sinn cinnteach gur e fireannach a bh' ann. Chan eil fhios againn air sìon eile. Sa mhadainn, nì sinn rùrachadh a-rithist airson nam pìosan bodhaig eile.

Ach tha mi cinnteach às aon rud. Cha deach a mharbhadh an seo.'

'Ò?'

'Chan eil fuil gu leòr ann. Chan eil i follaiseach, co-dhiù.'

'A dhaoin' uasal!' 'S e Curt a bh' ann, gan èigheach a-null. Bha aca fhèin ri còmhdach a chur air an casan 's an aodach. Bhiodh luchd nam foireansaigs airson a h-uile òirleach timcheall a' chuirp a rannsachadh. Cha robh math 'sanasan' ceàrr mar bonn no snàithlean às do sheacaid fhàgail san àite.

'Dè th' ann, a dhotair?'

'An toiseach, 's e fireannach a th' ann, eadar còig deug air fhichead agus leth-cheud. Droch chòig deug air fhichead no leth-cheud air a dheagh ghleidheadh. Duine beag, ciutach cuideachd, ma bha a chasan an co-rèir ris a' chom, co-dhiù. Bidh mi nas cinntiche nuair a gheibh mi air an lic e.' Bha e airson a ghàire a shealltainn do Lauderdale gu h-àraidh. 'Tha e air a bhith marbh airson còrr is latha. Thug iad an seo e anns an staid seo.'

'Tha sin follaiseach,' thuirt Lauderdale. 'Chan eil fuil ann.'

Dh'aom an dotair a cheann, an gàire fhathast air aodann. 'Ach tha rudeigin eile ann. Seallaibh seo.' Stiùir e an sùilean chun na gualainne deise. 'Am faic sibh am milleadh a tha an seo?' Chaidh a chorrag mun cuairt air a' ghualainn. Bha aca ri cromadh na b' fhaisge airson sùil cheart a thoirt air. Bha a' ghualainn air a gearradh le sgithinn, mar gun robh cuideigin air a rùsgadh. Bha seo a' coimhead luideach an taca ri na gearraidhean eile.

'Tatù,' thuirt Rebus. 'Feumaidh gur e.'

'Tha thu ceart, Inspeactair. Dh'fheuch iad ri thoirt dheth. Às dèidh dhaibh a thoirt an seo. Feumaidh gun tug iad an aire gun robh earrann den tatù air fhàgail, na leigeadh dhinn an duine aithneachadh. Is mar sin...' Ghluais e a chorrag bhon ghualainn chun an talaimh fodha. Chunnaic Rebus bìdeagan craicinn.

'Thèid againn air a chur air ais na chèile,' thuirt Rebus.

'Thèid gu dearbh!' Sheas an dotair. 'Feumaidh gu bheil iad a' smaointinn gu bheil sinne gòrach. An àmhghair a bh' aca rud mar seo a dhèanamh, agus an uair sin a' fàgail a leithid seo.'

Chrath e a cheann gu cùramach. Chùm Rebus anail, a' feitheamh.

Shoilleirich aodann an dotair. 'Tha bliadhnaichean ann bho rinn mi mìrean-measgaichte,' thuirt e, a' fosgladh a' bhaga, a' cur nan gnothaichean aige a-steach ann agus ga dhùnadh le brag.

'Cùis fhosgailte agus dhùinte,' thuirt e, a' gluasad air falbh chun na teip.

Às dèidh dha fàgail, air falbh gu leac fhèin airson feitheamh gus an toireadh iad thuige an corp, dh'fhan Lauderdale greiseag airson dèanamh cinnteach gun robh a h-uile sìon a' ruith gu rèidh. Bha, mar a dh'inns Rebus dha, gu deimhinne. Ghuidh Lauderdale oidhche mhath dha an uair sin. Cha robh cuimhne aig Rebus gun do 'ghuidh' duine riamh oidhche mhath dha roimhe; gu dearbh, cha robh e cinnteach an do 'ghuidh' duine riamh oidhche mhath do dhuine eile, ach a-mhàin ann an leabhraichean is ann an dealbhan-cluiche. Bha e gu h-àraidh neònach a bhith a' guidhe oidhche mhath agus a' ghrian ag èirigh. Shaoil e gun cuala e coileach a' gairm, ach cò ann am Morningside aig am biodh cearcan?

Chaidh e a shiubhal airson Holmes agus fhuair e e cuide ri muinntir na craoibhe. Gach oidhche, bhiodh geàrd no dhà ann fad an t-siubhail, ag obair ann an sioftan de dhà uair an uaireadair. Bha Holmes a' bruidhinn riutha ann an guth sàmhach. Bha e a' gluasad bho chois gu cois, mar gun robh an orc no am fuachd air drùdhadh tro a stocainnean.

Cha robh cas aige air an seasadh e: sin abairt eile a dh'fhaodadh Dr Curt a bhith air a chleachdadh.

'Tha coltas aighearach ort air a' mhadainn seo, Inspeactair. Ach nach e adhbhar aigheir a th' anns gach madainn a chì sinn air an t-saoghal seo?' Bha e air a bhith a' coimhead air Holmes, is mar sin cha robh Rebus air mothachadh dhan duine eile a bha a' dèanamh a shlighe chun na craoibh. Dreiste ann an dinichean, lèine thartain agus seacaid lumberjack, ach leis an aon chrois fhiodh. 'S e Maighistir Byrne a bh' ann. Sùilean cho gorm ris an adhar, dubh nan sùilean mar cheann prìne. Bha gàire air aodann a bha sgaoilte a-mach bho bheul chun nan gruaidhean agus na sùilean aige. Bha e mar gun robh fheusag cuideachd a' gabhail pàirt.

'Chan eil fhios a'm mu dheidhinn aighearach, a Mhaighistir Byrne –'

'Steafan, mas e do thoil e.'

'Uill, mar a bha mi ag ràdh, chan eil fhios a'm mu dheidhinn aighearach. Bheil fhios agaibh gun robh murt ann a-raoir?'

A-nis dh'fhosgail a shùilean na bu mhotha. 'Murt? An seo?'

'Uill, chan ann an seo, dha-rìribh. Ach fhuair iad an corp an seo. Feumaidh sinn bruidhinn ri duine sam bith a bha an seo an-dè. 'S dòcha gum faca iad rudeigin.'

Sheall Holmes leabhar-notaichean dha. 'Tha mi air ainmean agus seòlaidhean fhaighinn mu thràth.'

'Nach eil sin math. An deach maoidheadh sam bith eile a dhèanamh oirbh, a Mhaighstir?'

'Maoidheadh?'

'Bheil cuimhn' agaibh, an duine leis an sgithinn.'

'Cha deach, cho fad 's as cuimhne leam.'

'Uill, tha mi cinnteach a-nis gu bheil mi airson gun tig sibh thu dhan stèisean còmhla rinn gus coimhead an aithnich sibh e anns na dealbhan a th' againn.'

'An-dràsta?'

'Uaireigin an-diugh.' Stad Rebus airson diog. 'Cho luath 's a tha freagarrach dhuibh.'

Thuig Maighistir Byrne na bha an diog seo a' ciallachadh.

'Uill, gun teagamh. Ma tha thu a' smaointinn gun cuidich e. Thig mi madainn an-diugh fhèin. Ach chan eil thu a' smaointinn...? 'S cinnteach nach e...'

Sgruid Rebus a ghuailnean. 'Co-thachartas, 's dòcha, Athair. Ach feumaidh sibh aideachadh, gur e fìor cho-thachartas a th' ann. Cuideigin a' tighinn an seo le sgithinn. Latha no dhà às dèidh sin, corp a' nochdadh trì cheud slat air falbh. 'S e, co-thachartas.' Stad e a-rithist. 'Nach eil sibh ag aontachadh?'

Ach bha e coltach nach robh freagairt aig Maighistir Byrne dhan sin.

Ach cha b' e co-thachartas a bh' ann, bha Rebus cinnteach à sin. Bha e fìor, ma bha thu a' dol a dh'fhaighinn cuidhteas de chorp, gun robh a' Hermitage cho math ri àite sam bith eile. Ach chan ann sa phàirc, far am faigheadh cuideigin e gu math luath. Agus chan ann ri taobh na craoibh ainmeil, far an robh daoine fad an t-siubhail, ga dhèanamh na bu chunnartaiche buileach corp fhàgail ann. Fada ro chunnartach. Feumaidh gun robh adhbhar air choreigin ann. Feumaidh gun robh ciall air choreigin ann. Teachdaireachd air choreigin.

Seadh, teachdaireachd air choreigin.

Agus nach robh trì cheud slat ro fhada air falbh airson an toidhleat a dhèanamh? Uill, bha iad air sin fhuasgladh gu math luath. Chan ann leis fhèin a dh'fhalbh e, dh'aidich an duine, ach còmhla ri leannan. Às dèidh dhaibh an corp a lorg, bha e air a cur dhachaigh. Airson gun robh i air a clisgeadh, ach cuideachd airson a deagh chliù a ghleidheadh. Dh'innis Maighistir Byrne seo do Rebus nuair a thàinig e dhan stèisean airson sùil a thoirt air na dealbhan – gun bhuannachd sam bith.

Bha seòrsa ùr de luchd-turais a-nis a' tadhal air a' Hermitage, airson diofar seòrsa làraich fhaicinn. Bha iad airson an t-àite far an do lorgadh an corp fhaicinn. Bha muinntir an àite fhèin fhathast a' tighinn len coin, agus bha leannain fhathast a' tighinn a-nuas far an robh an sruth, ach bha coltas air an aodainn nach robh iad airson aideachadh gun robh a' Hermitage, a' Hermitage acasan, air tionndadh gu bhith na rudeigin eile, rudeigin nach robh dùil aca a thachradh gu bràth.

Bha Rebus, rè na h-ùine seo, a' cluich le mìrean-measgaichte. Bha an tatù a' tighinn còmhla, ach bha an obair gu math slaodach. Rinn iad mearachdan, agus chuireadh aon mhearachd a h-uile dad ceàrr agus dh'fheumadh iad tòiseachadh a-rithist. Bha a' chuid as motha dheth gorm, le paidse no dhà ann an dearg. Bha na loidhnichean dorcha ann an inc gu math dìreach. Bha coltas gun robh e gu math proifeiseanta. Thadhail iad air bùthan tatù, ach cha robh an sealladh a bh' aca air an tatù fhathast ro shoilleir. Sheall Rebus dreach eile de na pìosan do Bhrian Holmes: b' e sin an còigeamh dreachd den t-seachdain.

Bha an lab air na beàrnan a lìonadh a-steach mar a bha iad a' smaointinn a bha an dealbh air fad a' coimhead. Dh'aom Holmes a cheann.

'Kandinsky a th' ann,' thuirt e. 'No fear a tha ga leantail. Seall na bàraichean de dhath. 'S e Kandinsky a th' ann gun teagamh.'

Chuir seo iongnadh air Rebus. 'A bheil thu a' ciallachadh gur e Kandinsky a rinn an tatù seo?'

Choimhead Holmes suas bhon dealbh, gàire diùid air aodann.

'Tha mi duilich, cha robh mi ach ri fealla-dhà. No a' feuchainn co-dhiù. Peantair a bh' ann an Kandinsky.'

'Ò.' Dh'fhalbh an dòchas à Rebus. 'Seadh,' thuirt e. 'Seadh, tha sin ceart.'

A' faireachdainn beagan ciontach, thug Holmes sùil na bu ghèire air an dealbh. 'Swastika, 's dòcha,' thuirt e, 'na loidhnichean ud...'

'Aidh, 's dòcha.' Thionndaidh Rebus an dealbh airson coimhead air e fhèin, agus bhuail e a làmh air. 'Chan e, Brian, chan e swastika … 's e Bratach an Aonaidh a th' ann!'

Nuair a bha an dealbh air ais aca san lab, bha e furasta gu leòr an còrr dheth a chur ri chèile. Chan e a-mhàin Bratach an Aonaidh a bh' ann, mar a fhuair iad a-mach. Bratach an Aonaidh le na litrichean SSU sgrìobhte oirre, agus beairt-ghunna air an cùlaibh.

'Saighdearan-saorsa Ulaidh,' thuirt Rebus. 'Trobhad, tillidh sinn a bhùthan nan tatù.'

B' e oifigear CID ann am Baile nam Feusgan a fhuair an ath fhuasgladh. Bha fear an sin a bhiodh a' dèanamh thatùthan dhen bheachd ag aithneachadh an deilbh mar obair Tam Finlayson, ach bha Finlayson air a dhreuchd a leigeil dheth o chionn bhliadhnaichean, agus bha e doirbh a lorg. Bha eagal air Rebus gum biodh e air bàsachadh, ach cha robh. Bha e a' fuireach ann am Brighton còmhla ri a nighean agus an duine aice.

Chaidh poileas-sgrùdaidh ann am Brighton ga fhaicinn agus chuir e fòn gu Rebus leis na bha e air fhaighinn a-mach. Nuair a chunnaic Finlayson an dealbh, chlisg e agus thàinig cuairt air, mar a bhiodh a' tachairt dha uaireannan, a rèir a nighinn. Ach thug i dha pilichean agus mu dheireadh b' urrainn dha bruidhinn. Ach bha an t-eagal air, bha sin follaiseach. Ach leis gun robh an duine marbh, bha e deònach innse mun tatù. B' e an obair aigesan a bh' ann, gu dearbh. Bha e air a dhèanamh o chionn còig bliadhna deug. Agus an duine? Fear òg dom b' ainm Philips. Rab Philips. Chan e ceannairceach a bh' ann, ach bleigeard a' sireadh cùis a leanadh e.

'Rab Philips?' Choimhead Rebus air a' fòn. 'Rab Philips fhèin?' Cò eile? Eucorach beag, amaideach a bha air ùine gu leòr a chosg sa phrìosan airson ionnsachadh a bhith na eucorach glic. Agus a bha air fàs na dhuine mòr ann an saoghal eucoraich Dhùn Èideann. 'S dòcha nach robh e sa Phrìomh Lìg, ach cha robh e dona. Bha e air a bhith gu math sàmhach o chionn bliadhna no dhà. Cha robh Rebus air guth a chluinntinn mu dheidhinn o chionn greis, math no dona.

Uill, bha guth ann a-nis. Chaidh iad a thadhal air taighean-seinnse is clubaichean, cheannaich iad deochannan, laigh iad air duine no dithis, agus thòisich am fiosrachadh air sileadh thuca. Rannsaich iad taigh Philips, agus cheasnaich iad a bhean. A rèir na mnà, bha e air a dhol a Lunnainn airson latha no dhà air gnothach air choreigin. Dh'aom Rebus a cheann agus shìn e thuice dealbh.

'An e sin an tatù aig Rab?'

Thàinig dath a' bhàis air a h-aodann. An uair sin chaidh i às a ciall.

Fhad 's a bha Rebus a' dèanamh seo, bha na caractaran a bha ag 'obair' còmhla ri Philips air an toirt a-steach agus air an ceasnachadh. Chaidh duine no dithis a leigeil mu sgaoil 's a thogail a-rithist, a leigeil mu sgaoil 's a thogail. Bha an teachdaireachd gu math soilleir: bha CID den bheachd gun robh barrachd fiosrachaidh aca na bha iad a' leigeil orra, agus mura bruidhneadh iad, thachradh seo a-rithist 's a-rithist.

Bha iad iomagaineach, gun teagamh, agus cò chuireadh coire orra airson sin? Cha b' urrainn dhaibh a bhith cinnteach cò bha air àite Philips a ghabhail san sgìre. Bha daoine mun cuairt le diomb agus sgeinean. Mar a b' fhaide a bha iad ann an stèisean nam poileas, 's ann bu chunnartaiche an coltas.

Thug iad seachad am fiosrachadh, no co-dhiù am fiosrachadh air an robh feum aig CID. Bha seo ceart gu leòr le Rebus. Bha Rab Philips, thuirt iad, air tòiseachadh a' gluasad dhrogaichean. Chan e sìon trom, cainb bu mhotha a bh' ann, ach tòrr dheth. Bha CID Dhùn Èideann air mòran a dhèanamh airson drogaichean cruaidh a sguabadh a-mach às a' bhaile, gu h-àraidh le bhith a' sguabadh a-mach an luchd-reic. Bhiodh luchd-reic ùr a' nochdadh, ach cha robh an aon chumhachd acasan. Bha Rab Philips air a bhith sàmhach cho fada 's nach robh dùil aca gun robh e an sàs ann an seo idir. Agus co-dhiù, cha robh na drogaichean ach a' dol tron bhaile; cha robh iad a' fuireach ann fada. Bhiodh bàtaichean gan toirt air tìr ann am Fìobha no nas fhaide tuath. Thigeadh iad a Dhùn Èideann agus an uair sin rachadh iad gu deas. A Shasainn. A Lunnainn. Bha Rebus air feuchainn ri ceangal a dhèanamh ri Ulaidh, ach cha robh sìon aig duine ri innse dha.

'Cò thuige a tha na drogaichean a' dol ann an Lunnainn?'

A-rithist, cha robh fios aig duine. No, cha robh iad ag innse. Shuidh Rebus aig an deasg aige, mìrean-measgaichte ùr aige, an turas seo na inntinn – mìrean-measgaichte de rudan a bha ann agus de rudan a dh'fhaodadh a bhith ann. Bu chòir dha a bhith air seo a thuigsinn bhon toiseach. Le corp air a ghearradh na phìosan, bha buidhnean eucoir an sàs ann. Brathadh air choreigin. Agus am peanas airson a leithid. Thug Rebus a' fòn-làimh às a phòca airson bruidhinn ri Lunnainn.

'Inspeactair George Flight, mas e ur toil e.'

80

Rinn Flight obair Rebus gu math furasta. Thug Rebus dha dealbh-chunntas agus às dèidh uair an uaireadair thill e le ainm.

Thug Rebus dha tuilleadh fiosrachaidh agus chaidh Flight a chèilidh.

An turas seo, sheirm am fòn ann am flat Rebus. Bha e fada dhen fheasgar agus bha e na laighe, na leth-chadal ann an sèithear, am fòn na uchd a' feitheamh.

Bha Flight ann an deagh shunnd. 'Tha mi toilichte gun do dh'inns thu dhomh mun lot,' thuirt e. Dh'fhaighnich mi ceist no dhà, dh'aithnich mi gun robh e caran dùinte. Nuair a sheas e airson mo leigeil a-mach, thug mi dha sgailc air a chliathaich dheis, mar gun robh mi ri spòrs, a bheil thu a' tuigsinn, chan e droch sgailc.' Rinn e seòrsa de ghàire. 'Is bochd nach robh thu fhèin ann airson fhaicinn. Phaisg e mar sgian-pòca. Thàinig fuil às a-rithist sa mhionaid. Cha robh a' ghloidhc air a dhol gu duine airson sealltainn ris an leòn. Cha ghabhainn iongnadh mura biodh e air iongrachadh no air fàs nas mhiosa.'

'Cuin a thill e à Dùn Èideann?'

'O chionn latha no dhà. A bheil gu leòr againn airson a thogail?'

''S dòcha. Ach cha b' fhuilear dhuinn beagan fianais. Ach cha chreid mi nach fhaigh sinn sin.'

Mar a mhìnich Rebus do Bhrian Holmes, bha barrachd aige na beachd a-mhàin. Barrachd na boillsgeadh san dorchadas, mar a chanadh Dr Curt. Bha beagan a bharrachd solais aig Rebus anns an obraicheadh e. Dh'inns e an sgeulachd 's iad a' dràibheadh tro Dhùn Èideann a dh'ionnsaigh na Hermitage tràth sa mhadainn. Bha a' chlann-nighean air duine fhaicinn a' nochdadh às na craobhan. Duine air a leòn. Bha e coltach a-nis gun deach a leòn ann an sabaid air choreigin faisg air Rathad Braid Hills. Drogaichean gan gluasad à aon chàr a chàr eile. A' feuchainn ri char a thoirt à cuideigin, 's dòcha. Chaidh a leòn agus ruith e sìos am bruthach a-steach dhan Hermitage fhèin, aig an aon àm 's a bha na nigheanan air tighinn a-steach, agus chaidh e am falach nuair a chunnaic e iad.

Air sàillibh gun robh rudeigin aige a bha e airson a chumail am falach: a lot. Bha e air feuchainn ri dèiligeadh ris e fhèin, ach bha e air fuireach ann an Dùn Èideann, a' sireadh dìoghaltas. Bha e air Rab Philips a ghlacadh, a mhurt, a ghearradh na phìosan agus air a chorp fhàgail sa Hermitage mar theachdaireachd don bhuidheann aig Philips. B' e an teachdaireachd: na feuch rin car a thoirt à muinntir Lunnainn.

An uair sin bha an t-eucorach leòinte air a shlighe a dhèanamh, mu dheireadh thall, air ais gu deas. Ach bha e gu math eadar-dhealaichte bho Philips; bha aodach snasail air. 'Còta geal, 's dòcha,' bha Rebus air a ràdh ri George Flight. 'Briogais gheal. Tha gruag fhada air agus feusag.'

Bha Flight air an dealbh-chunntas a dhèanamh na bu shoilleire. ''S e còta-trainnse geal a th' ann,' bha e air a ràdh. 'Agus briogais bhuidhe. An creideadh tu. Seann hippy.' B' e Shaun McLafferty an t-ainm a bh' air. 'Tha gach duine air an t-sràid eòlach air Shaun,' lean Flight air. 'Cha robh fhios a'm gun robh e a' reic cainb, ge-tà. Ach a dh'aindeoin sin, dh'fheuchadh e rud sam bith, am fear ud.'

McLafferty. 'An e Èireannach a th' ann, saoil?'

'Èireannach à Lunnainn,' thuirt Flight. 'Cha ghabhainn annas sam bith nan robh an IRA a' faighinn deich sa cheud de na prothaidean aige. 'S dòcha barrachd. Tha aige ri pàigheadh no cuiridh iad às dha. Bidh seo a' tachairt.'

'S dòcha gun robh e cho sìmplidh sin, air a' cheann thall. Argamaid mu dheidhinn an 'sgaraidh'. Fear a bha a' cur taic ris an IRA a' dèanamh tatù SSU. An seòrsa measgachaidh às am biodh Molotov e fhèin moiteil.

'Mar sin,' thuirt Brian Holmes, an dèidh ciall a dhèanamh dhen h-uile sìon a bha Rebus air innse dha, 'chaidh Inspeactair Flight a dh'fhaicinn McLafferty?'

Dh'aom Rebus a cheann. 'Agus bha e leòinte air a chliathaich dheis. Air a shàthadh le sgithinn, a rèir George.'

'Carson, ma tha,' thuirt Holmes, 'a tha sinn an seo?' Bha iad air an càr fhàgail taobh a-muigh nan geataichean agus bha iad a-nis a' coiseachd a-steach dhan Hermitage.

'Air sàillibh,' thuirt Rebus, 'nach eil fianais sam bith againn fhathast.'

'Dè an fhianais?'

Ach cha robh Rebus ag ràdh guth: 's dòcha nach robh freagairt aige fhèin dhan cheist fhathast. Bha iad faisg air a' chraoibh a-nis. Cha robh sgeul air a' gheàrd a b' àbhaist a bhith ann, ach bha duine air an robh iad eòlach air a ghlùinean air beulaibh na craoibh.

'Madainn mhath, a Athair.'

Choimhead Maighistir Byrne suas. 'Madainn mhath, Inspeactair. Agus dhut fhèin, a Chonstabal.'

Choimhead Rebus mun cuairt air. 'Leibh fhèin?'

'Tha ùidh dhaoine air falbh, tha e coltach, Inspeactair. Chan eil sgeul air meagafòn, no bus, no camara a-nis.'

'Tha sibh taingeil, saoilidh mi.'

'Is mise a th' ann a sin.' Chuir Maighistir Byrne a-mach a ghàirdeanan. 'Tha e gu math nas fheàrr mar seo, nach eil?'

Dh'aom Rebus a cheann, ag aontachadh. 'Co-dhiù,' thuirt e, 'tha mìneachadh againn a-nis air na chunnaic na nigheanan.

Cha do rinn Maighistir Byrne ach a ghuailnean a sgruideadh.

'Càit an deach na geàrdan?' dh'fhaighnich Rebus.

'Sguir na daoine a chur dragh oirnn.'

Dh'aom Rebus a cheann agus e a' smaoineachadh. Bha a shùilean air a' chraoibh. 'Chan e sibhse a bha iad ag iarraidh, a Mhaighstir, ach a' chraobh. Ach chan ann air an adhbhar a bha sibh a' smaointinn. Brian, thoir dhomh do làmh.'

Bha Rebus airson gun dèanadh Holmes ceum dha airson sreap suas dhan chraoibh. Rinn Holmes seo, a' leigeil osna shàmhach. Shaoil e gun robh Rebus trì clachan na bu truime na e fhèin. Ach cha do cheasnaich e an t-òrdugh agus phut e.

Rùraich Rebus le làmhan, a' faireachdainn ann an tuill san rùsg agus sa chòinnich, ach cha robh càil am falach an àite. Choimhead e suas, a' feuchainn ri beàrn sam bith fhaicinn san rùsg. Cha robh sìon ann.

'Ceart, ma tha, Brian.'

Gu taingeil, leig Holmes Rebus sìos gu talamh. 'Am faca tu sìon?'

Chrath Rebus a cheann. Bha e a' cagnadh a bhil.

'A bheil thu a' dol a dh'innse dhomh dè tha sinn a' sireadh?'

'Bha rudeigin eile a bha McLafferty a' cleith air na nigheanan, a bharrachd air gun robh e air a leòn. Smaoinicheamaid dè bh' ann.' Bha McLafferty air tighinn tro na craobhan, tron phreaslach, air stad airson mionaid aig a' chraoibh seo, agus air teicheadh a-rithist tro na craobhan.

'Cailc!' Bhuail Rebus a' chraobh le dhòrn.

'Gabh mo leisgeul?'

'Cailc! A' mhadainn ud nuair a thàinig mi gad fhaicinn. Nuair a sheas na h-oifigearan òga, bha cailc gheal air an glùinean.'

'Seadh?'

'Seall!' Lean Holmes Rebus a-steach don doire. 'Chan eil clach gheal sam bith mun cuairt. Clach chailceach. Chan e cailc a bh' ann.' Chaidh e sìos air a ghlùinean agus thòisich e air sporghail air an talamh.

Bha pàrantan nan nigheanan air bùrach a dhèanamh den talamh, agus chan aithnicheadh tu gun robh fùdar geal air a bhith riamh ann. Chomharraicheadh e glùin briogais, ach chan fhaiceadh tu mòran a bharrachd air sin. Bha na h-oifigearan air a bhith a' rannsachadh air an talamh, chan ann fodha.

'Ah!' Stad e airson mionaid, phut e a chorrag dhan talamh, agus thòisich e air cladhach mun cuairt air. 'Seall,' thuirt e, 'chan eil ach an aon phacaid ann agus tha i air spreadhadh. Feumaidh gun do spreadh i nuair a bha McLafferty ga cur dhan talamh. Cuir fòn gu roinn nam foireansaigs, Brian. Bidh fhuil agus làraich a chorragan air a seo gun teagamh.

'Glè mhath.' Ruith Brian Holmes air falbh às a' phàirc, ach stad e is thionndaidh e air ais. 'Na h-iuchraichean,' thuirt e. Thug Rebus iuchraichean a' chàir a-mach às a phòca agus thilg e thuige iad.

Thàinig Maighistir Byrne, a bha air a bhith gan coimhead fad na h-ùine, na b' fhaisge.

'Heroin, a Athair. An dara cuid sin no cocaine. Prothaid nas motha na cainb. 'S e airgead a bha air cùl a' ghnothaich air a' cheann thall. Bha iad ri malairt. Chaidh McLafferty a leòn. Bha pacaid na làimh nuair a thachair e. Fhuair e air falbh dòigh air choreigin, ruith e a-nuas an seo mus robh ùine aige smaoineachadh. Bha aige ris an stuth a chur am falach, chladhaich e toll agus chuir e dhan talamh e. 'S e a' phacaid seo a bha na daoine a bha a' tighinn thugaibh, daoine bhon bhuidheann aig McLafferty, a' sireadh. An uair sin fhuair iad Rab Philips na àite agus bha iad riaraichte. Mura b' e gun robh sibhse a' cumail faire a latha is a dh'oidhche, bhiodh iad air seo fhaighinn cuideachd.'

Stad Rebus, mothachail nach biodh ciall ann an seo don t-sagart. Thàinig gàire air aodann Mhaighistir Byrne, mar gun robh e a' tuigsinn a smuaintean.

'Airson mionaid, Inspeactair, bha dùil 'm gun robh thu a' bruidhinn le teangannan.'

Bha gàire air aodann Rebus fhèin, 's e a' tarraing anail. Le làraich corragan McLafferty air a' bhaga, bha an fhianais a bha a dhìth a-nis aca. 'Tha mi duilich nach d' fhuair sibh ur mìorbhail,' thuirt e.

Dh'fhàs gàire Mhaighistir Byrne na bu mhotha. 'Bidh mìorbhailean a' tachairt a h-uile latha, Inspeactair. Chan fheum duine an dèanamh suas dhomh.'

Thionndaidh iad a choimhead air Holmes, a bha a' coiseachd air ais far an robh iad. Ach bha a shùilean a' coimhead air àite a bha pìos chun na làimh chlì aca. 'Tha iad a' tighinn,' thuirt e, a' toirt nan iuchraichean air ais do Rebus.

'Math fhèin.'

'Cò bha sin, ge-tà?'

'Cò?'

'An duine eile.' Choimhead Holmes bho Rebus gu Byrne agus air ais gu Rebus a-rithist. 'An duine eile a bha na sheasamh an seo còmhla ribh. Nuair a bha mi a' tilleadh, bha e...'

Bha e a' comharrachadh le chorrag a-nis, air ais far an robh an geata, agus a-null far an robh a' choille. Ach chrìon a ghuth air falbh.

'Chan eil e gu diofar,' thuirt e. 'Bha mi a' smaointinn ... cha robh mi ach ... chan eil e gu diofar. Feumaidh gu bheil mi ...'

'A' faicinn rudan?' thuirt Maighistir Byrne, a chorragan a' suathadh air a' chrois a bha mu amhaich.

'Seadh, a' faicinn rudan.'

Taibhsean, smaoinich Rebus. Spioradan na coille. Rab Philips, 's dòcha, no Bana-bhuidseach na Hermitage. Bhiodh mòran aig an dithis ud air am bruidhneadh iad, nach bitheadh?

4

 **AULD LANG SYNE**

Àitichean anns nach robh Inspeactair John Rebus airson a bhith aig
meadhan-oidhche oidhche na Bliadhn' Ùire: àireamh a h-aon, an
Tron ann an Dùn Èideann.

Agus 's dòcha, cho-dhùin Rebus, gur e sin bu choireach gun
robh e, aig còig mionaidean gu meadhan-oidhche, a' dèanamh a
shlighe tron treud a bha a' lìonadh na Mìle Rìoghail aig Eaglais an
Tron. B' e oidhche shearbh a bh' ann, oidhche làn fàileadh leann
is uisge-beatha, cop a' spùtadh dhan adhar nuair a dh'fhosgladh
crogan eile, oidhche làn òran air am milleadh, agus gàirdeanan mu
amhaichean agus an daorach a' togail èighean gaoil air nach biodh
cuimhne mus tigeadh camhanach na maidne.

Gu dearbh, bha Rebus air a bhith san àite seo roimhe. Bha e
air a bhith an seo airson na Bliadhn' Ùire an-uiridh, deiseil airson
stad a chur air an fheadhainn a bhiodh an-còmhnaidh ri trioblaid
no sabaid air choreigin agus airson coiseachd am measg nan
glainneachan briste a bhiodh air na sràidean. Aig a' Bhliadhn' Ùir
chitheadh tu na rudan as fheàrr agus as miosa mu shluagh Alba: an
càirdeas, an àbhachd, mar a tha iad a' glacadh teann ri am beatha,
ach gun fhios a bhith aca cuin a stadas iad, an glac a' fàs cho teann
agus gun tachdadh e iad. Bha na daoine seo air am bàthadh ann am

muir de dh'fhaireachdainnean agus de ghòrachd. Chluinnear guth a' seinn Flower of Scotland airson a' mhìleamh uair, agus airson a' mhìleamh uair chluinnear guth às dèidh guth ga leantail, gus an stad iad aig deireadh a' chiad sèist.

'Sin thu fhèin, 'ille mhòir.'

Choimhead Rebus mun cuairt air. Bha oifigearan a' phoilis nan seasamh, mar a bhiodh iad gach bliadhna, agus na daoine mun cuairt a' glacadh an làmhan air an slighe seachad; deònach, airson na mionaid seo co-dhiù, deagh chàirdeas a nochdadh. 'S ann ris na mnathan-poilis a bha truas aig Rebus, agus pòg eile a' bualadh air bus tè dhiubh. Bha poileas Dhùn Èideann eòlach air an dleastanas: bha aon tè air a cur air adhart mar uan-ìobairt airson an sluagh a chumail riaraichte. Gu dearbh, bha iad a' feitheamh ann an loidhne gu math òrdail gus pòg a thoirt dhi. Rinn i gàire, a gruaidhean a' ruadhadh. Chlisg Rebus agus thionndaidh e air falbh. Ceithir mionaidean gu meadhan-oidhche. Bha a bhodhaig air bhioran. Bha gràin aige air sluagh mòr mar seo, gu h-àraidh agus an deoch orra. Cha robh e toilichte gun robh bliadhna eile a' tighinn gu crìch. Thòisich e air putadh tron t-sluagh le beagan a bharrachd neirt na bha a dhìth.

Daoine nach robh Inspeactair-sgrùdaidh John Rebus airson a bhith nan cuideachd aig meadhan-oidhche oidhche na Bliadhn' Ùire: àireamh a h-aon, poilis-sgrùdaidh à Glaschu.

Rinn e gàire agus dh'aom e a cheann ri fear dhiubh. Bha an duine na sheasamh taobh a-staigh fasgadh-bus, air falbh bhon t-sluagh fhèin a bh' air an rathad. Air muin an fhasgaidh, bha Mohican le aodach dubh leathair a' dèanamh dannsa treubhach air choreigin, botal lagar làidir gu teann na làimh. Dh'èigh oifigear-poilis ris e chromadh. Cha tug am punc òg for. Sheall an duine a bha anns an fhasgadh-bus a-nall air Rebus agus rinn e fhèin gàire. Chan eil e a' feitheamh airson bus, smaoinich Rebus ris fhèin, tha e a' feitheamh airson glacadh a dhèanamh.

Rudan nach robh an Inspeactair-sgrùdaidh John Rebus airson a

88

bhith a' dèanamh aig meadhan-oidhche oidhche na Bliadhn' Ùire: àireamh a h-aon, ag obair.

Agus mar sin, bha e an seo ag obair, agus fhad 's a ghluais e am measg an t-sluaigh aon uair eile, smaoinich e air an *Inferno* aig Dante. Trì mionaidean gu meadhan-oidhche. Trì mionaidean gu iutharna. Bha na h-Albannaich riamh, len cridheachan pàganach, a' cur barrachd sùim anns a' Bhliadhna Ùir na anns an Nollaig. Nuair a bha Rebus òg, bha gach Nollaig sàmhach. Bhiodh iad a' comharrachadh na Bliadhn' Ùire le fealla-dhà; a' tadhal air nàbaidhean le bonnaich, cèiceannan is gual; ag ithe stòbhaidhean tron oidhche agus paidh-feòla an-ath-latha. Cleachdadh às dèidh cleachdaidh. A-nis bha e ri cleachdadh eile, modh-obrach eile. Bha coinneachadh a' dol a thachairt, iomlaid eucorach: baga làn airgid airson parsail làn dhrogaichean. Bha luchd de heroin air tighinn a dh'Alba tro bhaile beag iasgaich air taobh an iar na dùthcha. Chuir cuideigin fios chun an CID ann an Glaschu, ach cha d' fhuair iad grèim air a' pharsail an sin. Cha chuala iad guth mu dheidhinn airson latha no dhà, gus an tàinig fiosrachadh riatanach bho fhiosraiche dìomhair: bha na drogaichean ann an Dùn Èideann. Bha reiceadair dhrogaichean air an robh poileas Dhùn Èideann gu math eòlach a' dol ga thogail. Ged a bha iad air a bhith ga leantail airson grunn bhliadhnaichean, cha robh iad riamh air a ghlacadh airson eucoir mhòr sam bith fhathast. Bha iad airson a ghlacadh a-nochd. Bha, agus CID an taoibh an iar.

'Tha sibh gu bhith ag obair còmhla,' bha an ceannard aig Rebus air innse dha, agus gun teagamh sam bith cha robh e ri fealla-dhà. Agus seo e a-nis, am measg an t-sluaigh, còmhla ri dusan oifigear eile. Cha robh earbsa aig an fheadhainn a bha a' dol a dhèanamh na h-iomlaid na chèile. Bha fear dhiubh air tighinn chun a' cho-dhùnaidh gur e an Tron an t-àite a b' fheàrr airson na h-iomlaid. Ann an àite cho trang, cha bhiodh e cho comasach do thaobh sam bith an taobh eile a bhrath. An Tron aig meadhan-oidhche oidhche na Bliadhn' Ùire: àite làn breislich agus aimhreit. Cha mhothaicheadh duine do dh'iomlaid cheasaichean, airgead airson dhrogaichean, drogaichean airson airgead. Cha b' urrainn na b' fheàrr.

Ghluais Rebus an aghaidh an t-sluaigh a-rithist, agus chunnaic e, airson a' chiad turais, an duine leis an airgead. Bha e ga aithneachadh bho na dealbhan. Alan Lyons, 'Nal' mar fhar-ainm air. Bha e seachd bliadhna fichead a dh'aois, bha e a' dràibheadh Porsche 911 agus bha e a' fuireach ann an taigh ri taobh na h-aibhne taobh a-muigh Haddington. Bha e air a bhith ag obair do Rab Philips gus an do chuir cuideigin às dha. A-nis bha e leis fhèin. Air foirmichean oifigeil bhiodh e a' sgrìobhadh entrepreneur mar dhreuchd. Cha robh ann ach salchar.

Bha Lyons na sheasamh le dhruim ri uinneag bùtha. Bha e a' smocadh, agus coltas air aodann nach robh e airson còmhradh a dhèanamh ri luchd a' phartaidh. Mhothaich Rebus gun robh dithis de phoilis Ghlaschu a' cumail sùil gheur air, agus mar sin, cha do dh'fhan e fada. Bha inntinn a-nis air an duine eile, an duine aig an robh na drogaichean. Càit an robh e? Thòisich an treud mun cuairt orra air cunntas sìos. Bha cuid den bheachd gun robh a' Bhliadhn' Ùr gu bhith ann an deich diogan; choimhead feadhainn eile air an uaireadairean, ag ràdh gun robh mionaid air fhàgail. A rèir uaireadair Rebus fhèin, bha iad air a bhith taobh a-staigh na Bliadhn' Ùire airson leth mhionaid mu thràth. An uair sin, gun rabhadh sam bith, thòisich clag a' chloc agus chualas èigh mhòr bhon t-sluagh. Bha daoine a' crathadh làmhan, a' glacadh a chèile gu teann, a' pògadh. Cha b' urrainn do Rebus sìon a dhèanamh ach a dhol còmhla riutha.

'Bliadhna Mhath Ùr!'
'Bliadhna Mhath Ùr, a charaid.'
'Gur math thèid leat!'
'Bliadhna Mhath Ùr!'
'A h-uile beannachd dhuibh uile!'
'Bliadhna Mhath Ùr.'

Rug Rebus air làmh mhòr Chlachaireach, agus chunnaic e aodann air an robh e eòlach. 'Bliadhna Mhath Ùr,' thuirt e air ais ris an duine. Thog seo gàire air aodann agus ghluais e an uair sin chun an ath dhuine, coigreach eile. Ach cha robh an duine seo na choigreach do Rebus. Càite fon ghrèin am faca e an t-aodann ud roimhe? Bha gluasad an treud air fhalach, agus chan fhaiceadh Rebus a-nis. Smaoinich Rebus air ais air coltas an aodainn. Na chuimhne bha e air a bhith na b' òige, na bu thaine, ach le sùilean na bu dhuirche. B' urrainn dha an guth a chluinntinn: dualchainnt thiugh Fhìobha. Bha a làmhan mar spaidean, làmhan a bhuineadh do mhèinnear. Ach cha b' e mèinnear a bh' anns an duine idir.

Bha an rèidio aige na phòcaid, ach am measg an fhuaim cha leigeadh e leas feuchainn ri teachdaireachd sam bith a chur chun a' chòrr a bha a' cumail sùil. Bha e airson rudeigin innse dhaibh. Bha e airson innse dhaibh gun robh e a' dol a leantainn an duine a bha na cheist dha. Bha, co-dhiù, nam faigheadh e sgeul air a-rithist am measg nan ceudan de dhaoine a bha mun cuairt orra.

Agus an uair sin thàinig e air ais na chuimhne: Jackie Crawford.

Gun sealladh sealbh, Jackie Crawford a bh' ann!

Daoine nach robh an t-Inspeactair-sgrùdaidh John Rebus airson an làmh a chrathadh airson fàilte a chur air a' Bhliadhn' Ùir: àireamh a h-aon, Jackie 'Trigger' Crawford.

Bha Rebus air Crawford a chur dhan phrìosan o chionn ceithir bliadhna airson mèirle le armachd agus leònadh. Bha am britheamh air a' bhinn chinnteach a thoirt seachad gun robh aige ri bhith sa phrìosan deich bliadhna. Dh'fhàg Crawford an taigh-cùirte air a rathad gu tuath ann a' bhan a bha gu math tèarainte. Cha d' fhuair e am far-ainm 'Trigger' le bhith sèimh is sàmhach na bheatha. Bha an duine glan às a chiall, a' cleachdadh gunna airson fuasgladh fhaighinn air duilgheadas sam bith. Bha e air a bhith an sàs ann am mèirle ann am bancaichean is ann an comainn-thogalaich air Prìomh Shràidean air feadh na Galltachd. Cha deach duine a mharbhadh, ach b' e an t-adhbhar airson sin gun robh a' ghlainne

91

anns na h-àiteachan air a neartachadh, agus chan ann gun robh Crawford airson beatha a chaomhnadh. Chaidh a chur dhan phrìosan airson deich bliadhna; seo e a-nis a-mach às dèidh ceithir.

Dè bha air tachairt? 'S cinnteach nach robh e a' coiseachd nan sràidean gu laghail! Feumaidh gun robh e air bristeadh a-mach, no air a' char a bu lugha gun robh e air ruith bho sgeama saorsa làitheil air choreigin. Agus abair co-thachartas gun do choinnich e ri Rebus; gun robh e an seo anns an Tron fhad 's a bha am poileas a' feitheamh airson reiceadair dhrogaichean nochdadh.

Bha Rebus a' creidsinn ann an co-thachartasan, ach bha seo do-chreidsinneach buileach. Bha Jackie Crawford an seo an àiteigin, a' crathadh làmhan dhaoine, agus ceithir bliadhna air ais, bhiodh e air eagal am beatha a chur orra le gunna. Dh'fheumadh Rebus rudeigin a dhèanamh, co-dhiù b' e Crawford an duine a bha iad a' sireadh no nach b' e. Phut e tron t-sluagh a-rithist, an turas seo a' cur a chùl ri làmhan agus fàilte a bha a' tighinn na choinneamh. Ghluais e air a chorra-biod, a' sealltainn thairis air na cinn feuch am faiceadh e sgeul air Crawford le ceann mòr, ceàrnach le fhalt tiugh, uèireach. Bha e a' feuchainn ri cuimhneachadh an robh dualchas sam bith ann an Alba ag ràdh gun tigeadh taibhsean bho do chuimhne a thadhal aig meadhan-oidhche oidhche na Bliadhn' Ùire. Cha do shaoil e gun robh. Co-dhiù, cha b' e taibhse a bh' ann. Bha a làmhan air a bhith blàth, a chorragan a' glacadh gu teann air a làimh fhèin. Bha a shùilean air a bhith soilleir agus gorm, ach gun ùidh sam bith annta.

An robh Crawford air a sheann nàmhaid aithneachadh? Cha b' urrainn do Rebus a bhith cinnteach. Cha robh sìon air sealltainn air aodann, cha do ghluais a mhala no a bheul. Trì faclan a-mhàin, mus do ghluais e chun na h-ath làimh. An robh an deoch air Crawford? 'S iongantach mura robh: cha robh mòran dhaoine ciallach no sòbarra a bhiodh a-muigh air an Tron air oidhche mar seo. Ma bha, cha bhiodh Crawford, leis an deoch, air Rebus aithneachadh. Ach bha a ghuth air a bhith socair, rèidh, a shùilean geur. Cha robh coltas air gun robh e air a bhith ag òl. Cho sòbarra ri britheamh, shaoileadh tu. Bha seo cuideachd a' cur dragh air Rebus.

Ach ge-tà, bha a h-uile rud air dragh a chur air a-nochd. Cha robh math do mhuinntir an stèisein aige fhèin mearachd sam bith a dhèanamh, gu h-àraidh le muinntir Ghlaschu an seo ag obair còmhla riutha. Bheireadh e toileachadh dhaibh: bha an dà roinn riamh a' còmhstri ri chèile. Airson 'còmhstri' tuig 'fuath'. Bhiodh an dà thaobh airson cliù sam bith a thigeadh bhon oidhche a-nochd a bhith aca fhèin; agus bhiodh iad ag iarraidh coire airson mearachd sam bith a chur air an taobh eile.

Bha an t-Àrd-inspeactair Lauderdale air sin innse dha gu soilleir.

'Ach nach e an rud as cudromaiche gun glac sinn na daoine seo?' bha Rebus air faighneachd.

'Sgudal, John,' bha Lauderdale air a ràdh.' 'S e an rud as cudromaiche nach saoil MacGilllosa 's a chuideachd gur e gloidhcean a th' annainn.'

Bha fhios aig Rebus air an sin co-dhiù: chòrd e ris a bhith a' tarraing às an Àrd-inspeactair airson tuilleadh fhaighinn às. Bha Superintendent Michael McLeish na Chaitligeach cràbhach, agus cha robh mòran meas aig ceannard Rebus air Caitligich. Ach bha a cheart uiread de ghràin aig Rebus air feadhainn a bha a' cur sìos air creideamh dhaoine eile. Bhiodh e a' piobrachadh Lauderdale gach turas a gheibheadh e an cothrom, agus bha fhar-ainm fhèin aige dha: an Clockwork Orangeman.

Bha an treud a' fàs nas taine fhad 's a ghluais Rebus air falbh bhon Tron agus suas am bruthach chun a' chaisteil. Bha fhios aige gun robh e a' gluasad air falbh bhon luchd-faire eile agus gum bu chòir dha innse dha na h-oifigearan eile, ach ma bha e ceart, bha e a' sireadh an duine a bha air cùl a' ghnothaich. Gu h-obann, chunnaic e Crawford, a bha a' coiseachd gu luath air falbh, a' dèanamh air a' chabhsair agus a' tionndadh a chinn an-dràsta 's a-rithist, agus fhios aige gun robh cuideigin ga leantainn.

Mar sin, bha e air Rebus aithneachadh, agus a-nis bha e air fhaicinn a' tighinn ga ionnsaigh. Phut Rebus seachad gu iomall an t-sluaigh, a' gluasad na bu luaithe air falbh bho na daoine.

Bha a ghàirdeanan goirt, mar gun robh e air a bhith a' snàmh, ach a-nis, a-mach às an uisge, cha robh sgeul air Crawford. Thug e sùil thairis air na bùthan, le dorsan agus caol-shràidean cumhang eadar gach tè dhiubh. Air an cùlaibh bha flataichean, gàrraidhean, taighean-còmhnaidh nan oileanach agus staidhre às dèidh staidhre bhon t-Sràid Àrd sìos gu Sràid Cockburn. Bha aige ri aon dhiubh a thaghadh. Nan taghadh e an tè cheàrr, gheibheadh Crawford air falbh. Rinn e chun a' chiad chaol-shràid, thug e sùil, agus gun e a' cluinntinn sìon, ghluais e chun na h-ath tè. Cha robh e airson ùine sam bith a chall, is mar sin ruith e a-steach don dàrna caol-shràid, a' dol seachad air dorsan dorcha làn graffiti, ballachan fliuch agus clachan fo chasan a bha reòite. An uair sin, a' leum sìos staidhre san dorchadas, theab e tuiteam. Chuir e a làmh a-mach airson rèile, ach 's e a fhuair e ach làmh eile, làmh chumhachdach, ga shlaodadh suas.

Bha Crawford na sheasamh aig taobh na sràide, eadar dà staidhre. Dh'fheuch Rebus ri anail a ghlacadh, agus ri e fhèin a chiùineachadh. Bha fuaim na chluasan mar a bhiodh annta às dèidh spreadhadh uabhasach.

'T-taing,' thuirt e, air chrith.

'Bha thu gam leantail.' Bha an guth sèimh, ciùin.

'An robh?' Bha fhios aige nach b' e mòran de fhreagairt a bh' ann an seo agus bha fios aig Crawford air. Rinn e gàire.

'Gu dearbha bha, a Mhgr Rebus. Feumaidh gun do chlisg thu, le bhith gam fhaicinn an seo.'

Dh'aom Rebus a cheann. 'Chlisg, uill, beagan co-dhiù, gu h-àraidh às dèidh nam bliadhnaichean.'

'Tha e a' cur iongnadh orm gun do dh'aithnich thu mi. Thathar ag innse dhomh gu bheil mi air atharrachadh.'

'Chan eil thu air atharrachadh uiread sin.' Choimhead Rebus

air a ghàirdean, air an robh fhathast grèim teann aig Crawford. Dh'fhosgail Crawford a làmh.

'Duilich.'

Bha seo annasach le Rebus – Crawford ag ràdh gun robh e duilich! Dh'fheuch e gun seo a shealltainn dha. Bha e trang a' coimhead air aodach Crawford, feuch an robh gunna aige, no fiù 's parsail.

'Dè tha gad thoirt an seo a-nochd?' dh'fhaighnich Rebus. Cha robh mòran ùidh aige ann a bhith a' cluinntinn na leisgeil a bhiodh aige, ach bha e airson ùine a thoirt dha fhèin.

Thàinig fiamh a'ghàire air aodann Crawford. 'A' comharrachadh na Bliadhn' Ùire! Dè eile a bhithinn a' dèanamh?'

B' e deagh cheist a bha seo, ach chùm Rebus air a' ceasnachadh.

'Cuin a fhuair thu a-mach?'

'O chionn mìos.' Bha Crawford mothachail gun robh Rebus caran amharasach. 'Leig iad às mi gu laghail; an fhìrinn a th' agam, a Shàirdseant! Chan eil mi air teicheadh orra no sìon mar sin.'

'Ach ruith thu air falbh bhuamsa. Agus 's e Inspeactair a th' annam a-nis.'

Rinn Crawford gàire a-rithist. 'Meal do naidheachd.'

'Carson a ruith thu?'

'An robh mi na mo ruith?'

'Tha fhios agad gun robh.'

'Bha mi a' ruith air sàillibh nach robh dùil agam, a-nochd no oidhche sam bith eile, d' aodann fhèin fhaicinn, Inspeactair Rebus. Mhill thu a' chùis orm.'

Thàinig greann air Rebus. Bha e a' coimhead air Trigger Crawford, ach bha e a' faireachdainn gun robh e a' bruidhinn ri cuideigin eile, cuideigin nas sèimhe, agus nach robh cho cunnartach, cuideigin, uill, àbhaisteach. 'Dè dìreach a mhill mi?'

'Rùn na Bliadhn' Ùire. Thàinig mi an seo gus sìth a dhèanamh ris an t-saoghal.'

Thàinig gàire air aodann Rebus a-nis, ach cha b' e gàire coibhneil a bh' ann. 'Sìth, eh?'

'Tha sin ceart.'

'Tha thu air cùl a chur ri na gunnachan? Agus a' mhèirle?'

Chrath e a cheann gu slaodach. An uair sin dh'fhosgail e a chòta. 'Chan eil gunnaichean ann tuilleadh, Inspeactair. Sin mo ghealladh, Inspeactair.

Fhuair mi fois mi fhèin sa phrìosan.'

Thug Rebus an rèidio a-mach às a phòcaid. Bha e coltach gur e an fhìrinn a bh' aig Crawford. Cha mhòr nach robh e cinnteach, ach bha aige an toiseach ri na bha e air a ràdh a dhearbhadh. Dh'iarr e sgrùdadh air a' faidhle aig Jack Crawford, far-ainm 'Trigger'. Chunnaic e gun tàinig gàire air aodann Crawford cho luath 's a chuala e seo. Chùm Rebus grèim air an rèidio, a' feitheamh gus an dèanadh an coimpiutair an obair, a' feitheamh gus am freagradh an stèisean.

'Tha deagh ghreis ann bhon chuala mi an t-ainm Trigger,' thuirt Crawford.

'Deagh ghreis.'

'Ciamar a leig iad a-mach thu às dèidh ceithir bliadhna?'

'Beagan nas lugha na ceithir bliadhna,' thuirt Crawford.

'Leig iad a-mach mi air sàillibh gun robh iad cinnteach nach dèanainn cron sa choimhearsnachd. Tha fhios a'm gum bi seo doirbh dhutsa a chreidsinn. Gu dearbh, bidh e neo-chomasach dhutsa a chreidsinn. Chan e mo choire-sa a tha an sin, ach do choire fhèin. Tha daoine mar thu fhèin dhen bheachd nach urrainn do dhaoine dhem leithid-sa atharrachadh. Ach 's urrainn. Mar a thuirt mi roimhe, thachair rudeigin dhomh sa phrìosan. Fhuair mi Ìosa Crìosda na m' anam.'

Cha b' urrainn do Rebus an coltas a bh' air tighinn air aodann a chumail air falach, agus thàinig fiamh a' ghàire air aodann Crawford a-rithist, ach fhathast car diùid. Choimhead e sìos air a bhrògan.

'Tha sin ceart, Inspeactair. Tha mi a-nis nam Chrìosdaidh. Cha tàinig solas gam dhalladh. Thàinig e beag air bheag. Cha robh mòran ri dhèanamh sa phrìosan, is mar sin, thòisich mi air leabhraichean a leughadh. Aon latha thog mi am Bìoball agus dh'fhosgail mi e aig duilleag sam bith. Bha na bha sgrìobhte ann a' dèanamh ciall dhomh. Bha na leugh mi a' dèanamh ciall. B' e Bìoball na Deagh Sgeòil a bh' ann, air a sgrìobhadh ann am Beurla shìmplidh. Leugh mi earrann no dhà, a' taghadh diofar dhuilleagan. An uair sin chaidh mi gu seirbheis na Sàbaid, airson freagairtean fhaighinn bhon mhinistear do rud no dhà nach robh mi a' tuigsinn. Agus chuidich e mi, beag air bheag. Sin mar a thòisich e. Dh'atharraich e mo bheatha.'

Cha robh guth aig Rebus ri ràdh. Bha e na Chrìosdaidh e fhèin, gun teagamh Crìosdaidh caran teagmhach, 's dòcha, mar Crawford fhèin. Làn cheistean gun fhreagairt. Ach, cha b' urrainn seo a bhith ceart. Cha robh càil a choltas aigesan ri Crawford. B' e biast a bh' ann an Crawford; cha b' urrainn fear de sheòrsa atharrachadh. Am b' urrainn? Cha robh Rebus riamh air tachairt ri fear a bha air atharrachadh, ach an robh sin a' ciallachadh nach b' urrainn dha a bhith fìor? Cha robh e air tachairt ris a' Bhanrigh no ris a' Phrìomh Mhinistear nas motha. Thàinig guth air an rèidio na làimh.

'Rebus an seo,' thuirt e, agus dh'èist e.

Bha e uile fìor. Leugh iad a-mach am faidhle aig Crawford. Prìosanach air leth. Clas a' Bhìobaill. Air a chur air adhart airson a leigeil a-mach tràth. Mulad pearsanta.

'Mulad pearsanta?' Sheall Rebus ri Crawford.

'Och, bhàsaich mo mhac. Cha robh e ach beagan is fichead bliadhna.'

Bha Rebus air gu leòr a chluinntinn, agus chuir e dheth an rèidio. 'Tha mi duilich,' thuirt e. Cha do rinn Crawford sìon ach a ghuailnean a thogail, guailnean air bodhaig air nach robh gunna sam bith air falach. Làmhan na phòcaidean, pòcaidean anns nach robh gunna. Chuir Rebus a-mach a làmh ris.

'Bliadhna Mhath Ùr,' thuirt e.

Choimhead Crawford air an làimh gu geur, agus an uair sin chuir e a-mach a làmh fhèin. Rug iad air làmhan a chèile, gan glacadh gu teann.

'Bliadhna Mhath Ùr,' thuirt Crawford. An uair sin choimhead e air ais suas an t-sràid. 'Seall, Inspeactair, ma tha e math gu leòr leatsa, thèid mi air ais don Tron. Bha e gòrach teicheadh. Tha duine no dithis nach fhaca mi fhathast.'

Dh'aom Rebus a cheann air a shocair. Bha e a' tuigsinn a-nis. Bha a' Bhliadhna Ùr mar thoiseach tòiseachaidh ùr do Chrawford. Chan fhaigheadh a h-uile duine cothrom mar seo.

'Aidh,' thuirt e. 'Thalla, ma-thà.'

Bha Crawford air ceum no dhà a ghabhail suas an staidhre nuair a stad e. 'A-nis, Inspeactair,' thuirt e, 'dè bha thu fhèin a' dèanamh aig an Tron?'

'Dè eile bhithinn a' dèanamh aig a' Bhliadhn' Ùir? Bha mi ag obair.'

'Chan fhaigh na h-eucoraich fois gu bràth, eh?' thuirt Crawford, is e a' sreap a' chòrr den staidhre a-mach dhan t-Sràid Àrd.

Bha Rebus a' coimhead gus an deach Crawford à fianais. Bha fhios aige gun robh còir aige a leantail. Bha e fhathast ag obair. Bha e cinnteach gur e an fhìrinn a bh' aig Crawford, nach robh gnothach aige ri cùis nan drogaichean. Cha robh ann ach co-thachartas gun do choinnich iad. Ach cò chreideadh sin? Trigger Crawford na 'phrìosanach air leth'. Agus bha iad ag ràdh nach tachradh mìorbhailean san latha an-diugh.

Dhìrich Rebus an staidhre gu slaodach. Bha an t-Sràid Àrd air fàs na bu thrainge. Shaoil e gum biodh i aig an ìre bu thrainge aig leth uair às dèidh meadhan-oidhche, le na sràidean a' falamhachadh às dèidh sin. Ma bha an iomlaid a' dol a thachairt, thachradh e ron àm sin. Dh'aithnich e fear de phoilis-sgrùdaidh Ghlaschu a bha a' coiseachd a-nall thuige. Thog e a ghàirdeanan nuair a chunnaic e Rebus.

'Càit an robh thu? Bha dùil againn gun robh thu air teicheadh dhachaigh.'

'Cha do thachair sìon, ma tha?'

Rinn am poileas-sgrùdaidh osna. 'Cha do thachair. Chan eil e coltach gu bheil mòran foighidinn air fhàgail aig Lyons. Chan fhan e fada e fhèin.'

'Bha dùil a'm nach robh am fiosraiche agaibh riamh ceàrr?'

'Cha robh. Ach 's dòcha gur e seo a' chiad uair.' Rinn e gàire, mar gum biodh e cleachdte ri briseadh-dùil mar seo. Bha Rebus air mothachadh roimhe gun robh e a' criomadh ìnean agus gun robh fiù 's an craiceann air a chorragan briste is reubte. Duine òg làn iomagain. Ann am bliadhna no dhà bhiodh e air cuideam a chur air agus bhiodh e deiseil airson grèim-cridhe. Bha fios aig Rebus gun tigeadh grèim-cridhe air fhèin uaireigin. Bha dà sheòrsa duine aca aig an stèisean: bha thu 'fallain' no bha thu 'deiseil' (airson grèim-cridhe). Bhuineadh Rebus gu deimhinne don dàrna seòrsa.

'Co-dhiù, càit an robh thu?'

'Choinnich mi ri seann charaid. Uill, seann nàmhaid. Jackie Crawford.'

'Jackie Crawford? Trigger Crawford?' Bha am poileas-sgrùdaidh òg a' rannsachadh na chuimhne. 'Aidh, chuala mi gun d' fhuair e a-mach.'

'An cuala? Cha do bhodraig duine innse dhòmhsa.'

'Aidh, rudeigin mu dheidhinn bàs a mhic. Drogaichean. Chaidh an teine às an dèidh sin. Thàinig an cùram air.'

Bha iad a' coiseachd air ais chun an t-sluaigh. Air ais far an robh Ailean Lyons a' feitheamh ceas làn heroin. Stad Rebus gu h-obann.

'Drogaichean? An tuirt thu gun do bhàsaich mac Crawford air sgàth dhrogaichean?'

Dh'aom am poileas-sgrudaidh a cheann. 'An 'H' mhòr. Cha robh e fada bhuam fhèin. An àiteigin ann am Partaig.'

'An robh mac Chrawford a' fuireach ann an Glaschu, ma-thà?'

'Cha robh, cha robh e ach a' tadhal air cuideigin. Bha e fuireach an seo, an Dùn Èideann.' Cha robh inntinn a' phoilis-sgrùdaidh cho slaodach ri cuid. Bha fhios aige dè bha Rebus a' smaointinn.

'Chan eil thu ciallachadh…?'

Agus thòisich an dithis aca air ruith, a' putadh tron t-sluagh, am poileas-sgrùdaidh à Glaschu ag èigheach dhan rèidio, ach am fuaim a bha mun cuairt orra, an èigheach, am fealla-dhà agus an t-seinn, a' mùchadh fhaclan. Bha na daoine gan cumail air ais, a' cur maill orra. Bha iad mar gum biodh iad a' gluasad tro uisge a bha suas gu am broilleach. Bha casan Rebus a' faireachdainn goirt agus gun fheum agus bha sruth fallais sìos a dhruim. Bha mac Crawford air bàsachadh air sgàth heroin, heroin a cheannaich e, a rèir choltais, ann an Dùn Èideann, agus bha an duine a bu mhotha a bha a' reic den heroin ann an Dùn Èideann a' feitheamh am badeigin an seo. Co-thachartas? Cha robh e riamh air creidsinn ann an co-thachartas; cha robh na chridhe. Cha robh ann ach leisgeul gus biodh agad ri smaoineachadh air rud nach iarradh tu smaoineachadh air.

Dè thuirt Crawford? Rudeigin mu dheidhinn tighinn an seo a-nochd airson fois a lorg. Uill, bha dòighean agus dòighean ann air fois a lorg, nach robh? 'Ach ma gheibh i bàs, an sin bheir thu anam airson anam.' Bha sin ann an Ecsodus. Leabhar cunnartach a bh' anns a' Bhìoball. B' urrainn dhut toirt air rud sam bith a ràdh, mìneachadh a thoirt às mar a thogradh an leughadair.

Dè bha a' dol tro inntinn Jackie Crawford? Bha e a' cur eagal air Rebus. Bha ùpraid shuas an t-sràid, an sluagh a' cruinneachadh aig uinneag bùtha. Phut Rebus e fhèin air adhart.

'Poileas,' dh'èigh e. 'Leigibh troimhe mi, mas e ur toil e!'

Gu neo-thogarrach, ghluais iad gu gach taobh airson 's gum faigheadh e troimhe. Mu dheireadh thall, bha e aig a' bhùth, a' coimhead air Ailean Lyons is e na leth-shìneadh. Bha sruth fada fala a' ruith sìos uinneag na bùtha gu ruige a' chuirp agus bha a bhroilleach dorcha dearg. Bha oifigear à Glaschu a' feuchainn ri stad a chur air an fhuil, 's gun a' dol leis ro mhath, le bhith a' cleachdadh a sheacaid fhèin, a bha a-nis bog fliuch. Bha oifigearan eile a' feuchainn ri daoine a chumail air falbh. Chuala Rebus criomag no dhà de na bha iad ag ràdh.

'Bha coltas gun robh iad a' dol a bheireachdainn air làimh air a chèile.'

'Bha a ghàirdean a' dol timcheall air.'

'An uair sin ... an sgian ..."

'Chaidh an sgian a-steach dà thuras mus b' urrainn dhuinn sìon a dhèanamh.'

'Cha b' urrainn dhuinn stad a chur air.'

Chualas fuaim ambaileans a' tighinn na b' fhaisge. Bha ambaileans no dhà an-còmhnaidh deiseil airson tachartas sam bith aig an Tron aig a' Bhliadhn' Ùir. Ann an làimh chlì Lyons, fhathast air a ghlacadh gu teann, bha am baga leis an airgead.

'Am bi e ceart gu leòr?' dh'fhaighnich Rebus, gun fhios cò ris an robh e a' bruidhinn, agus bha sin cho math chionn cha d' fhuair e freagairt. Bha e a' cuimhneachadh air ais mìos gu reiceadair dhrogaichean eile, sgian eile … an uair sin chunnaic e Crawford. Bha dithis oifigearan gun èideadh poilis orra ga chumail aig oir an t-sluaigh. Bha fear dhiubh a' cumail a làmhan air a chùl agus am fear eile ga rannsachadh airson armachd sam bith. Air a' chabhsair, eadar far an robh Crawford na sheasamh agus far an robh Lyons a' bàsachadh, no marbh, bha sgian, sgian àbhaisteach gu leòr, beag gu leòr airson a bhith air falach ann an stocainn no crios-mheadhain, ach mòr gu leòr airson a h-obair a dhèanamh. Bha am poileas-sgùdaidh eile na sheasamh ri taobh Rebus.

'Tha mis' ag ràdh riut,' thuirt e. Ach bha Rebus a' coimhead air Crawford agus bha Crawford a' coimhead air ais air Rebus, agus sa mhionaid bha iad a' tuigsinn a chèile. 'Cha chreid mi,' thuirt am poileas-sgrùdaidh, 'gum faic sinn an duine leis a' pharsail. Ma bha e gu bhith riamh ann.'

'Chan eil mi cinnteach mun a sin,' fhreagair Rebus, a' tionndadh air falbh bho Chrawford. 'Seo a' cheist: ciamar a bha fios aig Crawford gum biodh Lyons air an t-Sràid Àrd a-nochd?' Cha do fhreagair am poileas-sgrùdaidh. Air an cùlaibh, bha an sluagh a' teannadh na b' fhaisge airson an corp fhaicinn, a' dèanamh fhuaimean làn sgreamh, agus an uair sin a' fosgladh crogan eile leann no leth-bhotal bhodca. Bha an ambaileans fhathast aon leth-cheud slat air falbh. Dh'aom Rebus a cheann ri Crawford.

'Tha làn fhios aige far a bheil an stuth; tha mi a' creidsinn gun do chaith e air falbh e an àiteigin. An àiteigin far nach fhaigh duine sam bith e. Cha robh ann ach clìc, airson Lyons a tharraing a-mach. Dìreach clìc.'

Agus bha a' chlìc air obrachadh, agus air obrachadh gu math.

Bha Lyons air a chreidsinn, agus bha Rebus, a cheart cho aineolach, air rudeigin eile a chreidsinn. Bha e ga fhaireachdainn a' steigeadh na sgòrnan mar aillse, gun sìon a ghluaiseadh e. Choimhead e a-rithist air a' chorp gun lùths agus thàinig gàire air aodann gun fhiosta dha. Bha e air smaoineachadh air ceann-naidheachd, nach nochdadh ann am pàipear sam bith.

CRÌOSDAIDH AIR LYONS ITHE.

Bha cuideigin a' cur a-mach air a chùlaibh. Bhrist botal air balla. Bha na guthan a b' àirde a' fàs crosta agus geur. Ann an cairteal na h-uarach, bhiodh an fhealla-dhà air a dhol na trioblaid. Chualas sgreuchail bhoireannach bho thè de na caol-shràidean mun cuairt orra. Bha coltas ciùin, calma air aodann Jackie Crawford. Cha robh e a' sabaid ri na h-oifigearan. Bha fhios aige gun robh iad a' cumail faire air Lyons, bha fhios aige gur dòcha gum marbhadh e Lyons ach nach fhaigheadh e air falbh. Agus fhathast, bha e air an sgian a shàthadh na bhodhaig. Dè eile dhèanadh e le a shaorsa?

Cha robh an oidhche ach òg agus cha robh no a' bhliadhna. Rug Rebus air làimh air a' phoileas-sgrùdaidh òg.

'Bliadhna Mhath Ùr,' thuirt e. 'Agus mòran eile dhiubh às dèidh seo.'

Choimhead an duine òg air, gu neo-chreidsinneach. 'Na bi a' smaointinn gun cuir thu a' choire oirnne airson seo,' thuirt e.

'Thu fhèin a leig le Crawford coiseachd air falbh. Dùn Èideann as coireach; chan e sinne.'

Thog Rebus a ghuailnean agus thuit a ghàirdean. An uair sin thòisich e air coiseachd sìos an cabhsair, nas fhaide is nas fhaide air falbh bhon àite. Chaidh an ambaileans seachad air. Chuir cuideigin a làmh air a dhruim, a' cur a-mach làmh eile. Aig ceann eile na sràide, bha am poileas-sgrùdaidh òg a' coimhead Rebus, is e a' gluasad air falbh.

'Thalla 's thoir ort,' thuirt Rebus gu socair, gun a bhith cinnteach cò thuige a bha an teachdaireachd a' dol.

5

 ## CLUB NAM FEAR-UASAL

B' e an cearcall Deòrsach a bu ghrinne de gach cearcall grinn Deòrsach ann an Dùn Èideann, air a dhealbhadh agus air a thogail gu foirfe, na taighean fhèin gun na companaidhean prìobhaideach, a dh'fhaodadh uaireigin tighinn gan leasachadh agus an dèanamh nam flataichean, air tighinn nan còir.

Cearcall slàn mun cuairt air gàrraidhean prìobhaideach, na gàrraidhean làn dhathan a dh'aindeoin fuachd an Fhaoillich: purpaidh, dearg, uaine agus orains. Taisbeanadh sealltanach, ge-tà. Cha robh math do dhìthean sam bith a bhith ro shoilleir, ro dheàlrach, ro fhollaiseach.

Bha geata nan gàrraidhean glaiste, le cìs thomadach ri phàigheadh gach bliadhna airson na h-iuchrach. B' urrainn do dhuine sam bith coimhead tro na rèilichean mar a bha esan a' dèanamh an-dràsta, ach cha robh cead aige a dhol a-steach. Sin mar a bha Dùn Èideann, cearcall dùinte am broinn cearcall dùinte.

Sheas e an siud, a' faireachdainn nam fàilidhean a bha mun cuairt air agus na bleideagan sneachda air stad airson mionaid. Choimhead e an uair sin air na taighean, nan seasamh trì no ceithir ùrlaran a dh'àirde mar shamhlaidhean air misneachd an ailtire. Bha e a' coimhead air aon taigh gu h-àraidh, far an robh Sierra

105

geal nam poileas na shuidhe. Bha an latha ro bhrèagha airson a mhilleadh, ach bha dleastanas aige an seo. A' tarraing anail mhòr eile, thionndaidh e bho na gàrraidhean agus choisich e gu ruige àireamh 16, le chùirtearan trom, dùinte, ach leis an doras-aghaidh fosgailte.

*****

Nuair a choisich e a-steach, bha aig John Rebus ri trì staidhrichean a dhìreadh gu 'ùrlar na cloinne' mar a dh'ainmich tè an taighe e. Bha i caol, mu mheadhan-aois agus dreiste gu lèir ann an glas. Bha an taigh sàmhach, 's gun ach gath no dhà grèine a' drùidheadh a-steach don ghruaim. Bha am boireannach a' coiseachd gu sàmhach agus gu luath, Rebus ga leantainn le anail na uchd.

Cha b' e nach robh e cleachdte ri bhith ag eacarsaich, ach bha e mar gun robh an àile air fad air taomadh a-mach às an taigh.

A' ruighinn an treas ùrlair mu dheireadh thall, choisich i seachad air trì dorsan dùinte mus do stad i aig a' cheathramh fear. Bha am fear seo fosgailte, agus chitheadh Rebus balla deàlrach seòmar-nighe mòr, DC Brian Holmes agus dotair-sgrùdaidh nam poileas coltach ri seangain; chan e Dr Curt a bha an-còmhnaidh gruamach, ach am fear ris an canadh daoine – ged nach canadh ri aghaidh – Dr Crippen. Thionndaidh e ris a' bhoireannach.

'Mòran taing, a' Bh-uas NicChoinnich.' Ach bha i air tionndaidh air ais gu sàbhailteachd na staidhre. Bha i tapaidh, ge-tà, ga thoirt suas an seo sa chiad àite. Agus cha robh sìon air a shon a-nis ach coiseachd a-steach dhan t-seòmar. 'Hallò, a Dhotair.'

'Inspeactair Rebus, madainn mhath. Chan e sealladh ro bhrèagha a tha seo, an e?'

Thug Rebus air fhèin coimhead. Cha robh mòran uisge san amar, agus bha am beagan a bh' ann air a dhath gu domhainn dearg le fuil na h-ighinn. Bha i rùisgte agus cho geal ri màrmor. Bha i gu math òg, sia no seachd bliadhna deug, le bodhaig nach robh buileach aig ìre inbhich.

Bha a gàirdeanan nan laighe gu sìtheil ri gach taobh dhith, caol a dùirn air tionndadh suas a' sealltainn nan lotan glan. Thog Holmes, le greimiche, ràsar singilte airson a shealltainn do Rebus. Thàinig greann air aodann Rebus agus chrath e a cheann.

'Abair call,' thuirt e. Bha nighean aige fhèin, bliadhna no dhà na bu shine na an nighean seo. Bha a bhean air a toirt leatha nuair a dh'fhàg i e. Bliadhnaichean air ais. Cha bhiodh e ga faicinn a-nis, mar a thachras uaireannan le càirdean, ged a chumas tu suas ri caraidean.

Bha e a' gluasad mun cuairt air an amar, a' cumail na h-ìomhaigh na chuimhne. Bha an èadhar mar gum biodh a' deàrrsadh, ach bha an deàrrsadh air tòiseachadh air crìonadh.

'Peacadh a th' ann gun teagamh,' thuirt Holmes.

'Fèin-mhurt,' thuirt Rebus às dèidh greis. Dh'aom an dotair a cheann, ach cha tuirt e guth. Cha b' àbhaist dhaibh a bhith cho cearbach mun cuairt air cuideigin marbh, an triùir seo. Bha iad uile den bheachd gun robh iad air an rud a bu mhiosa, an rud a bu chruaidhe, an rud a bu bhrùideile fhaicinn. Bha sgeòil aca uile ri innse a chuireadh oillt air coigrich. Ach bha seo eadar-dhealaichte. Chaidh rudeigin a ghoid bhon t-saoghal, gu h-uabhasach, agus cha b' e tubaist a bh' ann.

'Dìreach aon cheist,' thuirt Rebus, airson an t-sàmhchair a bhriseadh. 'Carson?'

Carson gu dearbh. Bha e an seo, na sheasamh ann an seòmar-nighe na bu mhotha na an seòmar-suidhe aige fhèin, le fùdaran is cùbhrachdan, searbhadairean tiugha, siabainn is spongan mun cuairt air. Ach nam measg bha bàs oillteil agus gun chiall. Feumaidh gun robh adhbhar ann. Pàiste faoin, gòrach. Dè bha i air a bhith a' smaointinn? Thionndaidh an fhearg gu sàrachadh, agus cha mhòr gum b' urrainn dha coiseachd 's e a' gluasad a-mach don trannsa.

Feumaidh gun robh adhbhar ann. Agus chuir e roimhe an t-adhbhar a lorg.

*****

'Dh'inns mi dhuibh mu thràth,' thuirt Tòmas MacCoinnich gu greannach. 'Bha i cho toilichte ri nighean sam bith fon ghrèin.

Cha robh sinn ga milleadh, agus cha do chuir sinn riamh stad oirre bho chuideigin fhaicinn. Chan eil adhbhar sam bith air an t-saoghal, Inspeactair, airson Suzanne rud mar seo a dhèanamh. Chan eil ciall sam bith ann.'

Thòisich MacCoinnich air caoineadh a-rithist, a' cur aodann na làmhan. Cha robh Rebus cofhurtail, ach dh'fheumadh e na ceistean seo fhaighneachd.

'An robh,' thòisich e, 'an robh balach sam bith na beatha, a Mhgr MhicCoinnich?'

Dh'èirich MacCoinnich às an t-sèithear, choisich e chun an dreasair, fhuair e glainne eile uisge-bheatha dha fhèin, agus thug e sùil air Rebus. Choimhead Rebus air a ghlainne fhèin, òirleach fhathast air fhàgail innte, agus chrath e a cheann. Bha a' Bh-uas NicChoinnich a' gabhail fois shuas an staidhre. Bha i air pilichean fhaighinn bhon dotair, seann charaid dhan teaghlach, air an robh coltas gun robh e fhèin feumach air an aon seòrsa leighis.

Ach cha robh Tòmas MacCoinnich feumach air a leithid idir. Bha e a' creidsinn ann an leigheas seann-fhasanta, a' dòrtadh sùgh an eòrna dhan ghlainne.

'Cha robh,' thuirt e. 'Cha b' e an àbhaist aig Suzanne leannan a bhith aice.'

Ged nach biodh e a' dol dhan oifis an-diugh, bha MacCoinnich air deise ghorm agus taidh a chur air. Bha an seòmar-suidhe anns an robh iad coltach ri oifis neo-phearsanta, gun fhaireachdainn sam bith gun robh iad nan suidhe ann an dachaigh. Cha b' urrainn dha smaointinn cò ris am biodh e coltach a' fàs suas ann an àite mar seo.

'Dè mu dheidhinn na sgoile?'

'Dè tha thu a' ciallachadh?'

'Tha mi a' ciallachadh, an robh i toilichte innte?'

'Gu math toilichte.' Shuidh MacCoinnich sìos leis an deoch aige.

'Bha i a' faighinn deagh aithisgean, deagh chomharran. Tha … bha i a' dol dhan Oilthigh san Dàmhair.'

Choimhead Rebus air MacCoinnich agus an dòigh anns an robh e a' sluigeadh an uisge-beatha gu luath. B' e duine cruaidh a bh' ann an Tòmas MacCoinnich, cruaidh gu leòr millean not a chosnadh nuair a bha e òg agus glic gu leòr nach robh e air a chall. Bha e dà fhichead 's a ceithir a-nis, ach bha e a' coimhead na b' òige. Cha robh fhios aig Rebus cia mheud bùth a bh' aig MacCoinnich a-nis, cia mheud companaidh air an robh e na stiùiriche, cia mheud gnothach eile anns an robh e an sàs. B' e airgead ùr a bh' ann, a' leigeil air gur e seann airgead a bh' ann, a' dèanamh a dhachaigh ann an Stockbridge, faisg air Sràid a' Phrionnsa, an àite a bhith a' fuireach nas fhaide a-muigh ann am bungalo.

'Dè bha i a' dol a dhèanamh san oilthigh?' Choimhead Rebus seachad air MacCoinnich far an robh dealbh den teaghlach air dreasair fada, grinn. Chan e dealbh neo-fhoirmeil a bha seo, ach fear air a thogail ann an stiùidio le dealbhadair proifeiseanta. An nighean a' deàrrsadh ann am meadhan an deilbh, pàrant le gàire air gach taobh dhith. Ìomhaigh den adhar air an cùlaibh, sgòthan geala air siota gorm.

'Lagh,' thuirt MacCoinnich. 'Bha deagh cheann oirre.'

Ceann le gruag dhonn. Agus bha a h-athair air a lorg tràth sa mhadainn, 's i air fàs fuar mu thràth. Cha robh breislich sam bith air a bhith air. Thog e a' fòn mus do dhùisg e a bhean. Bhiodh e ag èirigh an toiseach gach madainn, a' dol dìreach dhan t-seòmar-nighe. Bha coltas socair air a bhith air, 's dòcha bhon chlisgeadh. Ach bha coltas rag air MacCoinnich cuideachd, smaoinich Rebus. Saoil an robh rud sam bith ann a dhùisgeadh faireachdainn anns an duine.

Bha aon rud a' cur dragh air Rebus. Bha Suzanne air a dhol dhan t-seòmar-nighe, beagan uisge a chur dhan amar, agus a cuislean a ghearradh. Bha Rebus a' gabhail ri seo. 'S dòcha gun robh i an dùil gun cuireadh cuideigin stad oirre. Bha fèin-mhurt tric na iarraidh air cuideachadh, nach robh? Ma bha thu dha-rìribh airson cur às dhìot fhèin, rachadh tu a dh'àiteigin sàmhach, dìomhair, far nach rachadh do lorg airson deagh ùine. Cha robh Suzanne air sin a dhèanamh. Shaoil e gun robh i an dòchas gun tigeadh a h-athair a-steach airson stad a chur oirre. Ach cha robh na h-uairean air obrachadh ceart dhi.

Cuideachd, bha fhios aice gum biodh a h-athair ag èirigh mus biodh a màthair, agus mar sin gur esan a bhiodh ann an toiseach. Chuir seo iongnadh air Rebus, ach cha robh e a' cur dragh air duine sam bith eile.

'Dè mu dheidhinn caraidean san sgoil,' chùm Rebus air. 'An robh mòran charaidean aig Suzanne?'

'Ò aidh, mòran.'

'Duine sam bith gu sònraichte?'

Bha MacCoinnich gus freagairt nuair a dh'fhosgail an doras agus a choisich a bhean a-steach, a tuar bàn bho chadal nan drogaichean.

'Dè an uair a tha e?' dh'fhaighnich i, a' gluasad air adhart.

'Aon uair deug, Shona,' thuirt an duine aice, ag èirigh thuice. 'Cha do chaidil thu ach leth-uair an uaireadair.' Thug e na ghàirdeanan i, agus chùm i grèim teann air. Bha Rebus a' faireachdainn mi-chofhurtail a-rithist, ach bha ceistean fhathast rim freagairt.

'Bha thu a' dol a dh'innse dhomh mu dheidhinn nan caraidean aig Suzanne, a Mhgr MhicCoinnich.'

Shuidh am fear is a bhean còmhla air an t-sòfa, an làmhan paisgte.

'Uill,' thuirt MacCoinnich. 'Bha mòran dhiubh ann. Nach robh, Shona?'

'Bha,' thuirt a bhean. B' e fìor bhoireannach brèagha a bh' innte. Bha a h-aodann cho àlainn 's a bha aodann na h-ighinn aice air a bhith. Seo an seòrsa boireannaich a bhiodh fir airson a dhìon bhon t-saoghal, co-dhiù a bha iad feumach air no nach robh. 'Ach b' i Hazel an tè a b' fheàrr leamsa,' chùm i oirre.

Thionndaidh MacCoinnich ri Rebus agus mhìnich e. 'Hazel

Fhriseal, an nighean aig Sir Seumas Friseal, am bancair. Nighean àlainn.' Stad e airson mionaid, a' coimhead air a bhean, agus thòisich e air caoineadh gu sàmhach a-rithist. Chuir i a ceann air a ghualainn agus chuir i a làmh air a ghruaig, a' bruidhinn gu socair ris. Choimhead Rebus air falbh agus dh'òl e an t-uisge-beatha aige. Thug e oir a bhile na fhiaclan, air chall ann an smuaintean. Ann an cùis fèin-mhuirt, cò bu choireach? Cò bu mhotha a bha a' fulang?

*****

Bha an seòmar-cadail aig Suzanne fuar agus mì-chofhurtail. Cha robh postairean air na ballaichean, cha robh sgeul air sìon a chanadh gun robh deugaire le inntinn neo-eisimileach a' fuireach ann. Bha pada-notaichean air an deasg, ach cha robh sìon sgrìobhte air. Bha cnap pàipeir aig bonn biona, a bha falamh ach sin fhèin, ri taobh a' phreas-aodaich. Dh'fhosgail Rebus an cnap pàipeir. Sgrìobhte air, ann an làmh-sgrìobhaidh làidir, bha teachdaireachd: 'Nach tuirt mi ribh gun dèanainn e.'

Thug Rebus sùil gheur air na faclan. Cò ris a thuirt i e? Cha robh càil a choltas gun robh guth aig a pàrantan gun robh a leithid de rud air a h-inntinn, ach gun teagamh bha an teachdaireachd do chuideigin. Agus carson, às dèidh a sgrìobhadh, a bha i air a chaitheamh air falbh? Thionndaidh e am pàipear. Bha an taobh eile geal, ach beagan steigeach. Chuir Rebus am pàipear ri a shròn, ach cha robh fàileadh sam bith às a dh'innseadh dè dh'fhàg steigeach e. Chuir e na phòca e.

Anns a' chiad drathair den deasg bha leabhar-là leathair. Ach cha robh Suzanne air a bhith na sgrìobhadair. An àite tuiltean à inntinn deugaire mar a bha e an dùil, cha robh ann ach cuimhneachain ghoirid, gach Dimàirt airson sia mìosan, 'Club nam Fear-uasal – 4.00'. Annasach fhèin. Bha an cuimhneachan mu dheireadh o chionn seachdain, leis a' chòrr den leabhar bàn.

Club nam Fear-uasal – dè fon ghrèin a bha i a' ciallachadh?

Bha Rebus eòlach air clubaichean a bha air fhàgail ann an Dùn

Èideann bho na linntean a dh'fhalbh, ach cha robh Club nam Fear-uasal na ainm air gin aca. Chaidh an leabhar-là na phòca còmhla ris a' phàipear.

Choisich Tòmas MacCoinnich còmhla ris chun an dorais. Bha an taidh mu amhaich a-nis sgaoilte agus a ghuth milis le uisge-beatha.

'Ceist no dhà eile mus fhalbh mi,' thuirt Rebus.

'Seadh,' thuirt MacCoinnich, a' leigeil osna.

'A bheil thu nad bhall de chlub sam bith?' Chuir seo iongnadh air MacCoinnich, ach fhreagair e. 'Iomadach club. Club Slàinte Srath Spè. Club Goilf Fhoirthe. Agus Club Fhionnlaigh, mar a bha air roimhe.'

'Club Fir-uasal Fhionnlaigh?'

'Tha sin ceart. Ach 's e Club MhicThòmais a th' air a-nis.' Dh'aom Rebus a cheann. 'Aon cheist eile,' thuirt e. 'Dè bhiodh Suzanne a' dèanamh air Dimàirt aig ceithir uairean?'

'Cha robh sìon sònraichte. Tha mi a' smaointinn gun robh buidheann dràma air choreigin aice san sgoil.'

'Mòran taing, a Mhgr MhicCoinnich. Duilich airson dragh a chur ort. Mar sin leat.'

'Mar sin leat, Inspeactair.'

Sheas Rebus air leac an dorais, a' tarraing a-steach làn a sgamhain den èadhar taobh a-muigh an taighe. B' urrainn tuilleadh 's a chòir de dheagh rud do mhùchadh. Saoil an robh Suzanne NicChoinnich air a mùchadh? Cha robh fhios aige fhathast carson a bha i air bàsachadh. Agus, làn fhios aice gun lorgadh a h-athair i, carson a bha i air a dhol dhan amar rùisgte? Bha Rebus air cùisean fèin-mhuirt fhaicinn roimhe – mòran dhiubh – ach ge bith càit an robh iad, bha an-còmhnaidh aodach orra.

'Lomnochd thàinig mi,' smaoinich e ris fhèin, a' cuimhneachadh leabhar Iob, 'agus lomnochd pillidh mi an sin.'

*****

Air a shlighe gu Sgoil Hawthornden do Nigheanan, fhuair Rebus teachdaireachd bho DC Holmes, a bha air tilleadh don stèisean.

'Siuthad,' thuirt Rebus. Thàinig bragail às an rèidio. Bha an t-adhar mu cheann a' coimhead gruamach, buaidh aig an dealan stataig san àile air an rèidio.

'Tha mi air ainm MhicCoinnich a chur tron choimpiutair,' thuirt Holmes, 'agus tha rudeigin an seo a tha gu math inntinneach.' Thàinig gàire air aodann Rebus. Bha Holmes cho mionaideach ri cù aig port-adhair. 'Uill?' thuirt e. 'A bheil thu a' dol a dh'innse dhomh, no am feum mi an leabhar a cheannach?'

Bha diog no dhà mus do thòisich Holmes air bruidhinn a-rithist agus chuimhnich Rebus cho frionasach 's a bha an duine òg mu chàineadh sam bith. 'Tha e coltach,' thuirt e mu dheireadh thall, 'gun deach Mgr MacCoinnich a chur an grèim o chionn beagan mhìosan airson a bhith a' feitheamh ro fhada taobh a-muigh sgoile.'

'Ò? Cò an sgoil?'

'Murrayfield Comprehensive. Cha do chuireadh casaid air, ach tha an aithisg ag ràdh gun deach a thoirt dhan stèisean ann am Murrayfield airson a cheasnachadh.'

'Tha sin inntinneach gu dearbh. Bruidhnidh mi riut a-rithist.' Chuir Rebus dheth an rèidio. Bha an t-uisge air tòiseachadh. Thog e an rèidio a-rithist agus dh'iarr e orra a chur troimhe gu stèisean nam poileas ann am Murrayfield. Bha e fortanach. Bha oifigear ann aig an robh cuimhne air a' chùis air fad.

'Chùm sinn e gu math sàmhach,' thuirt an t-Inspeactair ri Rebus. 'Agus bha MacCoinnich a' cumail a-mach nach do stad e ach airson fòn a chur don oifis aige. Ach bha na tidsearan san sgoil cinnteach gun robh iad air fhaicinn an roimhe, aig àm-bìdh. Cha b' e an t-àite a b' fhèarr sa bhaile. Tha Daimler a' togail aire dhaoine, gu h-àraidh nuair nach eil bean-bainnse sa chùl.'

'Tha mi a' tuigsinn,' thuirt Rebus, le gàire. 'Dad sam bith eile?'

'Tha.' Thuirt fear de na sgoilearan gum faca e cuideigin a' falbh còmhla ri MacCoinnich san Daimler aon turas, ach cha do lorg sinn fianais sam bith air a sin.'

'Deagh mhac-meanmna aig clann an latha an-diugh,' dh'aontaich Rebus. Cha robh sìon eile aig an oifigear, ach bha gu leòr an seo airson teagamh a thogail. An robh Suzanne air rudeigin a lorg mu dheidhinn a h-athar agus, air a nàrachadh, cur às dhi fhèin? No 's dòcha gun robh cuideigin san sgoil air faighinn a-mach agus gun robh iad a' tarraing aiste mu dheidhinn? Ma bha MacCoinnich dèidheil air clann, 's dòcha gun robh blasad den pheacadh collaidh ann. 'S dòcha gun robh seo a' soilleireachadh Suzanne a bhith rùisgte – cha robh i a' sealltainn dha h-athair sìon nach robh e air fhaicinn roimhe. Ach dè mu dheidhinn Club nam Fear-uasal? Dè an ceangal a bh' ann? Aig Sgoil Hawthornden, bha Rebus an dòchas freagairt no dhà a lorg.

B' e sgoil a bh' innte dhan robh athraichean a' cur an nigheanan airson ionnsachadh a bhith nan leadaidhean, agus cuideachd a bhith làidir. Fhuair e cèic is tì bhon bhana-mhaighstir, tè a bha cho urramach ris an togalach fhèin, mus tug i e a dh'fhaicinn na Mnà-uas Selkirk, an tidsear a bha os cionn a' chlas aig Suzanne. Bha tuilleadh tì aicese dha anns an oifis bhig aice fhèin.

Dh'inns i dha gun robh Suzanne air a bhith gu math taitneach am measg nan sgoilearan eile agus gun robh an naidheachd air am bualadh gu cruaidh. Bhiodh i a' dol mun cuairt còmhla ri Hazel Fhriseal, nighean a' bhancair. Nighean gu math beothail; bha Hazel na prìomh nighean na sgoile am-bliadhna, ach cha robh Suzanne air a bhith fada air dheireadh oirre. Bha an dithis aca gu math co-fharpaiseil, le comharran ann am matamataig, Beurla agus cànain cha mhòr co-ionann. Bha Suzanne na b' fheàrr sna saidheansan; Hazel na b' fheàrr ann an eaconamas agus cunntasan. Sàr sgoilearan, an dithis aca.

A' cur a' cheathramh no an còigeamh cèic na bheul, dh'aom Rebus a cheann a-rithist. Bha na boireannaich seo uile cho cumhachdach 's gun robh Rebus a' faireachdainn mar sgoilear e fhèin. Shuidh e le a ghlùinean còmhla, gàire air aodann, cha mhòr a' fàgail leisgeul air cùl gach ceist.

114

'Cha chreid mi,' thuirt e, 'gu bheil an t-ainm Club nam Fear-uasal a' ciallachadh sìon dhuibh, a bheil?'

Smaoinich a' Bh-uas Selkirk. 'An e ainm discotheque a th' ann?' Le gàire, thuirt Rebus, 'Chan eil mi a' smaointinn gur e. Carson?'

'Uill, tha mi a' smaoinntinn gun cuala mi tè dhe na h-igheanan ga ràdh, o chionn ghoirid, ach chan eil mi cinnteach carson.'

Dh'fhalbh an gàire far aodann Rebus.

'Tha mi duilich, Inspeactair.' Chuir i a corrag ri a ceann. 'Chan eil m' inntinn cho geur 's a b' àbhaist dhi a bhith.'

'Tha gu leòr an sin,' thuirt Rebus gu sàmhach. 'Aon rud eile, a bheil fhios agaibh cò bhios a' gabhail nan clasaichean dràma?'

'Tha,' thuirt a' Bh-uas Selkirk. 'A' Bh-uas Phillips, tidsear òg a bhios a' teagasg Beurla.'

Bha a' Bh-uas Phillips, no Jilly mar a dh'iarr i air Rebus a ghabhail oirre, gu dearbh òg agus cuideachd gu math bòidheach. Bha gruag fhada òr-bhuidhe a' tuiteam air a guailnean agus sìos a druim. Bha a sùilean dorcha agus fliuch le deòir. Bha Rebus a' faireachdainn na bu luidiche buileach.

'Tha mi a' tuigsinn,' thuirt e, 'gu bheil thu os cionn buidheann dràma na sgoile.'

'Tha sin ceart.' Bha a guth mar phorsailean.

'Agus bha Suzanne sa bhuidheann?'

'Bha. Bha i a' dol a chluich Celia anns an dealbh-chluich As You Like It.'

'Ò?'

'Shakespeare a th' ann. Bheil fhios agad?'

'Tha,' thuirt Rebus. 'Tha fhios agam.'

Bha iad a' bruidhinn san trannsa, taobh a-muigh an t-seòmair-teagaisg aice, agus tron uinneig a bh' anns an doras, chunnaic Rebus clas làn nigheanan, fallain agus bho dheagh dhachaighean, a' cagradh ri chèile agus a' gàireachdainn. Bha sin neònach, às dèidh dhaibh caraid a chall.

'Celia. An nighean aig an Diùc Frederick, nach i?'

'Nach sibh a tha eòlach, Inspeactair.'

'Cha b' e an dealbh-chluich leis as fheàrr leam,' thuirt Rebus, 'ach chunnaic mi e aig an Fhèis o chionn bliadhna no dhà. Tha caraid aig Celia, nach eil?'

'Tha. Rosalind.'

'Cò bha gu bhith a' cluich Rosalind?'

'Hazel Fhriseal.'

Dh'aom Rebus a cheann air a shocair nuair a chuala e seo. Bha e a' dèanamh ciall. 'A bheil Hazel sa chlas agad an-dràsta?'

'Tha. 'S i an tè leis a' ghruaig fhada, dhubh. A bheil sibh ga faicinn?'

Bha Rebus ga faicinn gu dearbh. Bha i na suidhe, gu ciùin agus gun uallach, an teis-meadhan muir de nigheanan eile. Bha iad uile a' cagradh is a' gàireachdaich, a' feuchainn ri aire Hazel a ghlacadh no facal no dhà de mholadh a chluinntinn bhuaipe, agus bha i na suidhe gun for a thoirt orra.

'Tha mi ga faicinn,' thuirt e.

'A bheil sibh airson bruidhinn rithe, Inspeactair?'

Bha làn fhios aige gun robh Hazel air mothachadh gun robh e ann, ged a bha i a' coimhead air falbh bhon doras. Bha fhios aige air sàillibh 's gun robh i a' coimhead anns a h-uile àite ach air an doras, fhad 's a bha na nigheanan eile uile a' coimhead a-nall bho àm gu àm, le ùidh agus iongnadh anns an rud a bha air stad a chur air a' chlas aca. Bha Hazel a' leigeil oirre nach robh, agus bha seo fhèin a' cur iongnadh air Rebus.

'Chan eil an-dràsta,' thuirt e ri Jilly Phillips. 'Tha fhios gu bheil i brònach, agus dhèanainn an gnothach na bu mhiosa a' faighneachd cheistean an-dràsta. Bha aon rud eile ann, ge-tà.'

'Seadh, Inspeactair?'

'Chan eil far-ainm air a' bhuidheann dràma a tha a'coinneachadh Dimàirt, a bheil?'

'Chan eil, cho fad 's as aithne dhomh, co-dhiù.' Thàinig greann air aodann Jilly Phillips. 'Ach, Inspeactair?'

'Seadh?'

'Chan eil sin buileach ceart agaibh. Bidh am buidheann dràma a' coinneachadh Dihaoine aig àm-bìdh; chan ann Dimàirt.'

*****

Dhràibh Rebus a-mach air geata na sgoile agus pharc e aig taobh sràid thrang. Leis a' bhuidheann dràma a' coinneachadh taobh a-staigh uairean na sgoile, dè bhiodh Suzanne a' dèanamh air Dimàirt às dèidh na sgoile, nuair a bha a pàrantan a' smaointinn gun robh i an sin? Bha sin a rèir na thuirt MacCoinnich a bha e an dùil a bha a' dèanamh air Dimàirt. Dè ma bha e ag innse nam breug? Dè an uair sin?

Chaidh bus ciar-dhonn seachad air càr Rebus gu luath. Àireamh 135, a' dèanamh a shlighe gu Sràid a' Phrionnsa. Chuir e an càr gu dol a-rithist agus lean e am bus, le fèin-mhurt Suzanne a' ruith tro inntinn. Gu h-obann, le soilleireachd ga dhalladh, chunnaic e fìrinn a' ghnothaich, agus thòisich e air a bhile a chagnadh, a' meòrachadh air dè bu chòir dha – dè b' urrainn dha – a dhèanamh.

Uill, nam fàgadh e càil na b' fhaide e, bhiodh e na bu duilghe sìon a dhèanamh mu dheidhinn. Chuir e fios gu Holmes, ag iarraidh fàbhar mòr air, agus dhràibh e a-null chun an taighe aig Sir Seumas Friseal.

Chan e a-mhàin gun robh am Frisealach na phàirt de chomann stèidhichte Dhùn Èideann – ann an dòigh b' e an comann stèidhichte. Rugadh agus thogadh e sa bhaile, fhuair e fhoghlam ann agus bha e air urram, càirdeas agus inbhe a chosnadh le obair cruaidh air a shlighe chun a' mhullaich. Bha an taigh mòr bhon naoidheamh linn deug, anns an robh a theaghlach a' fuireach, na phàirt mhòr den sgeulachd aige. Theab companaidh Sasannach a cheannach, le beachd a leagail agus flataichean ùra a thogail. Thog a' choimhearsnachd fianais an aghaidh a' chompanaidh agus bha Sir Seumas Friseal air an cuideachadh, a' ceannach an taighe agus a' dèanamh a dhachaigh ann.

Ged a thachair seo o chionn bhliadhnaichean, chluinnte fhathast an sgeulachd ann an iomadh taigh-seinnse air feadh a' bhaile. Thug Rebus sùil gheur air an taigh fhad 's a bha e a' dràibheadh tron gheata. Na bheachd-san, bha e grànda – taigh Gotaig le turaidean fuadain, cruaidh, fuar agus neo-thogarrach. Thàinig searbhant chun an dorais. Dh'inns Rebus cò e agus chaidh a thoirt a sheòmar mòr, far an robh bean Shir Seumas, a bha àrd le gruag fhada, dhorcha coltach ri a nighean, a' feitheamh.

'Tha mi duilich dragh a chur oirbh, a Bhean-uasal –' Chaidh stad a chur air Rebus le làmh ùghdarrasail, ach gàire coibhneil.

'Deborah, mas e do thoil e.' Agus dh'iarr i air Rebus suidhe.

'Mòran taing,' thuirt e. 'Tha mi duilich dragh a chur oirbh, ach–'

'Bha do theachdaireachd gu math inntinneach, Inspeactair. Nì mi rud sam bith as urrainn dhomh. Fìor chùis mhulaid a th' ann. Suzanne bhochd.'

'Bha sibh eòlach oirre, ma-thà?'

'Gu dearbh bha. Ciamar nach bitheadh? Bhiodh i a' tighinn an seo cha mhòr a h-uile Dimàirt.'

'Ò?' Bha amharas air a bhith aige gun robh seo fìor, ach bha e airson tuilleadh fhaighinn a-mach.

'Às dèidh na sgoile,' chùm a' Bhean-uasal Deborah oirre, 'bhiodh Hazel, Suzanne agus nigheanan eile a' tighinn air ais an seo. Cha bhiodh iad ann ro fhada.'

'Ach dè bhiodh iad a' dèanamh?'

Thòisich i air gàireachdaich. 'Chan eil sìon a dh'fhios agam. Dè bhios nigheanan den aois ud a' dèanamh? A' cluich chlàran? A' bruidhinn mu ghillean? A' feuchainn ri bacadh a chumail air a bhith nan inbhich?' Smaoinich i airson mionaid, 's dòcha air ais gu nuair a bha i fhèin na nighean. Choimhead Rebus air uaireadair.

Còig mionaidean gu ceithir. Bha beagan mhionaidean aige fhathast.

'An robh iad,' dh'fhaighnich e, 'dìreach a' fuireach anns an rùm aig Hazel?'

'An ìre mhath. Chan ann san t-seòmar-cadail aice, ge-tà. Tha seann sheòmar-cluiche shuas an staidhre. Bidh Hazel ga chleachdadh mar sheòrsa de den.'

Dh'aom Rebus a cheann. 'Am faod mi fhaicinn?'

Thàinig coltas air a' Bhean-uasal Deborah nach robh i a' tuigsinn. 'Gu dearbh, ach chan eil fhios a'm –'

'Bheireadh e dhomh,' thuirt Rebus, 'sealladh nas fheàrr air beatha Suzanne.'

'Seadh,' thuirt a' Bhean-uasal, ach cha robh i buileach cinnteach. Thug i Rebus a-steach do sheòmar beag, mì-sgiobalta a bh' aig a' cheann shuas de thrannsa fhada. Bha na cùirtearan dùinte. Chuir Deborah air na solais.

'Chan eil Hazel a' leigeil na searbhant a-steach an seo,' thuirt i, mar leisgeul airson a' bhùraich. 'Rùintean-dìomhair air choreigin, tha mi cinnteach,' chagair i.

Cha robh teagamh sam bith aig Rebus mun seo. Bha dà shòfa ann, irisean dheugairean agus botail pop air feadh an ùrlair, soitheach-luaithre làn (dha nach tug a' Bhean-uasal Deborah feart sam bith), inneal-ciùil ri aon bhalla agus deasg ris a' bhalla eile, le coimpiutair, an sgrion laiste, ach gun sìon air.

'Cha bhi i uair sam bith a' cuimhneachadh an rud sin a chur dheth,' thuirt a' Bhean-uasal Deborah. Bha Rebus a' cluinntinn a' fòn a' seirm shìos an staidhre. Fhreagair an t-searbhant agus dh'èigh i ris a' Bhean-uasal Deborah.

'Gabh mo leisgeul, Inspeactair.'

Chrom Rebus a cheann rithe fhad 's a dh'fhàg i an seòmar. Bha an t-uaireadair aige a' sealltainn ceithir uairean. 'S e Holmes a bhiodh air a' fòn, mar a bha Rebus air a chur air dòigh. Bha Rebus air a ràdh ris leigeil air gur e duine sam bith a bh' ann, fhad 's a chumadh e a' Bhean-uasal air a' fòn airson còig mionaidean. Bha Holmes fhèin air innse dha gun leigeadh e air gun robh e bho iris air choreigin a' sireadh bheachdan airson aithris. Thàinig fiamh a' ghàire air Rebus. Chumadh dìomhanas A' Bhean-uasal Deborah a' bruidhinn ri neach-naidheachd airson còig mionaidean, 's dòcha nas fhaide.

Ach a dh'aindeoin sin, cha robh mòran ùine aige. Bha e an dùil gum biodh aige ri tòrr rùrachd a dhèanamh, ach bha e follaiseach dha tòiseachadh leis a' choimpiutair. Bha clàran ann am bogsa ri taobh an sgrion. Choimhead e orra gus an do ràinig e aon chlàr le

'Clàr CFU' sgrìobhte air. Cha robh teagamh sam bith ann. Chuir e an clàr don choimpiutair, agus choimhead e air an sgrion fhad 's a nochd na faidhlichean. Bha e air fiosrachadh Club nam Fear-uasal a lorg.

Leugh e gu luath. Chan e gun robh mòran ann ri leughadh. Feumaidh buill frithealadh gach seachdain, aig ceithir uairean Dimàirt. Feumaidh taidh a bhith orra. (Choimhead Rebus gu luath ann an drathair an deasg agus lorg e còig taidhean. Bha e gan aithneachadh bho chlubaichean air feadh a' bhaile: Strath Spè, Club Goilf Fhoirthe, Club Fhionnlaigh. Air an goid bho athraichean nan nighean, agus air an cur orra airson club a stèidhich iad airson a bhith a' magadh orra.)

Ann am faidhle leis an ainm 'Euchdan Club nam Fear-uasal', chunnaic Rebus liostan de mhèirlean beaga, de dh'eucoirean agus de bhreugan. Bha na buill air rudan a ghoid à bùthan, cleasan a chluich air tidsearan agus sgoilearan, agus air a bhith, uile gu lèir, ri cron.

Bha ainm Suzanne mu choinneamh iomadh 'euchd', nam measg ag innse breug dha pàrantan mu na bha i a' dèanamh gach Dimàirt às dèidh na sgoile. Ochd air fhichead euchd air fad. Bha deich air fhichead sgrìobhte aig bonn na liosta aig Hazel Fhriseal, ged nach robh Rebus a' faicinn ach naoi air fhichead air an sgrion. Agus ann am faidhle air leth, Clàr-gnothaich airson coinneamh na seachdain sa fhèin, cha robh ach aon phuing: 'A bheil Fèin-mhurt ceadaichte mar Euchd Club nam Fear-uasal?'

Chuala Rebus ceumannan air a chùlaibh. Thionndaidh e, ach cha b' e a' Bhean-uasal Deborah a bh' ann. B' e Hazel Fhriseal a bh' ann. Choimhead i seachad air chun na sgrion, le eagal is ana-creideas an toiseach, ach an uair sin le fuath.

'Hallò, Hazel.'

'Thus' am poileasman,' thuirt i ann an guth sèimh. 'Chunnaic mi aig an sgoil thu.'

'Tha sin ceart.' Choimhead Rebus oirre gu geur is i a' tighinn a-steach don t-seòmar. Bha i calma gun teagamh. Sin mar a bha nigheanan Hawthornden. Cruaidh agus fuar, gach tè coltach ri a h-athair. 'A bheil farmad agad rithe?'

'Cò ris? Suzanne?' Thàinig gàire nimheil air a h-aodann.

'Carson a bhitheadh?'

'Air sàillibh,' fhreagair Rebus, 'gun do choilean Suzanne an euchd a b' àirde. Rinn i an gnothach ort an turas seo.'

'A bheil thu a' smaoineachadh gur ann airson sin a rinn i e?' Bha Hazel toilichte aiste fhèin. Chrath Rebus a cheann agus dh'fhàg cuid de a misneachd i.

'Tha làn fhios agam carson a rinn i e, Hazel. Rinn i e air sàillibh gun d' fhuair i a-mach mu dheidhinn a h-athar agus tu fhèin. Dh'inns thu fhèin dhi. Chunnaic mi gun robh e ro chudromach airson a sgrìobhadh air a' choimpiutair, ach tha thu air a chunntas, nach eil? Mar euchd. Tha mi a' creidsinn gun robh sibh ag argamaid, co-fharpaiseil mar a b' àbhaist. Agus thàinig e a-mach gun fhiosta dhut. Dh'inns thu do Shuzanne gur tu leannan a h-athar.'

Thàinig rudhadh dorcha na gruaidhean, agus dh'fhalbh an dath às na bilean aice. Ach cha robh e coltach gun robh i a' dol a bhruidhinn, agus mar sin chùm Rebus air.

'Bhiodh tu a' coinneachadh ris aig tràth-lòin. Cha b' urrainn dhuibh coinneachadh faisg air Hawthornden. Bhiodh sin ro chunnartach. Ghabhadh tu am bus gu Murrayfield. Chan eil e ach deich mionaidean air falbh. Bhiodh e a' feitheamh sa chàr aige.

Dh'inns thu seo do Shuzanne agus cha b' urrainn dhi cur suas ris an fhiosrachadh. Agus chuir i às dhi fhèin.' Bha an caothach air Rebus a-nis. 'Agus chan eil sìon air d' inntinn ach a bhith a' sgrìobhadh mu a deidhinn anns na faidhlichean agad agus a' deasbad a bheil fèin-mhurt na "euchd".' Bha a ghuth air èirigh agus cha mhòr gun tug e an aire gun robh a' Bhean-uasal Deborah na seasamh aig an doras, a' coimhead orra gu neo-chreidsinneach.

'Chan ann mar sin a bha e idir!' dh'èigh Hazel. 'Rinn ise an aon rud còmhla ri m' athair-sa! Cha robh mise ach gar dèanamh co-ionann. 'S e sin an rud nach b' urrainn dhi cur suas ris. 'S ann airson sin –'

An uair sin thachair e. Thuit guailnean Hazel agus, a sùilean a' dùnadh, thòisich i air caoineadh, gu sàmhach an toiseach, ach an uair sin le ràin mhòra. Ruith a màthair thuice airson cofhurtachd a thoirt dhi, agus dh'iarr i air Rebus falbh. Nach robh e a' faicinn na bha an nighean a' fulang? Phàigheadh e, thuirt i. Phàigheadh e airson an nighean aice a chur troimh-a-chèile. Ach bha ise i fhèin a' caoineadh, a' caoineadh coltach ri Hazel, a' mhàthair agus an nighean. Cha robh sìon air fhàgail aig Rebus ri ràdh, is mar sin, dh'fhàg e.

A' dol sìos an staidhre, dh'fheuch e gun smaoineachadh air na bha e air a leigeil mu sgaoil. Dà theaghlach air am briseadh a-nis an àite aon, agus carson? Airson a dhearbhadh, mar a bha fios aige riamh, nach robh aodann snog mar shamhla air deagh anam, agus gun robh spiorad co-fharpaiseil fhathast beò ann am foghlam cliùiteach Alba. Chuir e a làmhan am pòcannan a sheacaid gu domhainn, dh'fhairich e rudeigin an sin agus dhragh e a-mach am pìos pàipeir aig Suzanne. Am pìos pàipeir a bha i air fhàgail na chnap sa bhiona, steigeach air aon taobh. Stad e letheach-slighe sìos an staidhre, a' coimhead gu dlùth air a' phìos pàipeir gun a bhith ga fhaicinn ceart. Bha e a' faicinn na inntinn rudeigin eile, rudeigin cha mhòr ro oillteil, ro uabhasach.

Ach a dh'aindeoin sin, bha e ga chreidsinn.

*****

122

Cha robh dùil aig Tòmas MacCoinnich gum faiceadh e Rebus a-rithist cho luath. Bha a bhean air a dhol a dh'fhuireach còmhla ri a piuthar air taobh eile a' bhaile. Bha an corp a-nis air a thoirt air falbh, mar a shaoileadh tu, agus an seòmar-nighe air a ghlanadh. Bha MacCoinnich air a sheacaid 's a thaidh a thoirt dheth agus bha muilchinnean a lèine truiste. Bha speuclairean air, agus bha peann na làimh nuair a dh'fhosgail e an doras do Rebus.

Anns an t-seòmar-suidhe, bha coltas gun robh MacCoinnich air a bhith ag obair. Bha pàipearan sgapte air uachdar deasg-sgrìobhaidh, baga phàipearan fosgailte air an ùrlar. Bha àireamhair air an t-sèithear, ri taobh fòn.

'Tha mi duilich dragh a chur ort a-rithist,' thuirt Rebus, a' toirt an aire dhan t-suidheachadh. Bha MacCoinnich air sòbarrachadh bho mhadainn. Bha e nas coltaiche a-nis ri fear-gnothaich na bha e ri athair a bha a' caoidh a phàiste.

Bha MacCoinnich air aithneachadh gum biodh an suidheachadh caran neònach le Rebus.

'Feumaidh mi mi fhìn a chumail trang,' thuirt e. 'M' inntinn a chur gu feum, bheil fhios agad. Chan urrainn dhuinn stad a chur air ar beatha airson...' Dh'fhàs e sàmhach.

'Dìreach,' thuirt Rebus, a' suidhe air an t-sòfa. Chuir e a làmh na phòca. 'Bha mi a' smaointinn gum biodh tu airson seo fhaicinn.' Shìn e am pìos pàipeir gu MacCoinnich, a thog bho làmh Rebus e agus a thug sùil air. Choimhead Rebus gu geur air, agus chlisg MacCoinnich, a' feuchainn ri thoirt air ais do Rebus.

'Nach cùm thu fhèin agad e,' thuirt Rebus.

'Carson?'

'Cumaidh e nad chuimhne gu sìorraidh,' thuirt Rebus, a ghuth fuar agus rèidh, 'gun robh e comasach dhut do nighean a shàbhaladh.'

Ghabh MacCoinnich uabhas. 'Gu dè tha thu a' ciallachadh?'

'Tha mi a' ciallachadh,' thuirt Rebus, a ghuth fhathast gun fhaireachdainn, 'nach robh Suzanne airson cur às dhi fhèin; cha robh dha-rìribh. Cha robh i ach airson d' aire a tharraing, airson do chlisgeadh gus rudeigin … chan eil fhios a'm, gus rudeigin a dhèanamh. Mar fhreagairt air dè bha air tachairt.'

Ghluais MacCoinnich air a shocair gus an robh e na shuidhe air cliathaich an t-sèithir.

'Mar fhreagairt,' chùm Rebus air. 'Tha an abairt sin cho math ri tè sam bith eile. Bha làn fhios aig Suzanne cuin a bhiodh tu ag èirigh sa mhadainn. Cha robh i gòrach. Gheàrr i a cuislean, a' fàgail ùine gu leòr airson 's gum b' urrainn dhut a sàbhaladh. Bha i gu math dèidheil air dràma cuideachd, nach robh? Chuir i an teachdaireachd air an doras. Chunnaic thu am pìos pàipeir agus choisich thu a-steach don t-seòmar-nighe. Agus cha robh i marbh, an robh?'

Bha MacCoinnich air a shùilean a dhùnadh. Bha a bheul fosgailte, fhiaclan còmhla is e a' cuimhneachadh.

'Cha robh i marbh,' lean Rebus air. 'Cha robh buileach. Agus bha làn fhios agad carson a bha i air seo a dhèanamh. Bha i air innse dhut. Mura robh thu a' dol a sgur a dh'fhalbh le Hazel, mura robh thu a' dol a dh'aideachadh ri a màthair. 'S dòcha gun robh tòrr a bharrachd iarrtasan aice, a Mhgr MhicCoinnich. Cha robh deagh chàirdeas riamh eadaraibh, an robh? Cha robh fhios agad dè dhèanadh tu, an robh? Stad thu airson mionaid. Dh'fhan thu.'

Bha Rebus air èirigh às an t-sèithear a-nis. Bha a ghuth air èirigh cuideachd. Bha deòir a' sruthadh sìos aodann MhicCoinnich, a bhodhaig air chrith. Ach cha tàinig stad air Rebus.

'Choisich thu mun cuairt airson greis, choisich thu dhan t-seòmar-cadail aice. Chaith thu am pìos pàipeir dhan bhiona. Agus mu dheireadh thall, mu dheireadh thall, thog thu a' fòn.'

'Bha e ro fhadalach mu thràth,' dh'èigh MacCoinnich le ràn. 'Cha b' urrainn do dhuine a bhith air a sàbhaladh.'

'Dh'fhaodadh iad a bhith air feuchainn!' Bha Rebus fhèin ag èigheach a-nis, ag èigheach faisg air aodann MhicCoinnich.

'Dh'fhaodadh tu fhèin a bhith air feuchainn, ach cha do dh'fheuch. Bha thu airson do rùn-dìomhair a chumail agad fhèin.

Ach, a dhuine, tha e mu sgaoil a-nis.' Bha na facail mu dheireadh seo fo chuideam na feirg mu dheireadh aig Rebus, agus an fhearg sin a' nis a' tràghadh. Thionndaidh e gus coiseachd air falbh.

'Dè nì thu a-nis?' thuirt MacCoinnich le osna.

'Dè as urrainn dhomh a dhèanamh?' fhreagair Rebus gu socair. 'Chan eil mi a' dol a dhèanamh sìon, a Mhgr MhicCoinnich. Chan eil mi ach a' dol gad fhàgail airson cumail ort leis a' chòrr ded bheatha.' Stad e airson mionaid. 'Tha mi an dòchas gun còrd e riut,' thuirt e, a' dùnadh doras an t-seòmair-suidhe air a chùlaibh.

Sheas e air leac an dorais a-rithist, air chrith, a chridhe a' bualadh gu trom. Ann an cùis fèin-mhuirt, cò bu choireach? Cò bu mhotha a bha a' fulang? Cha robh freagairt aige fhathast dhan cheist. Bha teagamh aige am faigheadh e gu bràth freagairt. Chunnaic e air an uaireadair aige gun robh e còig mionaidean gu còig. Bha e eòlach air taigh-seinnse faisg air làimh, àite sàmhach làn dhaoine a bhiodh ri còmhradh agus feallsanachd, àite far nach tachradh mòran agus far an robh na glainneachan fialaidh. Bha e an dùil aon deoch a ghabhail, 's dòcha a dhà air a' char bu mhotha. Thogadh e a ghlainne gu sàmhach: do na caileagan.

6

 **FREAGAIRT CEÀRR**

Cuir a' choire air foighidinn no, mar a chanas an fheadhainn a tha titheach air na cairtean, patience.

Foighidinn, tuiteamas no rud a bha an dàn. Is coingeis leinn: nuair a thàinig Grace Gallagher a-nuas an staidhre a' mhadainn ud, shuidh i aig a' bhòrd le cupa tì làidir (dhèanadh na bh' air fhàgail de bhainne anns a' frids an gnothach airson cupa eile), agus bha i a' sìor choimhead air paca chairtean-cluiche. Lìon i a sgamhain le toit siogarait agus dh'fhairich i a cridhe a' bualadh na bu luaithe is bha a' bhlàth sin oirre. B' e seo an toitean a bha a' còrdadh rithe gu mòr. Bha smocadh air a thoirmeasg agus Seòras air a chois, agus b' esan an dearbh fhear a bha air a chois a' chuid bu mhotha dhen a h-uile latha dhe beatha. Bhiodh an toit ga chur troimh-a-chèile, chanadh e. Dh'atharraicheadh e a bheul gus an tigeadh blas neònach air biadh sam bith a bhiodh e ag ithe. Dhèanadh an toit diogladh air a chuinnean agus thòisicheadh e air sreathartaich is casadaich. Dh'fhaodadh Seòras a bhith air an leabhar air hypochondria a sgrìobhadh.

Mar sin, bha smocadh air a chrosadh am bad sam bith dhen taigh cho luath 's a bhiodh Seòras air a chois. Sin an t-adhbhar a bha uiread de thlachd aig Grace dhan phoile a bhiodh i leatha fhèin, poile eadar cairteal an dèidh seachd agus cairteal gu h-ochd sa mhadainn. Rè an dà fhichead bliadhna a bha iad air a bhith pòsta, bhiodh Grace an-còmhnaidh a' dùsgadh leth-uair mus biodh an duine aice na dhùisg. Shuidheadh i aig a' bhòrd le siogarait agus cupa tì gus an cluinneadh i clàr ùrlair anns an t-seòmar-cadail a' dìosgail cho luath 's a chuireadh esan a chasan air an làr air an taobh aigesan dhen leabaidh. Bha an aon sgiamh air a bhith aig a' chlàr ùrlair ud bhon a' chiad latha a ghluais iad a-steach do 26 Gillan Drive, agus bha còrr is deich bliadhna fichead bhon uair sin. Gheall Seòras gun cuireadh e an làr air dòigh, ach an-diugh cha robh de chomas aige na chuireadh tì is tost air dòigh.

Chuir Grace crìoch air an t-siogarait agus sheall i air na cairtean-cluiche. Bha iad air a bhith a' cluich whist is rummy an oidhche roimhe, air geall sgillinn gach geama. Agus cleas na h-àbhaist chaill Grace a' chluiche. Bha gràin an uilc aig Seòras air call. Mura rachadh leis ann an geama, bhiodh stùirc air a mhaireadh fad an ath latha, agus mar sin, los gum biodh an saoghal aice rud beag na b' fhasa, leigeadh Grace leis an gnothach a dhèanamh oirre, is i a' tilgeil air falbh chairtean a bhiodh feumail dhi, agus a' caitheamh gun dragh feadhainn a bha gu fìor luachmhor dhi fhèin. Bhiodh Seòras a' mothachadh dhan seo aig amannan agus bhiodh e tric a' magadh oirre airson cho tiugh 's a bha i sa cheann. Ach na bu trice bhiodh e a' bualadh nam bas ri chèile nuair a bhuannaicheadh e, is na corragan aige mar na boiteagan, trang a' trusadh nam bonn far a' bhùird.

A-nis bha Grace a' fosgladh a' phaca chairtean, is i gam measgachadh is gan cur a-mach deiseil airson geama patience, geama a shoirbhich leatha gu furasta. Chuir i na cairtean a-rithist air feadh a chèile. Dh'fheuch i geama eile, agus bhuannaich i a-rithist. Nach ann dhi fhèin a rinneadh a' mhadainn seo! Thòisich i air an treas geama, agus aon uair eile shìn na cairtean a-mach anns an òrdugh cheart, gus an robh mu dheireadh ceithir pìlean grinn air a beulaibh, dubh air dearg, dubh air dearg, fad an t-sreatha

128

bhon Rìgh gu Aon. Letheach slighe anns a' cheathramh cuairt, is i cinnteach gun soirbhicheadh leatha, rinn an clàr-ùrlair dìosgan, chuala i Seòras ag èigheach oirre, agus b' e sin toiseach a latha – an latha dha-rìribh aice. Rinn i tì (siud an deur mu dheireadh dhen bhainne) is sliseag tost, is thug i e suas gu Seòras a bha san leabaidh. Bha e air a bhith san taigh-bheag agus bha e a-nis air a dhol air ais innte fo na plaideachan.

'Tha cràdh nam chois an-diugh,' thuirt e. Bha Grace na tost a chionn 's nach robh dad às ùr a b' urrainn dhi a ràdh ris mun seo. Chuir i an treidhe sìos air an leabaidh agus dh'fhosgail i na cùirtearan. Bha teas bruthainneach anns an rùm, ach eadhon ann an teis-meadhan an t-samhraidh, chan fhuilingeadh e uinneag a bhith fosgailte. Bhiodh e a' cur na coire air cho grod 's a bha an èadhar, am puinnsean a bha anns na frasan uisge agus san toit a thigeadh à pìoban-einnsein nan carbad. Bhiodh iad a' milleadh nan sgamhan aige, ga fhàgail leis an t-sac is cion analach. Choimhead Grace a-mach air an t-sràid. Air taobh thall na sràide, bha coltas air na taighean, 's iad uile mar an dachaigh aice fhèin, gun robh iad a' teannadh ri seargadh mar-thà fa chomhair cho àbhaisteach 's a bha an latha. Ach air an taobh a-staigh dhith, a dh'aindeoin a h-uile sìon, samh goirt an t-seòmair, anail throm a' bhodaich a bha gun nighe gun bhearradh fhathast, slupraich na tì, agus teas glas na maidne, bha Grace a' faireachdainn rudeigin a-mach às an àbhaist. Nach do shoirbhich leatha aig patience? Nach do bhuannaich i a h-uile turas a dh'fheuch i? Shaoil i gur e comharra a bha sin gun robh saoghal gu math dòchasach roimhpe.

'Thèid mi a dh'iarraidh a' phàipeir,' thuirt i.

Bu toigh le Seòras Gallagher a bhith a' dèanamh sgrùdadh air na h-eich. Bhiodh e a' rannsachadh gu mionaideach anns a' phàipear-naidheachd, agus bhiodh e a' dèanamh tàire air beachdan nan sgrìobhadair-rèisean, agus chruthaicheadh e superyankee – còig eich a bheireadh, nam buannaicheadh iad, saoghal bràth de dh'airgead dhaibh. Rachadh Grace do bhùth an luchd-iomairt air an t-Sràid Àird agus bheireadh i seachad a' bhileag a sgrìobh Seòras còmhla ris an airgead – cha bu mhotha e na not gu leth gach latha – agus rachadh i dhachaigh a dh'èisteachd ris an aithris air an rèidio far an cluinneadh i nach deach gu math leis na h-eich a thagh Seòras, ged a bha prothaid reusanta ri fhaighinn às roghainnean nan sgrìobhadairean. 'S e am bonn a bh' aig Seòras gun robh eòlas àraidh aige fhèin – 'eòlas falaichte bhon t-sluagh' mar a chanadh e fhèin. A bhàrr air a sin, 's e slaightearan a bh' ann an comhairlichean rèisean nan each, nach e? Chan urrainn dhut earbsa a bhith agad annta. Cha robh ann an Grace ach òinseach chraite ma bha i dhen bharail gun robh iad airidh air an dòchas a bha i a' cur annta. Gu math tric thigeadh fear dhe na h-eich a thagh Seòras a-steach anns an dara no san treas àite, ach a dh'aindeoin cho dùrachdach 's a dh'fheuchadh i ri comhairle a thoirt dha, dhiùlt e gu tur geall a chur air each a bhiodh anns a' chiad trì. 'S e bha dhìth air ach a' chiad duais gu h-iomlan a chosnadh, air neo gun dad idir a bhith aige.

'Cha bhuannaich thu fortan, ma tha thu a' caomhnadh air a' gheall,' chanadh e.

Dhèanadh Grace gàire gun mhire nuair a chluinneadh i siud: cha do bhuannaich sinn sgillinn ruadh riamh.

Bhiodh Seòras a' gabhail an iongnaidh aig amannan a thaobh cho fada 's a bha a bhean a' toirt air am pàipear fhaighinn. Cha toireadh tu ach mu dheich mionaidean, aig a' char a b' fhaide a' coiseachd dhan bhùthaidh, ach bhiodh Grace air falbh còrr is uair a thìde san àbhaist. Ach an-còmhnaidh bhiodh leisgeul air choreigin aice: nàbaidh a choinnich rithe air an t-slighe agus a chùm i a' cabadaich, sluagh mòr anns a' bhùthaidh, nach robh na pàipearan air tighinn agus gum b' fheudar dhi coiseachd dhan bhùthaidh eile na b' fhaide shìos an rathad ...

'B' e an fhìrinn, gun robh Grace a' toirt a' phàipeir gu Lossie Park, far an suidheadh i, nan ceadaicheadh an aimsir dhi, air beinge. Le peann (a fhuair i an asgaidh am broinn iris bhoireannach agus a bha i air ath-lìonadh dà thuras) thòisicheadh i air tòimhseachan-tarsainn an latha a lìonadh. An toiseach, theannadh i a' lìonadh an fheadhainn a bha furasta no 'sgiobalta', ach mar a bha na bliadhnaichean a' dol seachad 's ann a bu dàine agus a bu ghleusta a bha i a' fàs. Mar sin, bha de chridhe aice a dhol gu na tòimhseachain-tarsainn ris an canadh iad crioptaig. Gu math tric chuireadh i crìoch orra gu lèir, agus aig amannan eile bhiodh tè no dhà dhe na ceistean nan cnapan-starra agus bhiodh i a' beachdachadh orra fad an latha às an dèidh. Cha tug Seòras riamh an aire gun robh i air a bhith ag obair air na tòimhseachain, is e fhèin cho dìleas dha na duilleagan spòrs. A thaobh naidheachdan, chanadh e gum faigheadh esan na bha dhìth air bhon telebhisean no bhon rèidio, ach thug Grace an aire gum biodh e a' dol a chadal nuair a bhiodh na naidheachdan air an telebhisean, agus b' ann uair ainneamh a dh'èisteadh e ris an rèidio.

Ma bha an t-sìde mosach, shuidheadh Grace air beinge far an robh fasgadh, agus b' ann an sin, bho chionn bliadhna no dhà, a choinnich i ri duine-uasal a bha mun aon aois rithe fhèin ('s e sin ri ràdh gun robh e ochd no naoi bliadhna na b' òige na Seòras). Bhuineadh e dhan sgìre, agus 's e banntrach a bh' ann. 'S e Jim Malcolm a b' ainm dha. Bhiodh iad a' còmhradh gun teagamh, ach a' chuid bu mhotha dhen ùine cha bhiodh iad ach a' coimhead air na bha a' tachairt sa phàirc fhèin: bhiodh iad a' coimhead nam màthraichean le pramaichean, gillean le coin, geamannan ball-coise, càraid-suirghe a' dol far a chèile, agus bu choma dè cho tràth sa mhadainn 's a bhiodh e, corra neach ga dhalladh. A h-uile latha bhiodh iad a' coinneachadh aig aon bheinge no beinge eile, agus ma b' fhìor thigeadh iad tarsainn air a chèile mar nach biodh ann ach tuiteamas. Thachradh iad ri chèile cuideachd air an t-sràid no anns a' bhùthaidh, ach cha b' ann a dh'aona ghnothaich.

Agus an uair sin, bho chionn a dhà no trì sheachdainean, as t-earrach, nuair a bha i na seasamh ann am bùth a' bhùidseir, chuala Grace mu bhàs Jim Malcolm. Nuair a ràinig i an cuntair, dh'òrdaich i leth-phunnd dhen mhairtfheòil phronn a b' fheàrr a bh' aige an àite an stuth shaoir a b' àbhaist dhi bhith a' ceannach. Chuir seo mòr iongnadh air a' bhùidsear.

"An e oidhche shònraichte a tha gus bhith agaibh, a Mhrs Gallagher?'

'Cha chanainn sin idir,' thuirt Grace ann an guth solta. An oidhche sin, bha Seòras an dèidh am biadh cosgail ithe gun smid a ràdh.

An-diugh chuir i crìoch air an tòimhseachan-tarsainn na bu luaithe na rinn i riamh. Cha b' ann air sgàth gun robh na ceistean dad na b' fhasa na bha iad roimhe: 's e bh' ann gun do shaoil i gun robh a h-inntinn ag obair na bu luaithe, is i air ghleus gu bhith a' glacadh gach sanas àraidh agus gach anagram. Ar leatha gum faodadh i rud sam bith a dhèanamh air latha mar seo. Rud sam bith. Bha a' ghrian a bha fo iarmailt sgòthach a' tighinn ris. Dhùin i am pàipear, phaisg i e na baga còmhla ris a' pheann agus dh'èirich i. Cha robh i air a bhith anns a' phàirc ach deich mionaidean. Nan tilleadh i dhachaigh cho tràth seo, bhiodh Seòras 's dòcha ga ceasnachadh. Mar sin, an àite a dhol dhachaigh sa bhad, choisich i gu slaodach, màirnealach timcheall nan raointean-cluiche, agus na smuaintean aice a' cnuasachadh air patience, air tòimhseachain-tarsainn, is clàr-ùrlair a bhiodh a' dìosgail, agus mòran a bharrachd cuideachd.

Cuiridh sinn a' choire air Patience.

Bha DI John Rebus air a bhith eòlach air an Dotair Patience Aitken fad deannan bhliadhnaichean, agus cha deach aige riamh air fàbhar a dhiùltadh dhi. Shaoil Rebus gur e boireannach caran coltach ri Patience a mholadh a phàrantan dha, nam biodh iad beò, airson a pòsadh; 's e sin nam biodh e singilte.

Agus b' e sin a chor – a bhith singilte – ann an dòigh a chionn 's gun robh am pòsadh aige air sgaradh a-nis. Nuair a fhuair Patience a-mach le cinnt gun robh am pòsadh aige dha-rìribh air a dhol ceàrr, thug i fiathachadh do Rebus chun an taighe aice, àite-còmhnaidh a bha fada na bu mhotha na bha dùil aige, a ghabhail, mar a chanadh i fhèin, 'diathad'. Bha iad ann an teis-meadhan bonnach pastraidh làn mheasan, a rinn i fhèin, nuair a dh'aidich Patience ri Rebus nach robh drathais bheag oirre idir. Chan ann bòidheach ach deònach a bha mo laochag. Cò am fear a dhiùltadh fàbhar a dhèanamh dha leithid? Cha dhiùltadh John Rebus co-dhiù. Agus air sàillibh a ghealladh a choileanadh, seo Rebus a-nis na sheasamh air staran 26 Gillan Drive, 's e an impis e fhèin a chur ann am meadhan teaghlaich a bha a' caoidh.

Chan e gun robh dad prìobhaideach mu bhàs, gu h-àraidh anns a' cheàrn seo de dh'Alba, no ann am bad sam bith ann an Alba. Bhiodh cùirtearan gan crathadh aig uinneagan timcheall air an taigh-fhaire, bhiodh daoine a' sainnsireachd ann an gàrraidhean, agus cha robh a' ghleadhraich bho na telebhiseanan, gu h-àraidh na rannaghalan leibideach air an robh an luchd-reic cho dèidheil, agus an èigheach gun chiall a bha ceangailte ri geamannan nan duais, idir cho àrd ris an àbhaist.

Bha Gillan Drive ann an ceàrnaidh àbhaisteach ann an ceann an ear-dheas Dhùn Eideann agus bhuineadh a' mhòr-chuid dhe na daoine a bha a' fuireach an sin nan luchd-ciùird. Bha an sgìre air crìonadh rud beag, ach bha fàileadh na pròise fhathast ri fhaireachdainn. Bha na gàrraidhean air an sgioblachadh gu grinn, na glasaichean air an gearradh gu dlùth, agus bha na càraichean, a bh' air an dinneadh a-steach bus ri màs ris a' chabhsair, uile sean – dh'aithnicheadh tu sin leis na bh' ann de phleitean-clàraidh le W agus X orra – ach bha gleans air a h-uile gin dhiubh gun òirleach meirg ri fhaicinn. Ghabh Rebus seo a-steach air a' mhionaid. Ann an sgìre mar seo bha bròn air a cho-roinn.

Dh'fheumadh a h-uile duine beagan dhen chràdh fhulang. A dh'aindeoin sin chuir rudeigin bacadh air Rebus dìreach nuair a bha e an impis gnogadh air an doras. Cha robh Patience Aitken air a bhith cinnteach no dearbhte idir. Sin bu choireach gun do dh'fhaighnich i dha an dèanadh e fàbhar dhi, seach a dhol an sàs sa ghnothach gu h-oifigeil.

'Tha mi a' ciallachadh,' thuirt i ri Rebus air a' fòn, 'tha Seòras

Gallagher air a bhith a' tighinn an tòir air leigheas bhuam an dràsta 's a-rithist – an-dràsta na bu trice na a-rithist – bho chionn bhliadhnaichean, agus 's e beri-beri agus elephantiasis na h-aon ghalaran nach robh air, na bharail fhèin, agus b' e an t-adhbhar nach do dh'fhuiling e leotha sin nach tugadh iomradh orra air

'Duilleag an Dotair san *Sunday Post*.'

Rinn Rebus gàire. Bha gràin aig a h-uile dotair san rìoghachd air madainn Diluain nuair a thigeadh daoine nan dròbhan a-steach dhan leigh-lann 's iad mionnaichte gun robh iad an uchd a' bhàis a chionn 's gu bheil a h-uile comharra orra de ghalar mun do leugh iad madainn na Sàbaid anns a' *Phost*. Bu bheag an t-iongnadh gun robh am pàipear-naidheachd air a stèidheachadh gu mòr ann an inntinn an t-sluaigh.

'Agus fad na h-ùine sin,' bha Patience Aitken ag ràdh, 'tha Grace air a bhith ri taobh na leapa aige. Bha i cho foighidneach an-còmhnaidh, bha i daonnan a' coimhead às a dhèidh. 'S e aingeal a tha sa bhoireannach.'

'Gu dè a-nist tha ceàrr?' Bha Rebus, chan ann a-mhàin ag altramas a' fòn, ach muga cofaidh dubh cuideachd air sàillibh ceann goirt còmhla ris a' chòrr. (Cofaidh dubh a chionn 's gun robh e a' feuchainn ri bhith a' caomhnadh air biadh, agus an ceann goirt airson caran an aon adhbhar.)

''S e tha ceàrr gun do thuit Seòras sìos an staidhre an-diugh sa mhadainn. Tha e marbh.'

'Duilich sin a chluinntinn.'

Bha sàmhchair air ceann eile na loidhne.

'Mar tha mise a' tuigsinn a' ghnothaich,' thuirt Rebus, 'chan eil thu a' dol leam idir.'

''S e bodach greannach a bh' ann an Seòras Gallagher, an dèidh dha bhith na dhuine searbh nuair bha e na b' òige agus roimhe sin na dheugaire làn dhen cheacharrachd. Cha chreid mi gun cuala mi facal modhail a' tighinn às a bheul riamh, na idir 'mas e do thoil e' no 'tapadh leat'.

'Taghta,' thuirt Rebus. 'Carson ma tha nach dèan sinn gàirdeachas gun do chaochail e?'

Sàmhchair a-rithist.

Leig Rebus osna agus shuath e dà thaobh a chinn. 'Siuthad, a-mach leis,' dh'òrdaich e.

'Mas fhìor, thuit e sìos an staidhre,' thuirt Patience Aiken. 'Gun teagamh bhiodh e a' tighinn a-nuas feasgar, aig amannan bhiodh e a' coimhead rèisean nan each air an telebhisean, 's aig amannan eile cha bhiodh e ach a' coimhead air ballachan diofraichte bhon fheadhainn anns an t-seòmar-cadail. Ach thuit e mu aon uair deug, caran tràth dha…'

'Agus tha thusa dhen bheachd gun deach a phutadh?' Dh'fheuch Rebus ris an t-amharas a bha anns na briathran aige a chleith.

Thug ise dha eadar am beul is an t-sròn e. 'Tha. Sin mo bharail.'

'Agus 's e an t-aingeal a chuir suas ris fad na tìde a rinn e?'

'Tha sin ceart.'

'OK, a Dhotair, inns dhomh an fhianais mheadaigeach th' agad a thaobh seo.'

'Uill, tha an staidhre glè chumhang, gu math cas, agus tha còrr is deich steapaichean innte. Nam biodh timcheall air trì chlachan deug annad, agus nam biodh tu air tuisleachadh aig an fhìor mhullach, bhiodh do bhodhaig a' bualadh anns na ballachan is tu a' tuiteam an comhair do chinn. Nach bitheadh?'

'Ma dh'fhaodte.'

'Agus bhiodh tu a' feuchainn ri greimeachadh ri rud sam bith mar a bha thu a' tuiteam airson stad a chur ort fhèin. Tha rèile air fear dhe na ballachan. Bha iad a' feitheamh gus an tigeadh luchd-obrach na comhairle a chur rèile a bharrachd air an taobh eile.'

'Ach bhiodh tu a' sìneadh a-mach do làmhan 's tu a' feuchainn ri grèim fhaighinn air rudeigin, gabhaidh mi ri sin.' Thràigh Rebus am balgam mu dheireadh dhen chofaidh gheur, dhubh agus choimhead e air a' chàrn phàipearan a bha a' feitheamh san treidhe aige.

'Uill, bhiodh patan air do chorp, nach bitheadh?' thuirt Patience

Aitken. 'Bhiodh damaiste air do ghlùinean is air d' uilinnean; bhiodh strìochdan air na ballachan far an robh thu a' greimeachadh riutha.'

Bha fhios aig Rebus nach robh i ach a' beachdachadh, ach cha b' urrainn dha a dhol às aicheadh na bh' aice thuige seo. 'Siuthad,' thuirt e. 'Cùm ort.'

'Tha comharran air Seòras Gallagher dìreach mun cheann air sgàth gun do bhuail e an làr aig bonn na staidhre. Chaidh amhach a bhriseadh. Cha robh patan no gearradh air a bhodhaig no strìochdan air a' bhalla, cho fad' is a chithinn co-dhiù.'

'Tha thu ag ràdh gun deach e air sgèith bho mhullach gu bonn na staidhre aig deagh astar, 's cha do shuath e ann an dad eadar an da ìre, a bheil?'

'Sin mar a tha mise a' faicinn a' ghnothaich. Mura bheil mi air mo mhealladh.'

'Gheàrr e leum air neo thug cuideigin putag dha?'

'Sin agad e.' Stad i a-rithist. 'Tha fhios a'm gu bheil mo stòiridh caran fann is neulach, agus tha fhios aig a' Chruthaighear nach eil mi airson dad a chur às leth Grace bhochd...'

Thog Rebus peann a bha na laighe ri taobh a' fòn agus rinn e sporghail am measg na treallaich a bh' air mullach an deasg gus an d' fhuair e lorg air cèis air am faodadh e sgrìobhadh.

'Chan eil thu a' dèanamh, a Phatience, ach do dhleastanas,' thuirt e. 'Thoir dhomh an seòladh agus tadhailidh mi air a' bhanntraich dìreach air sgàth modh.'

Dh'fhosgail an doras-aghaidh aig 26 Gillan Drive gu slaodach, agus liùg duine a-mach air Rebus, agus an uair sin threòraich e a-steach dhan taigh e, 's e a' cur a làimh gu h-aotrom air a ghàirdean.

'Thig a-staigh, 'ille. Thig a-staigh. Tha na boireannaich san t-seòmar-mhòr. An taobh sa dhan chidsin.' Dh'aom e a cheann, agus an uair sin stiùir e Rebus tro thrannsa cumhang seachad air doras dùinte, far an robh fuaimean caoinidh rin cluinntinn, a dh'ionnsaigh doras leth-fosgailte aig cùl an taighe. Cha tug Rebus eadhon buille dhe shùil air an staidhre san dol seachad, ged a bha an staidhre dìreach air a bheulaibh nuair a chaidh e a-steach dhan taigh tron doras-aghaidh. Dh'fhosgail doras a' chidsin on taobh a-staigh, agus chunnaic Rebus gun robh seachdnar no ochdnar fhireannach air an dinneadh a-steach dhan chùlaist bhig seo. Bha fàileadh còcaireachd a chaidh a dhèanamh an seo ri fhaireachdainn fhathast; fàileadh sail, brot, feòil bhruich agus cèic mheasan. Ach bha samh ùr a' tighinn gu chuinnean: fàileadh an uisge-bheatha.

'Gabh seo, 'ille.' Bha cuideigin a' toirt dha glainne anns an robh òirleach dhen stuth bhuidhe. Bha a leithid sin de ghlainne aig a h-uile fireannach anns an rùm. Bha iad uile a' dol bhon dara cois chun na tèile, caran diùid dhiubh fhèin, agus cha dùraigeadh duine aca bruidhinn a dhèanamh. Bha iad air aithneachadh a thoirt do Rebus nuair a thàinig e a-steach an toiseach le bhith a' gnogadh an cinn, ach a-nis cha robh for aca air. Bha glainneachan gan ath-lìonadh. Thug Rebus an aire do chomharra a' Cho-Op air prìs a' bhotail.

'Chan eil fad' sam bith bhon a ghluais sibh a-steach do Shràid Cashman, a bheil?' dh'fhaighnich cuideigin do chuideigin eile.

'Tha sin ceart. Chan eil ach dà mhìos ann. Bhiodh a' bhean a' coinneachadh ris a' Bh-uas Gallagher anns na bùithtean, is mar sin chuir sinn romhainn gun tadhaileamaid oirre.'

'Seall air an àite seo, 'ille. 'S e taighean mhèinnearan a bh' ann uaireigin. Bha uair ann, bheil fhios agad, mas ann an seo a rugadh tu, 's ann an seo a bhàsaicheadh tu. Ach an-diugh, tha na daoine a th' ann air ais 's air adhart...'

Chùm na bha an làthair orra a' dèanamh crònan ciùin. Bha Rebus na sheasamh 's a dhruim ris an t-sinc, faisg air an doras-chùil. Nochd duine air a bheulaibh.

'Siuthad, 'ille. Gabh drudhag bheag eile.' Agus leudaich an òirleach a bha sa ghlainne gu bhith na h-òirleach gu leth. Bha Rebus a' sealltainn timcheall feuch am faiceadh e cuideigin a bha càirdeach dhan fhear a bhàsaich, ach b' fhaoin dha sin. Cha robh anns na fireannaich a bha seo ach nàbaidhean, agus mic nàbaidhean:

mar gum biodh cridhe fireann na coimhearsnachd. Bhiodh na mnathan aca, am peathraichean agus am màthraichean, anns an t-seòmar-mhòr còmhla ri Grace Gallagher. Bhiodh na cùirtearan air an tarraing los nach fhaigheadh na bha air fhàgail de sholas an latha a-steach dhan rùm: nèapraigean agus glainneachan fìon-milis am follais. Bhiodh a' bhanntrach na suidhe anns an t-sèithear-mhòr, agus bana-charaid dhi na suidhe air gàirdean na cathrach a' toirt claparan air a làimh 's a' toirt dhi briathran cofhurtachd bho àm gu àm. Bha Rebus air a h-uile sìon dhen seo fhaicinn mar-thà, nuair a bha e na phàiste le mhàthair fhèin, nuair a bha e na dhuine òg le athair, bha e air fhaicinn le peathraichean agus bràithrean a phàrantan, le pàrantan charaidean dha agus dìreach bho chionn ghoirid le charaidean fhèin. Cha robh e cho òg 's a bha e. Bha corra neach dhe na co-aoisean aige air bàs ealamh fhaighinn mar-thà leis an aillse no le grèim-cridhe ris nach robh dùil. B' e an-diugh an latha mu dheireadh dhen Ghiblean. Dà latha roimhe seo bha e air a bhith aig uaigh athar ann am Fìobha far an do dh'fhàg e flùraichean. Co-dhiù rinn e seo mar chuimhneachan air athair no air sgàth an aithreachais, cha b' urrainn dha ràdh...

Stiùir am fear-iùil aige air ais e chun an latha an-diugh. 'Tha an tè a bha pòst' aig a mac an seo mar-thà. Thàinig i a-nall às An Eaglais Bhric feasgar an-diugh. Dh'aom Rebus a cheann 's e a' feuchainn ri bhith a' coimhead glic. 'Agus a mac?'

Sheall sùilean air le uabhas. 'Marbh bho chionn deich bliadhna. An e nach robh fhios agad air a sin?'

Bha iad amharasach a-nis, agus thuig Rebus nach robh aige ach dà roghainn: innse dhaibh gur e poileas a bh' ann no a bhith na bu sheòlta buileach. Bha na daoine seo a' caoidh cuideigin air an robh iad eòlach, agus shaoil iad gur e sin a bha esan a' dèanamh cuideachd. Thugadh a-staigh e los gum biodh e na phàirt dhen chaithris a bha a' cumail an duine air chuimhne.

'Chan eil annam ach caraid do thè a bha na caraid dhan teaghlach,' thuirt e. 'Dh'iarr i orm seasamh san doras.'

Ach a rèir gnùis an fhir-iùil bha e coltach gum biodh ceasnachadh ann. Ach an uair sin thog cuideigin eile a ghuth.

'Tubaist sgràthail a bh' ann cuideachd. Dè an t-ainm a bh' air a' bhaile a-rithist?'

'Methil. Bha e air a bhith ag obair an sin a' togail crann-ola eile.'

'Tha sin ceart,' thuirt am fear-iùil 's e cho cinnteach às fhèin.

'Oidhche a' phàighidh a bh' ann. Bha iad air a bhith a-muigh a' gabhail phinntean. Bha iad a' dol chun an dannsa. Agus an ath rud...'

'Aidh, sgrios uabhasach a bh' ann. B' fheudar dhaibh casan an fhir a bha sa chùl a ghearradh dheth.'

Uill, smaoinich Rebus. Geall nach biodh e air dannsa tuilleadh às dèidh sin. Cha bu luaithe a bha na faclan na cheann na chuir e sgraing air aodann, agus dh'fheuch e ri mathanas a thoirt dha fhèin airson cho ceacharra 's a bha e a' smaoineachadh mar siud. Chunnaic am fear-iùil an sgraing agus chuir e a làmh air ais air ruighe Rebus.

'Socair, socair ort, 'ille.' Agus bha a h-uile duine a' coimhead air a-rithist, is dùil aca is dòcha gun robh e a' dol a thòiseachadh air caoineadh. Dh'fhairich Rebus rudhadh a' sìor thighinn na ghruaidhean.

'Thèid mi dìreach suas...' thuirt e, 's e a' smèideadh gu mullach an taighe le cheann.

'Tha fios agad far a bheil e, a bheil?'

Dh'aom Rebus a cheann. Chunnaic e na bha ri fhaicinn shìos gu h-ìosal, 's bha fhios aige gur ann shuas gu h-àrd a bhiodh an taigh-beag agus gur ann shuas gu h-àrd a bha a cheann-uidhe. Dhùin e doras a' chidsin air a chùlaibh agus tharraing e anail mhòr. Bha braon fallais fo lèine agus theann a cheann ri fàs goirt a-rithist. Biodh agad, Rebus, bha a cheann goirt ag ràdh ris. Biodh agad airson uisge-beatha a ghabhail. Is math an airidh airson a bhith ri dibhearsain, ged is ann riut fhèin a bha e. Gabh na thogras tu de dh'aspirin. Cuiridh iad às dhan stamaig agad mus cuir iad às dhòmhsa.

Rinn Rebus guidheachan mun cheann ghoirt mus do theann e ri dìreadh.

Rinn e sgrùdadh mionaideach air gach steap mar a bha e a' dol suas, agus cuideachd air na ballachan air gach taobh dhen staidhre. Bha am brat-ùrlair fhèin caran ùr is an t-uachdar aige molach, tiugh. Bha am pàipear-balla gu math sean le dealbhan seilg air: daoine a' marcachd, coin gan leantail agus an sionnach le seadhan air a shàrachadh air fàire. Mar a dh'inns Patience Aitken dha, cha robh comharra no sgrìob air a' phàipear. A bharrachd air a sin, cha robh oirean a' fuasgladh air a' bhrat-ùrlair. Bha na h-oirean uile air an tàirngeadh gu grinn le cuideigin a bha proifeiseanta na dhòigh-obrach. Cha robh dad a bheireadh air Seòras Gallagher tuisleachadh, cha robh rifeagan no oir sam bith anns nach robh tarraig, agus cha robh mìr caithte air an sleamhnaicheadh duine.

Thug e sùil gheur air far an robh bràigh na staidhre agus an staidhre a' coinneachadh. Ar leis gur ann bhon sin a thuit Seòras Galloway, a-bhos an seo. Nan robh e air tuiteam na b' fhaide shìos, bha teansa ann gum biodh e air a shàbhaladh. Ceart gu leòr, bha an staidhre cas agus cumhang. Nan tuislicheadh neach agus nan rachadh a thilgeil sìos, dh'fhàgadh siud patan air a' chorp gun teagamh. Mas e bàs aithghearr a bh' ann aig bonn na staidhre, chuireadh sin bacadh air na leòintean, an fhuil anns na cuislean air a dhol ciùin tacan, ach a dh'aindeoin sin, bhiodh patan air a bhith ann gun teagamh. Bhiodh gnothaichean na bu shoilleire an dèidh dhan dotair sgrùdadh farsaing a dhèanamh: thuige seo cha do rinn Rebus ach tomhas gun dearbhadh agus is math a bha fhios aige air a sin.

Bha ceithir dorsan air an ìre a b' àirde: preas mòr a bh' ann am fear dhiubh agus e làn shiotaichean-leapa, plangaidean, dà sheann mhàileid, seann chrann-àiteach de thelebhisean dhubh is gheal na laighe air a cliathaich: bha seòmar-cadail fuaraidh ann, le leabaidh bheag air a càradh do dh'aoigh nach tàinig riamh: an taigh-beag le ràsar-dealain nach cuireadh am fear leis an robh e gu feum a-chaoidh tuilleadh; agus an seòmar-cadail mòr. Shaoil Rebus nach robh dad sa chlòsaid no san taigh-bheag a b' fhiach coimhead air, is chaidh e a-steach dhan t-seòmar-cadail mhòr, 's e a' dùnadh an dorais às a dhèidh agus an uair sin ga fhosgladh a-rithist, oir nan rachadh a ghlacadh air cùl doras dùinte, bhiodh sin a' coimhead na bu mhiosa na an suidheachadh anns am biodh e nan rachadh breith air ann an rùm is an doras fosgailte.

Bha na siotaichean, a' phlaide agus an duvet uile air an tarraing a-nuas air an leabaidh, agus bha trì cluasagan air an dinneadh ri ceann na leapa los gum faodadh duine suidhe suas anns an leabaidh. Bha e air treidhe na bracaist fhaicinn mar-thà sa chidsin, corran a' bhìdh am follais, criomagan tost air truinnsear crèiseach, seann chrogan cofaidh is beagan silidh a rinn a' chailleach fhèin na bhroinn. Ri taobh na leapa bha frèam-coiseachd na sheasamh. Bha Patience Aitken air innse dha nach robh e mar chleachdadh aig Seòras Gallagher dusan ceum a choiseachd gun am frèam a bhith na thacsa dha ('s e Zimmer a bh' aice air, ach 's e bha Zimmer a' ciallachadh do Rebus ach 'rùm' ann an Gearmailtis.) Gun teagamh, ma bha Grace ga chuideachadh, dhèanadh Seòras ceumannan coiseachd às aonais. Cha bhiodh aige ach a chuideam a leigeil oirrese mar gum b' e bata a bh' aige… Na inntinn rinn Rebus dealbh de Ghrace Gallagher ga thàladh a-mach às an leabaidh, agus i a' cantail ris nach robh feum aige air a' frèam-coiseachd, seadh, gum biodh i fhèin na tacsa dha a' teàrnadh na staidhre. Dh'fhaodadh e a chuideam a leigeil oirre fhèin...

Air uachdar na leapa bha pàipear-naidheachd le spotan silidh air. 'S e pàipear an latha an-diugh a bh' ann, agus bha na duilleagan mu rèisean nan each ris. Chleachd cuideigin peann le inc liath gu bhith a' tarraing chearcallan timcheall air ainmean cuid dhe na h-eich a bhiodh a' ruith – Gypsy Pearl, Gazumpin, Lot's Wife, Castle Mallet, Blondie – còig gu lèir, dìreach na dh'fhòghnadh airson geall 'super yankee' a chur. Bha am peann leis an inc liath na laighe air bòrd beag ri taobh na leapa, faisg air glainne letheach-làn de dh'uisge, botal beag phileachan (an t-ainm Mr G. Gallagher sgrìobhte air bileag air aghaidh a' bhotail), paidhir de speuclairean leughaidh ann an ceas, agus nobhail le còmhdach pàipeir mu dheidhinn 'cowboys' – litrichean mòra – air iasad bhon leabharlann. Shuidh Rebus air oir na leapa agus chaidh e tro dhuilleagan a' phàipeir gu cabhagach. Aig bonn tè dhe na duilleagan air an làimh dheis bha tòimhseachan-tarsainn, agus bha e air a lìonadh a-staigh gu h-iomlan cuideachd. Bha am peann a bh' air a chleachdadh leis an neach a lìon e gu tur eadar-dhealaichte bhon sgròbail a bha ri fhaicinn anns an earrainn mu rèisean nan each na b' fhaide air adhart anns a' phàipear: bha an làmh-sgrìobhaidh diofraichte, na bu ghrinne, caran boireann air dòigh air choreigin. Bha na strìochdan caran fann, tana an taca ris na loidhnichean na bu tighe a bha air an tarraing timcheall air ainmean nan each. Bu toigh le Rebus fhèin a bhith a' riasladh ri tòimhseachan-tarsainn bho àm gu àm, agus bha e air a bheò-ghlacadh nuair a chunnaic e gun robh am fear seo ullamh, agus dhrùidh e air gu mòr, gu mòr nuair a thuig e gur iad seo na freagairtean a bha air an toirt seachad dha na ceistean doilleir no crioptaig 's nach b' e an t-oidhirp clis no air an robh a' chuid bu mhotha de dhaoine measail. Thòisich e air leughadh gus an do ràinig e earrann a chuir mùig air, agus phriob e dà thuras mus do dhùin e am pàipear, phaisg e dà uair e agus an uair sin chuir e ann am pòca a sheacaid e. An dèidh cnuasachadh fad diog no dhà, dh'èirich e far na leapa agus choisich e gu slaodach chun an dorais, agus a-mach leis dhan trannsa agus a' sìor chumail grèim teann air an rèile, thòisich e a' teàrnadh na staidhre.

Sheas e anns a' chidsin, leth-tè de dh'uisge-beatha na làimh, a' cnuasachadh air cùisean. Bha daoine a' falbh 's a' tighinn. Thràigheadh feareigin a ghlainne, leigeadh e osna air neo dhèanadh e sruthail na amhaich.

'Seadh, uill,' chanadh e, 'cha chreid mi nach eil an t-àm agam ...' Agus cha luaithe a chanadh e na briathran sin, 's e a' gnogadh a chinn, na dh'fhalbhadh e a-mach às a' chidsin agus dh'fhosgladh e doras an t-seòmair-mhòir gu simlidh gus a dhà no trì fhaclan a ràdh ris a' bhanntraich mus fàgadh e. Chuala Rebus guth Grace Gallagher a' dèanamh bìogail gu critheanach: 'Taing mhòr airson tighinn a choimhead orm. Bha e coibhneil dhìot. Slàn leat.'

Bha na boireannaich a' falbh 's a' tighinn cuideachd. Nochd ceapairean à badeigin agus chaidh an roinn a-mach anns a' chidsin. Teanga, corned beef is taois a' bhradain. Lof gheal, gach slis dhith air an gearradh nan dà leth. Ged a bha e a' feuchainn ri bhith a' caomhnadh air biadh, dh'ith Rebus a leòr dhe na bha a' dol, gun a bhith ag ràdh dad. Bha e a' dèanamh aithneachadh gun tuigsinn air na bha a' tachairt: is bha e a' feitheamh gu foighidneach oir cha robh e airson aimhreit a dhèanamh. Dh'fhuirich e fhad 's a bha an cidsin a' falamhachadh. Uair no dhà dh'fheuch corra dhuine ri bruidhinn ris, 's iad a' dèanamh a-mach gum b' aithne dhaibh e bho thè dhe na sràidean timcheall no bho thaigh-seinnse na coimhearsnachd. Cha do rinn Rebus ach a cheann a chrathadh. Chanadh e nach robh ann ach caraid fear de charaidean an teaghlaich, agus rachadh an còmhradh bàs an uair sin.

Mu dheireadh, dh'fhalbh fiù 's am fear-iùil aige, agus san dealachadh thug e claparan air gàirdean Rebus, dh'aom e a cheann agus phriob e. 'S e latha a bh' ann airson ghluasadan cofhurtail, agus mar sin phriob Rebus ris-san. An uair sin, is an cidsin a-nis falamh agus bruthainneach le ceò nan siogarait, uisge-beatha agus fallas dhaoine, nigh Rebus a ghlainne agus chuir e i bun os cionn air a' bhòrd-tiormachaidh. Choisich e a-steach dhan trannsa, stad e fad diog agus dh'aom e air doras an t-seòmair-mhòir mus do dh'fhosgail e e.

Dìreach mar a bha dùil aige, bha Grace Gallagher, cho beag, meanbh 's a shaoil e a bhiodh i, na suidhe air cathair mhòr is i a' cur nèapraig bho àm gu àm air cùl speuclairean seann-fhasanta a bh' ann an stoidhle nan leth-cheudan. Air gàirdean an t-sèithir bha boireannach a bha còrr is dà fhichead na suidhe: bha i dèanta agus, a rèir a coltais, 's e nighean a gnothaich a bh' innte. Bha

143

na sèithrichean eile falamh. Bha cupannan air a' bhòrd còmhla ri truinnsear le deannan cheapairean fhathast air, glainneachan fìon a-nis tràighte, am botal fìon fhèin gun deur air fhàgail ann, agus, rud a chuir annas air, pacaid chairtean-cluiche is feadhainn dhiubh air an sgaoileadh a-mach mar gum biodh cuideigin air a bhith a' cluich geama, 's dòcha patience, agus gun do sguir iad gu h-obann an teis-meadhan a' gheama.

Air beulaibh an telebhisean bha cathair mhòr eile agus cha robh coltas oirre gun deach a h-ùisneadh fad an fheasgair. Bha e comasach do Rebus tomhas a dhèanamh nach robh seo gun adhbhar: siud a' chathair a bh' aig fear an taighe, cathair mhòr na rìoghachd bhig aige fhèin. Rinn e gàire ris an dithis. Cha tug Grace Gallagher ach leth-shùil air.

'Mo thaing dhuibh airson tighinn,' thuirt i 's an guth aice beagan na bu bheothaile na bha e roimhe. 'Rinn sibh uabhasach math, agus beannachd leibh.'

'An fhìrinn, a Bh-uasal Gallagher,' thuirt Rebus is e a' toirt ceum a-steach dhan rùm. ''S e poileasman a th' annam. Inspeactair-sgrùdaidh Rebus a chanas iad rium. Dh'iarr an Dotair Aitken orm tighinn a shealltainn oirbh.'

'Ò!' Choimhead Grace Gallagher air gu geur a-nis. Sùilean brèagha air thuar am bàthadh ann an craiceann liorcach geal. Rudhadh nàdarra air a pluicean. Cha deach an ceann aice fo thiormadair-gruaige bho chionn poile, ach chaidh a falt a chìreadh gu cùramach le cuideigin los gum biodh i deiseil airson na h-àmhghair a bha gus a bhith roimhpe air an fheasgar seo. Bha bean a mic – sin a shaoil Rebus dhen tè a bha na suidhe air gàirdean an t-sèithir – ag èirigh.

'Am b' fheàrr leibh ... ?'

Dh'aom Rebus a cheann ga h-ionnsaigh. 'Cha chreid mi gun toir seo fada idir. Chan eil ann ach an àbhaist an dèidh tubaist mar seo.' Thug e sùil air Grace agus an uair sin air bean a mic. 'Ma dh'fhaodte gum fanadh tu sa chidsin airson còig mionaidean no mar sin?'

Dh'aom an tè a bh' ann a ceann gu làidir, 's dòcha ro làidir. Chan fhaca Rebus am boireannach fad an fheasgair, agus smaoinich e gun robh an dearbh thè dhen bheachd gum b' e a dleastanas a bhith air a dùnadh a-staigh an seo còmhla ri màthair-cèile. Bha coltas oirre gun robh i toilichte cothrom fhaighinn gu bhith a' gluasad.

'Cuiridh mi an coire air,' thuirt i 's i a' dol seachad air Rebus na deann. Choimhead e air an doras ga dhùnadh, dh'fhuirich e fhad 's a bha i a' dèanamh sìos an trannsa, agus chùm e a chluas ri claisneachd gus an cuala e fuaim an uisge a' ruith agus soithichean gan sgioblachadh. An uair sin thionndaidh e air ais gu Grace Gallagher, tharraing e anail mhòr, agus choisich e a-null thuice 's e a' slaodadh sèithear fiodha às a dhèidh. 'S ann air a sin a rinn e suidhe, 's cha robh e ach troigh no dhà air falbh bhuaipe. Dh'fhairich e gun robh i air fàs an-fhoiseil. Bha a màs an-fhoiseil air an t-suidheachan, agus an uair sin, dh'fheuch i an gluasad a chleith le bhith a' leigeil oirre gur ann a' beirsinn air nèapraig pàipeir ann am bogsa ri taobh air an làr a bha i.

'Chan urrainn nach eil seo doirbh dhuibh, A Bh-uasal Gallagher,' thuirt Rebus. Bha e airson gum biodh an còmhradh aca goirid agus cinnteach. Cha robh dad de dhearbhadh aige, cha robh aige ach rud beag de chleasachd-inntinn leis an obraicheadh e agus tuairmse mu chor inntinn a' bhoireannaich aig an àm. Cha robh e cinnteach am biodh seo gu leòr: cha robh e idir cinnteach na chridhe an robh e airson gum biodh gu leòr aige a-chaoidh. Theann e fhèin ri gluasad anns an t-sèithear. Dh'fhairich e a ghàirdean a' beantainn ris a' phàipear-naidheachd na phòca. Shaoil e gur e deagh chomharra a bh' ann.

'Dh'inns an Dotair Aitken dhomh gu bheil sibh air a bhith a' coimhead às dèidh an duine agaibh fad bhliadhnaichean. Chan urrainn gun robh sin furasta.'

'Breug a bhiodh ann nan canainn gun robh e furasta.' Dh'fheuch Rebus ri tomhas dè cho searbh 's a bha i na cainnt.

Dh'fheuch e, ach dh'fhairtlich e air.

'Seadh, gu dearbh,' thuirt e. 'Cha chreid mi nach e duine, uill, duilich a bh' anns an fhear-phòsta agaibh uaireannan.'

'Cha tèid mi às àicheadh sin. 'S e fìor thàrsair a bh' ann nuair a thogradh e.' Rinn i gàire is i a' toirt na cuimhne rudeigin a dh'èirich eatarra. 'Ach bidh mi ga ionndrainn. 'S mi bhitheas ga ionndrainn.'

'Tha mi a' creidsinn gum bi, a Bh-uasal Gallagher.'

Choimhead e oirre, agus sheall ise gu geur air aodann mar gum biodh i ga chur gu dùbhlan. Rinn e casad.

'Tha rudeigin co-cheangailte ris an tubaist a tha gam fhàgail fo imcheist 's nach eil buileach soilleir nam inntinn. Saoil an deigheadh agaibh air mo chuideachadh?'

'Faodaidh mi feuchainn.'

Rinn Rebus gàire 's e a' sealltainn dhi gun robh e taingeil. 'Seo an rud a tha a' dèanamh dragh dhomh,' thuirt e. 'Saoilidh mi nach dùraigeadh an duin' agaibh a dhol sìos an staidhre cho tràth ri aon uair deug sa mhadainn. A bharrachd air a sin, tha e neònach gun robh e a' feuchainn ri dhol sìos às aonais a' frèam-coiseachd a tha fhathast ri taobh na leapa.' Bha an guth aig Rebus a' sìor dhol na b' àirde mar bu chinntiche a bha a bheachd a' fàs. 'A thuilleadh air a sin, tha e coltach gun do thuit e le forsa gu math mòr.'

Chuir i stad air le snag na guth. 'Dè tha sin a' ciallachadh?'

'Tha mi a' ciallachadh gur e seòrsa de chruinn-leum a gheàrr e bho mhullach na staidhre. Cha b' e tuisleachadh a rinn e idir mus do thuit e. Cha do thuislich e 's cha do rinn e car a' mhuiltein air a shlighe sìos. 'S e itealaich a rinn e bhon steap a b' àirde agus cha do bhuail e ann an dad sam bith gus an do bhuail e ann an ùrlar an taighe.' Bha na sùilean aice a' teannadh ri lìonadh a-rithist. Ged nach robh e a' còrdadh ris, chùm e air. 'Cha b' e tuiteam a rinn e, a Bh-uasal Gallagher. Chuidich cuideigin e faighinn gu mullach na staidhre, agus an uair sin chuidich cuideigin e faighinn gu bonn na staidhre le bhith a' toirt putag dha dhruim, putag gu math làidir chanainn.' Cha robh a ghuth a-nis cho cruaidh, mar nach robh e a' toirt breith oirre idir. 'Chan eil mi ag ràdh gun robh sibh a' miannachadh am bàs a thoirt dha. 'S dòcha nach robh sibh ag iarraidh ach a ghoirteachadh airson beagan fois fhaighinn. An e sin a bh' ann?'

Bha i a' sèideadh a sròin, na guailnean beaga aice air an teannachadh a-staigh ri amhaich thana. Bha na guailnean a' crathadh 's i a' caoineadh gu brònach. 'Chan eil fhios agam cò air a tha sibh a-mach. Tha sibh dhen bheachd gur mise... nach ann oirbh a tha an aghaidh! Carson a chanadh sibh rudeigin mar sin? Chan eil mi a' creidsinn seo idir. Tarraing a-mach às an taigh agam.' Ach cha robh neart na briathran, cha robh i deònach sabaid a dhèanamh. Chuir Rebus a làmh na phòca agus thug e a-mach am pàipear-naidheachd.

'Thug mi an aire gum bi sibh a' dèanamh thòimhseachan-tarsainn, a Bh-uasal Gallagher.'

Thog i a ceann agus sheall i air mar gum biodh i air a clisgeadh. 'Dè thuirt sibh?'

Sheall e ris a' phàipear. ''S fìor thoigh leam fhìn tòimhseachain-tarsainn. Sin an t-adhbhar a ghabh mi ùidh sa phàipear nuair a chunnaic mi gun do chuireadh crìoch air tòimhseachan an latha an-diugh. Dhrùidh sin gu mòr orm. Cuin a rinn sibh sin?'

'An-diugh sa mhadainn,' thuirt i gu smùdach le nèapraig fo sròn. 'Anns a' phàirc. Bidh mi an-còmhnaidh a' dèanamh nan tòimhseachan-tarsainn an dèidh dhomh am pàipear a cheannach. An uair sin bheir mi dhachaigh e los gum faic Seòras cò ris a tha na h-eich coltach.'

Dh'aom Rebus a cheann agus rinn e sgrùdadh air an tòimhseachan-tarsainn a-rithist. 'Feumaidh gun robh cùram air choreigin oirbh an-diugh anns a' mhadainn, mar sin,' thuirt e.

'Dè tha sibh a' ciallachadh?'

'Cha robh am fear seo cho fìor dhoirbh. 'S e tha mi a' ciallachadh nach robh e cho duilich dha ur leithid, tè a bhios gan dèanamh gu tric agus a bhios gan crìochnachadh. Càit a bheil e a-nis?' Leig Rebus air gun robh e a' rannsachadh anns a' chlèith. 'Seo e,' thuirt e. 'Naoi-deug tarsainn. Lìon sibh a-staigh na freagairtean a tha a' tighinn a-nuas mar-thà, agus tha sin a' ciallachadh gu bheil am freagairt a bheir sibh do naoi-deug tarsainn air a litreachadh mar a leanas: rudeigin R rudeigin P rudeigin. A-nis, dè an sanas a chuir iad suas?' Choimhead e air a shon agus fhuair e lorg air. 'Seo e, a Bh-uas Gallagher: "Perhaps deadly in part." Ceithir litrichean. Rudeigin R rudeigin P. Rudeigin marbhtach. Agus sgrìobh sibhse *TRIP*. Dè rud air an robh sibh a' smaointinn, is iongnadh leam? Tha mi a' ciallachadh nuair a sgrìobh sibh siud? Nach saoil sibh fhèin nach robh ur n-inntinn air a dhol iomrall?'

'Ach sin am freagairt ceart,' thuirt Grace Gallagher, is drèin air a h-aodann mar nach robh i a' tuigsinn. Chrath Rebus a cheann.

'Tha sibh ceàrr. Tha mi dhen bharail gu bheil "in part" a' ciallachadh nan litrichean ann am "part." 'S e *TRAP* am freagairt. Bheil sibh a' faicinn? Ach 's ann a bha sibhse a' smaoineachadh air rudeigin eile nuair a lìon sibh a-staigh ur freagairt. Bha sibhse a' smaoineachadh nan robh tubaist air a bhith aig Seòras gum faigheadh sibhse faothachadh. Nach eil mi ceart, a Ghrace?'

Bha i na tost fad mionaid 's cha robh ri chluinntinn ach diogadaich a' chloc air bràigh an teinntein agus gliongadaich nan soithichean gan nighe anns a' chidsin. An uair sin bhruidhinn i air a socair.

''S e nighean laghach a th' ann am Myra. Cha tuigear cho sgràthail 's a bha gnothaichean an dèidh do dh'Uilleam bàsachadh. Riamh bhon uair sin tha i air a bhith mar nighean leam fhìn.' Bha dàil bheag eile ann, agus an sin choimhead i san t-sùil air Rebus.

'S ann air a mhàthair fhèin a bha Rebus a' smaoineachadh, agus dè cho sean 's a bhiodh i an-diugh, nam biodh i beò. Bhiodh a mhàthair agus am boireannach air a bheulaibh an-dràsta sna co-aoisean. Tharraing e anail mhòr a-rithist, ach dh'fhuirich e sàmhach, 's e a' feitheamh.

'Bheil fhios agad, 'ille,' thuirt i, 'ma bhios tu a' coimhead às dèidh duine a tha lapach, 's e mairtireach a bhios aig daoine ort. Sin a bh' annam gun teagamh, ach dìreach a chionn 's gun do chuir mi suas ris fad dà fhichead bliadhna. Thug i sùil air a' chathair a bha falamh agus sheall i gu dùrachdach oirre mar gum biodh am

148

fear nach maireann na shuidhe an sin agus e ag èisteachd ris an fhìrinn airson a' chiad uair riamh. 'Agus 's ann aige a bha am beul milis uair dhen robh saoghal agus b' aithne dha gu math mar a ghluaiseadh e. Dh'fhalbh siud nuair a thàinig Uilleam. Cha robh fathann air sin riamh tuilleadh.' Thòisich a guth a bha cho ciùin air fàs na bu chruaidhe a-rithist. Dhùin iad a' mhèinn is fhuair e obair ann am factaraidh nam botal. An uair sin chaidh i siud a dhùnadh cuideachd, agus an aon obair a gheibheadh e b' e fear-sgrìobhaidh ainmean nan each a bhuannaich le cailc air bòrd-dubh ann am bùth luchd nan geall. Fàsaidh duine gu math searbh, Inspeactair. Ach cha leigeadh e leas a thoirt a-mach ormsa, an leigeadh?' Thug i sùilean far na cathrach gus an robh i a' sealltainn air Rebus. 'An cuir iad dhan phrìosan mi?' Agus a rèir mar a bha a guth, cha robh diù aice ciamar a fhreagradh e i.

'Chan eil e an urra riumsa, a Ghrace. 'S e luchd-diùraidh a thig gu co-dhùnadh a thaobh sin.'

Rinn i snodha-gàire. Agus shaoil mi gun do rinn mi an tòimhseachan-tarsainn ud na bu luaithe na rinn mi fear riamh. B' e mo thruaighe gun deach mi ceàrr le aon fhacal.' Agus chrath i a ceann gu slaodach, agus a gàire a' sìor chrìonadh gus mu dheireadh an do thòisich i air caoineadh a-rithist agus dh'fhosgail i a beul gus burralaich a bha cha mhòr samhach a leigeil a-mach.

Dh'fhosgail an doras agus cò thàinig a-steach le treidhe làn shoithichean ach bean a mic.

'Sin sibh,' dh'èigh i. 'Gabhaidh sinn a-nis deagh chupa …' Chunnaic i gnùis a màthar-chèile is chaidh i na stob-reòite.

'Dè rinn sibh oirre?' thuirt i gu biorach ri Rebus. Dh'èirich esan.

A Bh-uasal Gallagher,' thuirt e, 'tha eagal orm gu bheil fìor dhroch naidheachd agam …'

Gu nàdarra, bha fios aice. Bha fhios air a bhith aig bean a mic. Chan e gun robh Grace air facal a ràdh, ach 's e bh' ann gun robh ceangal air leth eatarra. Anns an dealachadh, 's e thuirt Myra gu guineach ri druim Rebus agus e air a rathad a-mach: 'Fhuair am bugair ud an rud air an robh e airidh!' Chaidh cùirtearan air chrith: nochd aodainn aig uinneagan dorcha. Chaidh a briathran a-null air feadh na sràide, agus suas gu adhar toiteach na h-oidhche.

Ma dh'fhaodte gun robh i ceart. Cha do leig e leis fhèin breith a thoirt. Cha b' urrainn dha bhith ach cothromach. Carson, mar sin, a bha e a' faireachdainn cho ciontach? Air a mhaslachadh? Dh'fhaodadh e smugaid a chaitheamh agus a h-uile sìon a leigeil às cheann, dh'fhaodadh e ràdh ri Patience Aitken nach robh càil sa chùis. Dh'fhuiling Grace Gallagher gun teagamh agus chumadh i roimhpe a' fulang. Nach fòghnadh sin? Seadh, bha an lagh ag iarraidh air barrachd a dhèanamh, ach às aonais an teisteanais aig Rebus, cha bhiodh cùirt ann, am bitheadh?

Dh'fhairich e gun robh e air an t-slighe dhìrich, gun do rinn e ceart, ach aig an aon àm bha e ga chàineadh fhèin airson cho ceacharra agus a bha e air fàs. A bharrachd air a sin, ar leis gun tug e seachad binn air a mhàthair fhèin. Stad e aig bùth a bha fosgailte fad na h-oidhche agus cheannaich e stòr de leann agus de shiogaraits. Ag ath-smaoineachadh, cheannaich e sia pacaidean diofraichte de chriosps agus dà bhàr teòclaid. Cha b' e seo an t-àm airson a bhith a' caomhnadh air biadh. Nuair a ruigeadh e an taigh, dh'fhaodadh e a bhith a'cnuasachadh mun mhurt, agus dh'fhaodadh e a bhith a' caithris leis fhèin. Mus do dh'fhàg e a' bhùth, cheannaich e an leth-bhreac mu dheireadh de phàipear-naidheachd an fheasgair, agus thug seo na chuimhne gur e an-diugh an 30mh dhen Ghiblean. A-màireach, ro chamhanach na maidne, bhiodh sluagh mòr a' dìreadh suas leathad Suidheachan Artair, agus nuair a ruigeadh iad am mullach, bhiodh iad a' cur fàilte air èirigh na grèine agus air Latha Buidhe Bealltainn. Chuireadh cuid aca boiseag dhen driùchd air an aodann: a rèir beul-aithris, dh'fhàgadh sin iad na bu bhòidhche, na bu bhrèagha. Gu dè dìreach a bha na h-oileanaich le cinn ghoirt, na draoidhean, agus an luchd-feòrachaidh uile a' comharrachadh. Cha robh Rebus idir cho cinnteach a-nis. 'S dòcha nach robh fios aige riamh.

Na b' fhaide air an oidhche ud, gu math na b' fhaide, agus e na shìneadh air sòfa ag èisteachd ri ceòl jazz bho na trì-ficheadan a bha a' brùchdadh a-mach às a' hi-fi, bha aire air a glacadh le mar a chaidh dha na h-eich air duilleag-chùil a' phàipeir. Bhuannaich Gypsy Pearl aig trì-gu-aon. Anns an ath rèis, rinn Gazumpin an gnothach air càch aig seachd-gu-dhà am fàbhar an eich. Dà rèis na b' fhaide air adhart 's e Lot's Wife a bhuannaich aig prìs ochd-gu-aon. Air raon eile aig leth-uair an dèidh dhà 's e Castle Mallet a bhuannaich. B' esan gràidhean nan daoine còmhla ri beathach eile aig prìs a dhà-gu-aon. Cha robh air fhàgail ach Blondie. Rinn Rebus caogadh le shùilean agus fhuair e lorg air an each, agus an t-ainm aige air a litreachadh ceàrr mar 'Bloodie'. Ged a b' esan gràidhean nan daoine aig trì-gu-aon, thàinig e a-staigh anns an treas àite a-mach à trì-deug.

Sheall Rebus gu geur air a' mhearachd, agus e a' smaoineachadh air dè bha air inntinn an neach-taipidh nuair a rinn i no e a' mhearachd bheag ud, ach anns an robh brìgh do chuideigin …

151

7

BALLA CIÙIL

Càr poilis neo-chomharraichte.

Nach b' inntinneach an abairt a bha sin. Theirteadh 'neo-chomharraichte' fhathast ris a' chàr aig Inspeactair John Rebus, briste is brùite, agus iomadh làrach air a bha a' sealltainn gun robh comharran gu leòr air. Bhiodh meacanaigean le làmhan air an còmhdach le ola a' feuchainn ri gàire a mhùchadh gach uair a chuireadh e a chas air ùrlar garaids. Bhiodh iad a' cluich le na fàinneachan mòra òir air an corragan agus a' cunntadh nan sgillinnean.

Ach ge-tà, bha amannan ann nuair a bha an seann each-cogaidh air leth feumail. 'S dòcha nach robh e 'neo-chomharraichte'; ach gu dearbh, cha robh e a-mach às an àbhaist. Cha bhiodh for fiù 's aig an eucorach as amharasaiche gun robh CID nan suidhe ann an càr a thàinig à gàrradh-sgudail. Bha càr Rebus air leth cudromach airson obair os ìosal, an aon duilgheadas a' tighinn nam feuchadh na h-eucoraich air teicheadh. An uair sin, bhiodh fiù 's an fheadhainn as sine 's as breòite nas luaithe na an càr beag bochd a bha seo.

'Ach tha e fhathast a' dol,' chanadh Rebus an aghaidh seo. Shuidh e a-nis, an cathair cho cleachdte ri a chruth 's gun robh e a' teannadh dlùth ris, a' slìobadh na cuibhle le làmhan. Chuala Rebus

osna throm bhon chathair eile, agus dh'aithris DS Brian Holmes a'
cheist a-rithist.

'Carson a tha sinn air stad?'

Choimhead Rebus mun cuairt air. Bha iad nan stad ri taobh
Sràid Queensferry, mu dhà cheud slat bho thaobh an iar Sràid a'
Phrionnsa. Bha e tràth air an fheasgar, an t-adhar dorcha ach tioram.
Bha oiteagan gaoithe a' siabadh a-steach bho Linne Fhoirthe a'
cumail an uisge air falbh. Bha oisean Sràid a' Phrionnsa, far an robh
mòr-bhùth Fhriseil agus Taigh-òsta a' Chaledonian nan seasamh a'
coimhead air a chèile tarsainn na sràide, a' glacadh gach oiteag
agus gan sgaoileadh air feadh an luchd-ceannach gun fhiosta, fhad
's a rinn iad an slighe suas Sràid Queensferry, a' sireadh cofaidh
agus cèic. Sheall Rebus orra le truas. Leig Holmes osna eile. B'
fheàrr leis gun robh e an àiteigin eile a' gabhail cupa tì agus sgona
le ìm.

'A bheil fhios agad, Brian,' thòisich Rebus, 'anns na bliadhnaichean
a tha mi air a bhith ann an Dùn Èideann, cha deach mo ghairm
riamh gu eucoir sam bith air an t-sràid seo.' Bhuail e a' chuibhle
airson cuideam a chur air a' phuing.

'Cha deach fiù 's aon turas.'

''S dòcha gum bu chòir dhaibh plag a chur suas,' thuirt Holmes.
Cha mhòr nach do thog sin gàire air aodann Rebus. ''S dòcha.'

'An ann airson sin a tha sinn nar suidhe an seo? Tha thu airson
am pàtran a bhristeadh?' Choimhead Holmes a-staigh air uinneag
a' chafaidh, is choimhead e air falbh a-rithist ag imlich a bhilean
tioram. 'Tha fhios agad gum mair seo deagh ghreis,' thuirt e.

''S dòcha, Brian. Ach air an làimh eile…'

Chluich Rebus tatù air a' chuibhle le chorragan. Bha aithreachas
air Holmes gun robh e air a bhith cho togarrach. Nach robh Rebus
air feuchainn ri stad a chur air tighinn còmhla ris air a' chuairt seo?
Chan e gun robh iad air a bhith fada a' dràibheadh. Ach bha rud
sam bith, shaoil Holmes, nas fheàrr na bhith nad shuidhe san oifis
ri obair phàipeir. Uill, cha mhòr rud sam bith.

'A bheil thu tric a' fuireach fada airson eucoraich ann an suidheachadh mar seo far a bheil thu ri faire?' dh'fhaighnich e, a' feuchainn ri còmhradh a chumail a' dol.

'Aon turas bha mi a' feitheamh seachdain,' fhreagair Rebus.

'Taigh-seinnse faisg air Powderhall a bha an lùib eucoir-dìon. Bha sinn ag obair còmhla ri Trading Standards. Chuir sinn seachad còig latha a' leigeil oirnn gun robh sinn gun obair, a' cluich pool fad an latha.'

'An do rinn sibh an gnothach orra?'

'Cha do rinn ach aig pool,' thuirt Rebus.

Chualas èigh bho dhoras bùtha, agus chunnacas fireannach òg a' ruith tarsainn an rathaid air beulaibh a' chàir. Bha bogsa meatailt dubh aige. Dh'èigh an guth a-rithist.

'Stad! Mèirleach! Cuiribh stad air!'

Bha an duine aig doras na bùtha a' smèideadh, a' stobadh a mheòir ris an duine a bha na ruith. Sheall Holmes ri Rebus, mar gun robh e gus rudeigin a ràdh, ach stad e e fhèin. 'Trobhad, ma-thà!' thuirt e.

Chuir Rebus einnsean a' chàir gu dol, chuir e air an siognail agus ghluais e a-mach dhan trafaig. Bha Holmes a' sealltainn tron uinneag thoisich. 'Tha mi ga fhaicinn. Cuir do chas sìos!'

'Cuir do chas sìos, Inspeactair,' thuirt Rebus gu ciùin. 'Na gabh dragh, Brian.'

'Iochd, tha e a' tionndadh a-steach gu Ionad Randolph.'

Rinn Rebus siognail eile, thionndaidh e tarsainn air na càraichean a bha a' tighinn na choinneamh, agus a-steach air Ionad Randolph, a bha na chùil-dhùinte. Ach, ged a bha e na chùil-dhùinte do chàraichean, bha trannsaichean ann far am faodaist coiseachd air gach taobh de West Register House. Thionndaidh am fear òg, am bogsa caol fo achlais, a-staigh air fear de na trannsaichean. Chuir Rebus stad air a' chàr. Bha doras a' chàir fosgailte aig Holmes mus do stad iad, agus leum e a-mach, deiseil is deònach gus ruagadh air a chois.

'Cuiribh stad air!' dh'èigh e, a' mìneachadh do Rebus gun robh aige ri dràibheadh air ais gu Sràid Queensferry, mun cuairt air Sràid an Dòchais agus gu Ceàrnag Charlotte, far an robh an trannsa a' tighinn a-mach.

'Cuir stad air,' chunnaic e beul Rebus ag ràdh. Thionndaidh e an càr gu faiceallach, agus a cheart cho faiceallach ghluais e a-mach am measg nan càraichean a bha nan stad aig na solais. An uair a ràinig e Ceàrnag Charlotte agus aghaidh West Register House, bha Holmes a' cromadh a ghuailnean agus a' crathadh a ghàirdeanan suas is sìos. Stad Rebus ri thaobh.

'Am faca tu e?' dh'fhaighnich Holmes, a' dol a-steach dhan chàr.

'Chan fhaca.'

'Cà' robh thu, co-dhiù?'

'Aig solas dearg.'

Sheall Holmes air mar gun robh e craicte. Cuin riamh a chuir solas dearg stad air Inspeactair John Rebus? 'Uill, tha sinn air a chall, co-dhiù.'

'Chan e do choire-sa a th' ann, Brian.'

Sheall Holmes air a-rithist. 'Ceart,' dh' aontaich e. 'Seadh, air ais dhan bhùthaidh? Dè bh' ann co-dhiù?'

'Bùth innealan didseatach, tha mi a' smaointinn.'

Dh'aom Holmes a cheann fhad 's a ghluais Rebus a-mach dhan trafaig a-rithist. Aidh, bha coltas inneal-ciùil didseatach air a' bhogsa, co-phàirt caol air choreigin. Gheibheadh iad a-mach anns a' bhùth. Ach an àite a dhol mun cuairt air Ceàrnag Charlotte air ais gu Sràid Queensferry, chaidh Rebus a-null air Sràid Dheòrsa. Choimhead Holmes, a bha fhathast a' glacadh anail, mun cuairt gun chreidsinn.

'Cà'il sinn a' dol?'

'Bha dùil a'm gun robh thu seachd searbh de Sràid Queensferry. Tha sinn a' tilleadh dhan stèisean.'

'Dè?'

'A' tilleadh dhan stèisean.'

'Ach dè mu dheidhinn… ?'

'Coma leat, Brian. Feumaidh tu ionnsachadh gun a bhith a' fàs cho draghail.'

Rinn Holmes sgrùdadh air aodann an àrd-oifigeir. 'Tha thu a' meòrachadh air rudeigin,' thuirt e mu dheireadh thall.

Thionndaidh Rebus agus fiamh a' ghàire air aodann. 'Thug thu deagh ghreis a' tuigsinn sin,' thuirt e.

Ach ge bith dè bh' ann, cha robh Rebus a' leigeil air. Air ais aig an stèisean, chaidh e sa bhad chun a' phrìomh dheasg.

'Mèirle sam bith, Ailig?'

Bha fear no dhà aig oifigear an deasg. B' e am fear a b' ùire mèirle bho bhùth innealan-ciùil didseatach.

'Gabhaidh sinn sin,' thuirt Rebus. Phriob an t-oifigear a shùilean.

'Chan eil mòran ann, Inspeactair. Cha deach a ghoid ach aon rud; theich am mèirleach.'

'A dh'aindeoin sin, Ailig,' thuirt Rebus, 'chaidh eucoir a dhèanamh, agus 's e ar dleastanas a th' ann a rannsachadh.' Thionndaidh e airson tilleadh chun a' chàir.

'A bheil e gu math?' dh'fhaighnich Ailig do Holmes.

Cha robh Holmes cinnteach, ach chuir e roimhe a leantail co-dhiù.

'Inneal-teip,' thuirt fear na bùtha. 'Deagh mhodail, cuideachd. Chan e am fear as fheàrr, ach snog gu leòr. Cha bhi sinn a' cumail nan rudan as prìseile air ùrlar na bùtha. Tha iad anns na rumannan taisbeanaidh.'

Bha Holmes a' coimhead air an sgeilp far am b' àbhaist don inneal-teip a bhith. Bha innealan eile air gach taobh den bheàrn, innealan na bu phrìseile.

'Carson a thug e leis am fear ud?' dh'fhaighnich Holmes.

'Eh?'

'Uill, chan eil e cho prìseil sin, a bheil? Agus chan eil e fiù 's faisg air an doras.'

Sgruid an duine a ghuailnean. 'Clann an latha an-diugh. Cò aig tha fios?' Bha a ghruag tiugh cràcach fhathast far an do sheas e sa ghaoith air Sràid Queensferry, ag èigheach àrd a chlaiginn os cionn a' ghèile is luchd-ceannach a' coimhead air.

'Tha àrachas agad, a bheil, a Mhgr Wardle?' Thàinig a' cheist bho Rebus, a bha na sheasamh air beulaibh sreath de ghlaodhairean.

'Nach eil fhios gu bheil, agus tha mi a' pàigheadh gu leòr air a shon.' Thog Mgr Wardle a ghuailnean a-rithist. 'Trobhad an seo, tha e ceart gu leòr. Tha fhios agam mar a tha cùisean ag obrachadh. Siostam de phuingean, a bheil mi ceart? Rud sam bith a tha fo cheithir puingean agus chan eil na balaich agaibh a' bodraigeadh. Tha sibh a' lìonadh nam foirmean agus gheibh mi luach nan rudan a chaidh a ghoid bhon àrachas. Cia mheud puing a tha an seo? Aon? Dhà aig a' char as àirde?'

Phriob Rebus a shùilean, 's dòcha a' meòrachadh air an fhacal 'balaich' co-thimcheall ris-san.

'Tha àireamh-sreatha an inneil agad, a Mhgr Wardle,' thuirt e mu dheireadh thall. 'Tòisichidh sinn an sin. An uair sin dealbh-chunntas a' mhèirlich – tha sin mòran a bharrachd air na th' againn anns a' chuid as motha de dh'eucoirean mar seo. San eadar-ama, 's dòcha gun smaoinich thu air na rudan a th' agad sa bhùth a ghluasad rud beag air ais bhon doras agus smaointinn air an ceangal air an sgeilp no glag-rabhaidh a chur orra airson nach urrainn dhaibh a bhith air an toirt far nan sgeilpean. Ceart gu leòr?'

Dh'aom Wardle a cheann.

'Agus bithibh taingeil,' thuirt Rebus. 'Dh'fhaodadh e a bhith gu math na bu mhiosa. Dè nam biodh iad air tighinn tron uinneig?' Thog e cèis CD far an robh i na suidhe air muin inneal-ciùil: Mantovani agus an Orcastra. 'No fiù 's breithniche?' thuirt Rebus.

Air ais aig an stèisean, shuidh Holmes, coltas air mar bholcàno a bha a' dèanamh deiseil airson spreadhadh. No 's dòcha tiona stuth-lasanta air fhàgail sa ghrèin ro fhada.

Ge bith dè bha Rebus ris, cha robh e ag ràdh guth, cleas na h-àbhaist. Bha seo a' cur a' chaothaich air Holmes. A-nis bha Rebus air falbh gu coinneamh cuide ri Àrd-oifigear an stèisein: cha robh e cho cudromach sin, cha robh sìon a-mach às an àbhaist … coltach ris a' mhèirle aig bùth nan inneal.

Smaoinich Holmes air ais air mar a thachair. Bha an càr na stad, a' cumail na trafaig a bha slaodach mar-thà nas slaodaiche buileach. An uair sin an èigh aig Wardle, agus am fear òg a' ruith tarsainn an rathaid, a' bocadaich eadar na càraichean. Bha an t-òganach air tionndadh, a' sealltainn aodann do Holmes airson diog, aodann làn spotan agus gruag ghoirid, spèiceach. Truaghan caol, sia bliadhna deug a dh'aois le seann dinichean agus brògan-spòrs. Seacaid liath le lèine thartain foidhpe.

Agus pìos teicneòlais na làmhan nach robh furasta a ghoid, no cho daor sin. Cha robh coltas gun robh iomagain sam bith air Wardle mun chùis. Gheibheadh e an t-airgead air ais air an àrachas aige. An e sin e? An robh Rebus ag obair, air a cheann fhèin, air eucoir àrachais mar fhàbhar do sgrùdaire bhon Phru? Bha an dòigh-obrach aig Rebus a' cur a' chaothaich air Holmes, mar chluicheadair ball-coise a bha tàlantach ach mì-fhialaidh agus a bhiodh a' cumail a' bhuill aige fhèin, a' ruith seachad air duine às dèidh duine, gun am ball a thoirt seachad ge bith dè cho doirbh 's a bha e dha. Bha gille san sgoil còmhla ri Holmes a bha mar sin. Aon latha bha Holmes air am bleigeard a leagail ged a bha iad a' cluich san aon sgioba…

Bha fios aig Rebus gun tachradh a' mhèirle a bha seo. Mar sin, feumaidh gun robh cuideigin air innse dha. Mar sin, feumaidh gun robh cuideigin ann a bha airson gun glacadh iad am mèirleach. Cha robh ach aon cheist mhòr ann mun tuairmse a bha seo – carson, ma tha, a leig Rebus am mèirleach air falbh? Cha robh ciall ann. Cha robh ciall sam bith ann.

'Seadh,' thuirt Holmes, a' gnogadh a chinn. 'Seadh, Inspeactair.' Agus leis an sin, chaidh e a choimhead air faidhlichean nan eucorach òg.

Am feasgar sin fhèin, beagan às dèidh a sia, shaoil Rebus, a chionn 's gun robh e faisg air làimh, gun deigheadh e a thadhal air Mgr Wardle airson innse dha nach do rinn iad mòran adhartais fhathast. 'S dòcha, às dèidh greis, gum biodh Wardle air rudeigin eile a chuimhneachadh, rudeigin beag ach cudromach. Cha robh feum sam bith san dealbh-chunntas a thug e seachad den mhèirleach. Bha e mar nach robh e airson bodraigeadh ris, nach robh e airson gun glacadh iad e. Uill, 's dòcha gun togadh Rebus bloigh beag eile bho chuimhne.

Thàinig an rèidio-làimhe beò. Bha teachdaireachd air bho DS Holmes. Agus nuair a chuala Rebus e, thàinig drèin air agus thionndaidh e an càr gus tilleadh gu meadhan a' bhaile.

Bha e fortanach do Holmes, thuirt Rebus, gun robh an rathad air a bhith trang, agus cairteal na h-uarach fada gu leòr airson fearg Rebus a chiùineachadh. Bha iad air ais ann an rùm an CID. Bha Holmes na shuidhe aig an deasg, a làmhan còmhla air cùl a chinn. Bha Rebus na sheasamh mu choinneamh, a' tarraing anail gu cruaidh. Air an deasg bha deic-teip dhubh.

'Tha an àireamh-sreatha a' maidseadh,' thuirt Holmes, 'mus faighnich sibh.'

Cha b' urrainn do Rebus gun beagan iongnaidh a bhith na ghuth. 'Ciamar a fhuair thu lorg air?'

Le a làmhan fhathast air cùl a chinn, thog Holmes a ghuailnean.

'Bha e sna faidhlichean. Choimhead mi air a h-uile dealbh gus an do dh'aithnich mi e. Bha na spotan air aodann cho math ri tatù. James Iain Bankhead, no Jib mar a theireadh a charaidean ris. A rèir na faidhle, chuir sibh fhèin an grèim e turas no dhà.'

'Jib Bankhead?' thuirt Rebus, mar gun robh e a' rannsachadh na inntinn. 'Seadh, tha mi a' smaointinn gu bheil cuimhn' agam.'

'Smaointinn? Bha mi cinnteach gum bitheadh; chan eil ach trì mìosan bhon turas mu dheireadh.' Thog Holmes am faidhle airson a shealltainn dha. 'Neònach nach do dh'aithnich sibh e...'

Chùm Holmes a shùilean air a' faidhle.

'Cha tig an aois leatha fhèin,' thuirt Rebus. Choimhead Holmes air Rebus a-rithist. 'Dè a-nis?'

'Càit a bheil e?'

'Seòmar Agallaimh B.'

'Cùm an sin e. Cha dèan e cron. An tubhairt e guth?'

'Cha tubhairt. Abair gun robh iongnadh air nuair a thadhail mi air, ge-tà.'

'Ach cha tuirt e guth?'

Dh'aom Holmes a cheann. 'Dè a-nis?' thuirt e a-rithist.

'A-nis,' thuirt Rebus, 'thugainn còmhla rium, a Bhrian. Innsidh mi dhut a h-uile sìon air an t-slighe…'

Bha Wardle a' fuireach ann am flat a bha na pàirt de sheann taigh bho thoiseach na linn air taobh an ear-dheas a' bhaile. Phut Rebus an clag a bh' air a' bhalla ri taobh an dorais mhòir ghrinn. An dèidh greis, chualas ceumannan agus trì iuchraichean a' tionndadh, agus mu dheireadh thall dh'fhosgail an doras.

'Feasgar math, a Mhgr Wardle,' thuirt Rebus. 'Tha mi toilichte fhaicinn cho deiseil 's a tha thu a thaobh tèarainteachd, nad dhachaigh co-dhiù.' Bha Rebus a' sealltainn air na trì tuill-iuchrach, an toll-amhairc agus an t-slabhraidh tèarainteachd a bh' air an doras.

'Chan urrainn dhut a bhith ro…' Stad Wardle a bhruidhinn, a shùilean a' gluasad sìos air na bha aig Brian Holmes na làimh. 'An deic!'

'Mar gun robh i ùr,' thuirt Rebus. 'A bharrachd air làrach-corraig no dhà.'

'Dh'fhosgail Wardle an doras pìos eile. 'Trobhadaibh a-steach.' Choisich iad tro thrannsa cumhang gu ruige staidhre. Cha robh aig Wardle ach a' chiad ùrlar den togalach. Bha aodach air a bha gu math coltach ris an aodach a bh' air sa bhùth: denims a bha ro òg dha, lèine dhathach agus brògan donn.

'Chan eil mi ga chreidsinn,' thuirt e, gan stiùireadh chun na staidhre. 'Chan eil gu dearbh. Ach b' urrainn dhuibh a bhith air a thilleadh dhan bhùth…'

'Bha sinn faisg air làimh co-dhiù.' Dhùin Rebus an doras, a' toirt an aire dhan chòmhdach stàilinn a bh' air taobh a-staigh an dorais. Bha am balla mun cuairt air a dhaingneachadh le meatailt cuideachd. Thionndaidh Wardle, a' mothachadh gun robh Rebus a' coimhead air seo.

'Fuirich gus am faic thu a' hi-fi, Inspeactair. Bidh a h-uile sìon soilleir an uair sin.'

Bha iad a' cluinntinn a' chiùil mu thràth. Bha iad a' faireachdainn torman a' bheus tron staidhre.

'Feumaidh gu bheil do nàbaidhean gu math coibhneil,' thuirt Rebus.

'Tha i ceithir fichead 's a dhà-dheug,' thuirt Wardle. 'Cho bodhar ri cloich. Chaidh mi a dh'innse dhi mun hi-fi nuair a ghluais mi an seo. Cha chuala i guth a thubhairt mi.'

Bha iad aig mullach na staidhre a-nis, far an robh trannsa nas lugha gan toirt a-steach do sheòmar mòr – seòmar-suidhe agus cidsin còmhla. Bha sòfa agus dà shèithear air am putadh air ais ri aon bhalla, agus cha robh sìon eatarra agus balla an taoibh thall, far an robh an siostam hi-fi na shuidhe, le glaodhairean àrd air an ùrlar air gach taobh dheth. Bha sia bogsaichean dubha air aon sgeilp, rud nach robh a' dèanamh ciall sam bith do Rebus ach gun robh aon solas dearg a' priobadh orra.

'Amplifiers,' mhìnich Wardle, a' tionndadh sìos a' chiùil.

'An e sin a th' annta uileag?'

'Pre-amp agus cumhachd, agus amp airson gach dràibhear.'

Bha Holmes air an deic-teip fhàgail air an ùrlar, ach ghluais Wardle e sa mhionaid.

'Tha am fuaim air a mhilleadh,' thuirt e, 'ma tha inneal sam bith eile san rùm.'

Sheall Holmes is Rebus air a chèile. Bha Wardle air a dhòigh a-nis. 'Bheil sibh airson rudeigin a chluinntinn? Dè as fheàrr leat?'

'Rolling Stones?' dh'fhaighnich Rebus.

'Sticky Fingers, Exile, Let It Bleed?'

'Am fear mu dheireadh,' thuirt Rebus.

Chaidh Wardle a-null far an robh sreath fad fichead troigh de chlàran LP nan seasamh ris a' bhalla fon uinneig.

'Bha dùil a'm gun deach iad sin a-mach leis an àirc,' thuirt Holmes.

Thog Wardle fiamh gàire. 'Agus clàran CD nan àite? Cha deach. 'S e vinyl fhathast as fheàrr. Suidhibh sìos.' Chaidh e a-null chun an inneil agus thog e dheth an clàr a bha air a bhith a' cluich. Shuidh Rebus agus Holmes. Choimhead Holmes air Rebus, agus dh'aom e a cheann. Sheas Holmes a-rithist.

'Cà'il an taigh-beag?' dh'fhaighnich e.

'Theirigibh gu ur làimh dheas a-muigh san trannsa,' thuirt Wardle. Dh'fhàg Holmes an rùm. 'Càil sam bith as fheàrr leat, Inspeactair?'

'Gimme Shelter,' thuirt Rebus. Dh'aom Wardle a cheann, ag aontachadh, chuir e an t-snàthad air a' chlàr, sheas e agus thionndaidh e suas am fuaim. 'An gabh thu drama?' dh'fhaighnich e. Spreadh an rùm ann am balla fuaim. 'Balla fuaim'. Bha Rebus air seo a chluinntinn roimhe, agus a-nis bha a shròn suas ris a' cheart bhalla.

'Uisge-beatha, mas e do thoil e', dh'èigh e. Choimhead Wardle ris an trannsa.

'Gabhaidh is esan.' Dh'aom Wardle a cheann agus choisich e gu far an robh an cidsin. Na stob air an t-sòfa, thug Rebus sùil gheur mun cuairt air. Bha a shùilean air a h-uile rud ach a' hi-fi. Chan e gun robh mòran eile ri fhaicinn. Bòrd beag làn le measgachadh rudan co-cheangailte ris a' hi-fi – bruisean-glanaidh is a leithid. Bha dealbhan brèagha gu leòr air a' bhalla. Dha-rìribh, bha tè dhiubh a bha a' coimhead coltach ri dealbh a bha air a peantadh seach a bhith na priont: dealbh de dh'amar-snàmh, cuideigin a' gluasad fo uachdar an uisge. Ach cha robh sgeul air telebhisean, sgeilpichean, leabhraichean, dealbhan de theaghlach no sìon sam bith eile. Bha fhios aig Rebus gun do dhealaich Wardle is a bhean. Bha fhios aige cuideachd gum biodh e a' dràibheadh Porsche 911, Y-reg. Bha e eòlach air tòrr mu dheidhinn, ach fhathast bha tuilleadh ri fhaighinn a-mach…

Chuireadh deagh dhrama air a bheulaibh. Chuir Wardle tèile air an ùrlar do Holmes, agus thill e dhan chidsin airson a ghlainne fhèin a thogail. Shuidh e air an t-sòfa ri taobh Rebus.

'Dè ur beachd?'

'Mìorbhaileach,' dh'èigh Rebus air ais. Thog seo gàire air aodann Wardle.

'Dè chosgadh seo dhomh fhìn?' dh'fhaighnich Rebus, an dòchas nach robh Wardle air mothachadh cho fada 's a bha Holmes air a bhith a-mach às an rùm.

'Ò, mu chòig air fhichead mìle.'

'Thalla is boc! Cha do chosg am flat agam uiread sin.'

Cha do rinn Wardle ach gàire a dhèanamh. Ach bha e a' coimhead a-null ri doras an rùm. Bha Rebus a' smaointinn gun robh e a' dol a ràdh rudeigin, nuair a dh'fhosgail an doras agus thàinig Holmes a-steach, a' suathadh a làmhan ri chèile mar gum biodh e gan tiormachadh. Shuidh e agus thog e a ghlainne ri Wardle. Chaidh Wardle a-null chun a' hi-fi gus am fuaim a chur sìos. Dh'aom Holmes a cheann ri Rebus. Thog Rebus fhèin a ghlainne agus chuir e crìoch air na bh' innte. Shàmhaich an ceòl.

'Dè bha siud?' dh'fhaighnich Holmes.

'*Let It Bleed*.'

'Bha dùil a'm gun tigeadh fuil às mo chluasan gun teagamh.' Rinn Wardle gàire. Bha coltas gun robh e ann an deagh shunnd. 'S dòcha gur ann a chionn 's gun d' fhuair e an deic-teip air ais a bha seo.

'Innsibh dhomh a-nis,' thuirt e. 'Ciamar fon ghrèin a fhuair sibh an deic air ais cho luath?'

Bha Holmes a' dol a bhruidhinn, ach bha Rebus na bu luaithe.

'Dh'fhàg am mèirleach e às a dhèidh.'

'Às a dhèidh?'

'Aig bonn staidhre air Sràid na Banrigh,' chùm Rebus air. Bha e a-nis na sheasamh. Dh'aithnich Holmes gun robh e airson falbh agus thràigh e a ghlainne, a shùilean dùinte. 'Bha sinn fortanach, gu dearbh. Dìreach fortanach.'

'Mòran taing a-rithist,' thuirt Wardle. 'Uair sam bith a tha sibh airson inneal-ciùil sam bith a cheannach, thigibh a-steach dhan bhùth. Tha mi a' creidsinn gun urrainn dhomh prìsean a lùghdachadh dhuibh.'

'Cumaidh sinn sin air chuimhne,' thuirt Rebus. 'Fhad 's nach fheum mi mo thaigh a reic air a shon…'

Air ais aig an stèisean, leig Rebus an toiseach Jib mu sgaoil, agus an uair sin chaidh e dhan oifis aige, far an do sgaoil e na faidhlichean uile air an deasg, agus shlaod Holmes sèithear a-nall. Shuidh an dithis aca, a' leughadh a-mach bho liostaichean de nithean a bha air an goid, nithean a chaidh a ghoid ann am marbhan na h-oidhche le mèirlich phroifeiseanta. Chaidh an goid bho chòig dachaighean, dachaighean far an robh teaghlaichean beairteach a' fuireach, teaghlaichean aig an robh rudan a b' fhiach a ghoid.

Còig mèirlean, uile ann am marbhan na h-oidhche, siostaman rabhaidh air an gearradh dheth. Chaidh pìosan ealain a ghoid, seann àirneis, agus ann an aon taigh fiù 's cruinneachadh slàn de stampaichean tearc bho air feadh na Roinn Eòrpa. Bha iad air tachairt mu mhìos eatarra, uile taobh a-staigh de fhichead mìle bho mheadhan Dhùn Èideann. Ach dè bha gan ceangal còmhla? Bha Rebus air seo a mhìneachadh do Holmes air an t-slighe gu flat Wardle.

'Cha robh duine a' faicinn ceangal sam bith, ach gun robh an còignear a dh'fhuiling ag obair air taobh an iar a' bhaile. Dh'iarr an t-Àrd-oifigear orm sùil a thoirt air a' chùis. Agus dè chunnaic mi? Bha siostaman hi-fi ùra aca uile air a chur a-steach. Suas ri sia mìosan mus do thachair na mèirlean. Siostaman a cheannaich iad uile bho Queensferry Audio, agus air an cur a-steach le Mgr Wardle.'

'Bhiodh fios aige, ma-thà, air na rudan prìseil a bh' anns gach taigh?' bha Holmes air a ràdh.

165

'Agus air na siostaman rabhaidh a bh' ann cuideachd.'

'Co-thachartas, 's dòcha.'

'Tha fhios a'm.'

Gu dearbh, bha fhios aig Rebus air seo. Bha fhios aige nach robh aige ach amharas mun cho-thachartas. Cha robh dearbhadh no fianais sam bith aige. Gu h-àraidh fianais a bheireadh dha cead rannsachaidh fhaighinn, mar a thuirt an t-Àrd-oifigear, is deagh fhios aige gun dèanadh Rebus a dhìcheall rudeigin fhaighinn a-mach co-dhiù. Cha robh seo a' cur dragh air an Àrd-oifigear, fhad 's a chumadh Rebus aige fhèin e, gun a bhith leigeil air na bha e a' dèanamh. Mar sin, nam biodh e ceàrr, cha bhiodh a' choire air duine ach air Rebus fhèin. B' e peinnsean Rebus a bh' ann an cunnart.

'S e an aon dòchas a bh' aig Rebus gun do chùm Wardle cuid de na rudan a chaidh a ghoid, is gun robh iad fhathast sa flat no sa bhùth aige. Bha e air iarraidh mu thràth air DC òg a dhol a-steach dhan bhùth, a' leigeil air gun robh e airson rudeigin a cheannach. Rinn e sin ceithir tursan, an toiseach a' ceannach teip no dhà, an uair sin airson coimhead air hi-fi, an uair sin airson uair a chur seachad ann an rùm taisbeanaidh, agus mu dheireadh, airson bruidhinn ri Wardle airson greis … Bha e air innse do Rebus às dèidh seo nach robh sìon a-mach às an àbhaist. Cha robh sgeul air gin dhe na rudan a chaidh a ghoid, agus cha robh preasaichean no rumannan glaiste rim faicinn nas motha.

An uair sin bha Rebus air iarraidh air oifigear ann an èideadh-poilis a dhol a bhruidhinn ri Mgr Wardle aig an taigh, a' leigeil air gun robh e a' dèiligeadh ri tèarainteachd sa choimhearsnachd. Cha d' fhuair e seachad air an doras-aghaidh, ach bha e air innse do Rebus gun robh an t-àite mar Fort Knox, le fiù 's doras meatailt'. Bha Rebus glè eòlach air dorsan stàilinn – 's iad a bhiodh aig an fheadhainn a bhiodh a' reic dhrogaichean, airson 's gum biodh ùine gu leòr aca an stuth a chur sìos am pana cho luath 's a thigeadh am poileas chun an dorais le ùird mhòra.

Ach doras stàilinn aig fear a bhiodh a' reic stuth an eile agtronaigeach … 's e rud ùr a bha seo. Ceart gu leòr, bha siostam hi-fi a b' fhiach còig air fhichead mìle not airidh air tèarainteachd gun teagamh. Ach bha e neònach na dhèidh sin. Cha robh Rebus den bheachd gun robh Wardle fhèin a' goid nan rudan. Cha robh e ach a' togail fiosrachadh airson buidheann de mhèirlich air choreigin, agus 's iadsan na daoine a bha Rebus a' sireadh air a' cheann thall. Ach cha robh dòigh aige faighinn thuca ach tro Wardle…

Mu dheireadh thall, ann an èiginn, chaidh Rebus a choimhead air Jib. Agus rinn Jib mar a chaidh iarraidh air, a' ciallachadh gun robh Rebus fada na chomain a-nis. Bha seo uile an aghaidh a mhodh-obrach; an aghaidh an lagh, cuideachd, nan smaoinicheadh tu mu dheidhinn. Nam faigheadh duine sam bith a-mach mu dheidhinn … uill, cha bhiodh obair aig Rebus fada. Agus seo an t-adhbhar, mar a mhìnich e do Holmes, gun robh e a' cumail cho sàmhach mu dheidhinn.

Bha am plana gu math sìmplidh. Ghoideadh Jib rudeigin às a' bhùth, rud sam bith, le Rebus ga choimhead air eagal 's gun rachadh sìon ceàrr – mar cuideigin air an t-sràid a' cur stad air sa bhad. An uair sin, thigeadh Rebus dhan bhùth airson a' mhèirle a rannsachadh. An uair sin, thigeadh e don flat aig Wardle, airson innse dha nach d' fhuair iad sìon a-mach fhathast. Nam biodh feum aige a dhol ann a-rithist, rachadh an deic-teip a lorg. Ach a-nis bha Holmes ga chuideachadh. Mar sin, bu chòir gun dèanadh aon turas an gnothach, aon duine a' cumail Wardle ann an aon rùm fhad 's a bha an duine eile a' dèanamh sgrùdadh air a' chòrr den flat.

Bha iad a-nis nan suidhe, a' coimhead gu mionaideach air gach liosta, a' feuchainn ri na chunnaic Holmes ann am flat Wardle a mhaidseadh ri rudan a chaidh a ghoid às na còig taighean sòghail.

'Cloc-carbaid,' leugh Rebus, 'bogsa shiogàr Iapanach bhon 19mh linn, dealbhan de Dhùn Èideann a thog Seumas Gòrdan san t-17mh linn, dealbh-cloiche Swarbeck…'

Chrath Holmes a cheann ri gach fear dhiubh seo, agus leugh e an uair sin bhon liosta a bh' aige fhèin. 'Uaireadairean Longines, priont Hockney, peann Cartier, seata slàn de na nobhailean Waverley bhon chiad phriontadh, bhàsa Ming, pìosan crèadhadaireachd Dresden...' Choimhead e suas. 'An creideadh tu gu bheil fiù 's ceas champagne ann.' Choimhead e air ais sìos agus leugh e: 'Louis Roederer Cristal 1985. Luach sia ceud not air. 'S e sin ceud not gach botal.'

'Nach eil thu toilichte gur e lagar as fheàrr leat,' thuirt Rebus. Leig e osna. 'Chan eil thu ag aithneachadh sìon, a Bhrian?'

Chrath Holmes a cheann. 'Chan eil sìon mar seo anns na seòmraichean-cadail.'

Rinn Rebus guidhe fo anail. 'Fuirich mionaid,' thuirt e. 'Dè mu dheidhinn a' phriont ud?'

'Cò am fear? A' Hockney?'

'Aidh, a bheil dealbh againn dheth?'

'Tha, seall,' thuirt Holmes, a' slaodadh às a' faidhle duilleag a bha air a sracadh bho chatalog gailearaidh ealain. Thug e do Rebus e, a thug sùil gheur air an dealbh. 'Carson?'

'Carson?' dh'aithris Rebus. 'Shuidh thu fhèin air beulaibh an deilbh seo anns an t-seòmar-suidhe aig Wardle. Bha mi a' smaointinn gur e an dealbh cheart a bh' ann, ach seo i gu dearbh.' Sheall e air a' phàipear. 'Tha e ag ràdh an seo nach do rinn iad ach leth-cheud copaidh. Dè an àireamh a th' air an tè a chaidh a ghoid?'

Choimhead Holmes air an liosta. 'Dà fhichead 's a ceithir.'

'Ceart,' thuirt Holmes, 'bidh sin furasta gu leòr a dhearbhadh.' Sheall e ri uaireadair. 'Dè an uair a bha dùil agad a dhol dhachaigh?' Bha Holmes a' crathadh a chinn. 'Chan eil e gu diofar. Ma tha thu a' dol a thadhal air Mgr Wardle, tha mise a' tighinn cuideachd.'

'Trobhad, ma-thà.'

'S ann air an t-slighe a dh'fhaighnich Holmes a' cheist: 'Dè thachras mura h-e an aon a th' air a' phriont?'

'Uill, an uair sin bidh sinn ann am fìor dhroch staing.'

Ach, mar a thachair, cha robh staing sam bith ann ach do Wardle.

Bha e duilich, shaoil Rebus às dèidh a' ghnothaich, nach d' fhuair e deagh phrìs air siostam hi-fi bho Wardle mus deach a thoirt dhan stèisean. Dh'fheumadh e feitheamh airson na fèill-reic nuair a dhùnadh Queensferry Audio…

8

UINNEAG A' CHOTHRUIM

Cha b' e sgil, ach ealain, a bh' anns an dòigh a bhiodh Bernie Few a' faighinn a-mach às a' phrìosan.

Agus thairis air na bliadhnaichean bha e air an ealain seo a ghleusadh gu ìre gu math àrd. Bha sgeulachdan mu dheidhinn air an innse nuair a rachadh na solais dheth ann am prìosain air feadh Alba: mar a bhiodh e a' briseadh a-mach, am mealladh a dhèanadh e air oifigearan a' phrìosain, mar a bhiodh e a' dol à sealladh. Bha far-ainmean aca air: 'Am Fear Sleamhainn', 'Priobadh na Sùla', agus iomadach ainm eile, nam measg 'Houdini' a bha furasta a thuigsinn, agus 'Claude' nach robh cho furasta (b' e Claude Rains ainm an fhir a chluich *The Invisible Man* anns a' chiad film).

Bha euchdan Bernie Few mìorbhaileach. Mar mhèirleach cha robh a sgilean ach truagh, ach 's ann nuair a rachadh a ghlacadh a shealladh e na comasan aige. Cha deach a chruthachadh mar ghadaiche, ach bha e anabarrach math air teicheadh às a' phrìosan. Bha e air e fhèin a chur ann am pocan treallaich agus puist, air a dhol an àite cuirp ann am marbhlann ospadal a' phrìosain, air a phutadh fhèin a-mach à uinneagan beaga bìodach (uaireannan ga chòmhdach fhèin le ìm ro-làimh), agus air e fhèin a dhinneadh tro fhosglaidhean teasachaidh agus gaothrachaidh.

Ach bha aon duilgheadas aig Bernie Few. Cho luath 's a bha e air na ballachan àrda a shreap, air ruith air falbh bho bhus a' phrìosain, no air an geàrd a bhualadh mun cheann, cho luath 's a a bha e air sin a dhèanamh agus e air an taobh a-muigh, a' tarraing anail na dhuine saor agus a' leaghadh air falbh am measg an t-sluaigh … bha a ghluasad a-nis a' dol cho rèidh ri uaireadair. Bha a h-uile innleachd a bh' aige a-nis caithte. Bha beachd eile aig eòlaichean-inntinn a' phrìosain. Bha iadsan den bheachd gun robh e airson gum biodh e air a ghlacadh a-rithist. Bha e mar gheama dha.

Ach airson Inspeactair John Rebus, cha b' e geama a-mhàin a bh' ann. 'S e cothrom a bh' ann airson deoch.

Dhèanadh Bernie trì rudan. An toiseach, chaitheadh e clach tro uinneag na tè aig am b' àbhaist e a bhith pòsta. An uair sin, sheasadh e ann am meadhan Sràid a' Phrionnsa ag èigheach ris a h-uile duine iad lutharna, is iomadh àit' eile, a thoirt orra. Agus mu dheireadh, rachadh e a dh'òl a Thaigh-seinnse Scott's. An-diugh, bha a' chiad rud na dhuilgheadas do Bhernie, a chionn 's gun robh an ex aige air falbh gun seòladh fhàgail agus cuideachd gun robh i air gluasad, air comhairle Rebus, gu togalach àrd ann an Oxgangs air a' chiad ùrlar deug. Chan fhaigheadh i clach tron uinneig, mura robh Bernie math le ròp is crampoin.

Dh'fhuiricheadh Rebus airson Bernie ann an Scott's, far nach robh an t-uisge-beatha no a' chainnt lag. Bha Scott's ainmeil mar àite-cruinneachaidh aig droch dhaoine de gach seòrsa, fear de na taighean-seinnse a bu mhiosa ann an Dùn Èideann. Bha Rebus eòlach air leth nan daoine a bha ann, fiù 's air feasgar Diciadain mar seo. Aodainn bhon chùirt, aodainn bho thagraidhean. Bha iadsan ga aithneachadh fhèin cuideachd, ach cha bhiodh trioblaid sam bith ann. Bha fhios aca uile carson a bha e an seo. Thog e e fhèin suas air stòl aig a' bhàr agus las e toitean. Bha an telebhisean air, a' seolltainn sianal spòrs, geama criogaid air choreigin eadar Sasainn agus na h-Innseachan an Iar. Thathar ag ràdh nach eil ùidh aig Albannaich ann an criogaid, ach chan eil sin fìor. Seallaidh luchd-

òil Dhùn Èideann air rud sam bith, gu h-àraidh ma tha Sasainn a'
dol a chall. Bha Scott's, àite cho suarach 's a chunna tu riamh, air a
dhol tarsainn dhan Charibbean airson an tachartais seo.

An uair sin dh'fhosgail doras nan taighean-beaga le sgreuch a
chuir nearbhan air chrith, agus choisich duine a-mach. Bha e àrd,
tana is spàgach, a ghruag a' tuiteam tarsainn air a shùilean. Bha a
làmh air a bhriogais, a' faireachdainn feuch an do chuimhnich e a
dùnadh, agus bha a shùilean ris an ùrlar.

'Siuthadaibh, ma-thà,' thuirt e. Ach cha b' ann ri duine àraidh sam
bith, is dh'fhosgail e an doras. Cha do fhreagair duine. Dh'fhan an
doras fosgailte beagan na b' fhaide na bu chòir dha. Bha cuideigin
eile a' tighinn a-steach. Ghluais sùilean air falbh bhon telebhisean
airson diog. Thràigh Rebus a ghlainne is dh'èirich e. B' aithne dha
an duine a bha air am bàr fhàgail. Bha e glè eòlach air. Bha làn
fhios aige cuideachd nach b' urrainn dhan rud a bha dìreach air
tachairt a bhith.

Dh'òrdaich an duine ùr, duine beag le làn a bhois de bhuinn-
airgid, pinnt, ann an guth a bha air a thùchadh le bhith ag èigheach.
Cha do ghluais am fear a bha air cùlaibh a' bhàir. An àite gluasad,
choimhead e air Rebus, a bha e fhèin a' coimhead air Bernie Few.

An uair sin choimhead Bernie Few air Rebus.

'Bheil thu air a bhith shìos Sràid a' Phrionnsa, a Bhernie?'
dh'fhaighnich Rebus.

Rinn Bernie osna agus shuath e aodann, 's e a' coimhead sgìth.

'Ùin' agad son tè bheag, a Mhgr Rebus?'

Dh'aom Rebus a cheann. Bha e feumach air tèile co-dhiù. Bha
rud no dhà air inntinn, rudan nach robh co-cheangailte ri Bernie
Few.

******

Tha gràdh agus gràin aig oifigearan a' phoilis air obair faire, agus
cha mhòr nach robh an dà fhaireachdainn co-ionann. Bha an obair
sgìtheil, ach bha e fhathast na b' fheàrr na bhith nad shuidhe aig

deasg CID. Tric air stakeout tha àbhachdas air choreigin ann eadar na h-oifigearan, agus tha faireachdainn gu math taitneach ann nuair a thachras rudeigin, mu dheireadh thall.

An-dràsta, bha oifigearan nan suidhe ann am flat teanamaint air an dàrna ùrlar, agus an fheadhainn a bha a' fuireach ann air an cur air saor-làithean a charabhan ris a' chladach airson cola-deug. Nam maireadh an iomairt faire nas fhaide na sin, dheigheadh an cur a dh'fhuireach còmhla ri càirdean.

Bha na h-oifigearan ann an sgiobaidhean de dhithis, agus ag obair ann an sioftan a bha a' maireachdainn dusan uair an uaireadair. Bha iad a' coimhead air a' flat a bha air an dàrna ùrlar den teanamaint a bha dìreach tarsainn an rathaid. Bha iad airson sùil a chumail air na bha Ribs MacKay a' dèanamh. Fhuair e an t-ainm Ribs le cho tana 's a bha e. Bha e fo smachd heroin, agus bha e a' pàigheadh air a shon le bhith a' reic dhrogaichean. Ach cha d' fhuair na poilis riamh grèim air air a shon, agus bha CID Dhùn Èideann airson sin a chur ceart.

B' e an duilgheadas a bh' aca gun robh Ribs, fhad 's a bha iad air a bhith ga choimhead, air a bhith cho modhail 's a ghabhadh. Bha e a' fuireach sa flat, gun a bhith a' dol a-mach, ach don bhùth an-dràsta 's a-rithist. Cheannaicheadh e bhodca, bainne, toiteanan, uaireannan gràn bracaist no cnogan ìm cnò-thalmhainn, agus a bharrachd air sin leth dusan bàr teòclaid. Bha còir aige a bhith a' dèanamh barrachd, ach cha robh. Bhiodh aca ri stad ann an latha no dhà mura tachradh sìon.

Bha iad a' dèanamh oidhirp am flat a chumail glan, ach cha b' urrainn dhaibh gun a bhith beagan mì-sgiobalta. Cha b' urrainn dhaibh stad a chur air sròinean nàbaidhean nas mò: bha a h-uile duine san togalach a' gabhail iongnadh mu na coigrich a bha ann an dachaigh nan Tullys. Bha cuid a' faighneachd cheistean. Bha cuid nach leigeadh a leas sìon innse dhaibh. Choinnich Rebus ri bodach air an staidhre. Bha e a' giùlan làn baga bhon bhùth chun an treas ùrlair, a' stad às dèidh gach ceum airson anail a ghabhail.

'Bheil sibh ag iarraidh cuideachadh?' dh'fhaighnich Rebus.

'Tha mi math gu leòr.'

'Cha bhiodh dragh sam bith ann.'

'Thuirt mi gu bheil mi math gu leòr.'

Thog Rebus a ghuailnean. 'Glè mhath, ma-thà.' An uair sin shreap e an ath staidhre is chomharraich e doras flat nan Tullys.

Dh'fhosgail DC Jamphlar an doras criomag, chunnaic e gur e Rebus a bh' ann, agus dh'fhosgail e na b' fharsainge e. Chaidh Rebus a-steach gu luath.

'Seo,' thuirt e, a' toirt poca pàipeir dha. 'Doughrings.'

'Mòran taing, sir,' thuirt Jamphlar.

Anns an t-seòmar-suidhe bheag, bha DC Connaught na shuidhe air sèithear aig an uinneig, a' sealltainn tarsainn an rathaid tron chùirtear-lìn. Choimhead Rebus còmhla ris airson mionaid. Bha uinneag Ribs MacKay salach, ach chitheadh tu tron uinneig gu seòmar-suidhe gu math àbhaisteach. Cha robh e a' tighinn chun na h-uinneig tric. Cha robh Connaught a' sealltainn air an uinneig a-mhàin. Bha e a' dol eadar an uinneag agus doras-aghaidh an togalaich. Nam fàgadh Ribs a' flat, rachadh Jamphlar às a dhèidh, le Connaught a' cumail sùil bhon uinneig, a' bruidhinn ri na h-oifigearan aig an stèisean air an rèidio.

An toiseach, bha aon oifigear anns a' flat agus fear eile ann an càr air an t-sràid. Ach cha robh feum aca air an duine a bha air an t-sràid, agus thogadh e amharas dhaoine co-dhiù. Cha robh an t-sràid cho trang sin, ach bha i eadar Sràid Clerk agus Sràid Buccleuch. Bha bùth no dhà faisg, ach cha robh a' choltas orra gum biodh iad fosgailte gu bràth tuilleadh.

Choimhead Connaught suas bhon uinneig. 'Feasgar math, sir. Dè tha gur toirt an seo?'

'Sgeul air?' dh'fhaighnich Rebus.

'Chan eil fiù 's bìog às.'

'Tha fhios a'm carson a tha sin. Tha an t-eun air teiche.'

'Chan urrainn dha bhith,' thuirt Jamphlar, a' togail cèic gu beul.

'Chunnaic mi fhìn e o chionn leth-uair ann an Scott's. Tha sin fada gu leòr air falbh à seo.'

'Feumaidh gu bheil dithis ann leis an aon choltas.'

Ach chrath Rebus a cheann. 'Cuin a chunnaic sibh e mu dheireadh?'

Choimhead Jamphlar anns na notaichean. 'Chan fhaca fhathast air an t-sioft seo. Ach madainn an-diugh chunnaic Cooper agus Sneddon e a' dol dhan bhùth agus a' tilleadh. Bha sin aig cairteal às dèidh seachd.'

'Agus thòisich thu fhèin is Connaught aig a h-ochd?'

'Tha sin ceart.'

'Agus chan fhaca sibh idir e às dèidh sin?'

'Tha cuideigin ann,' thuirt Connaught. 'Chunnaic sinn rudeigin a' gluasad.'

Bhruidhinn Rebus gu cùramach. 'Ach chan fhaca sibh Ribs MacKay, agus chunnaic mise. Tha e a-muigh air an t-sràid, a' dèanamh ge bith dè bhios e a' dèanamh.' Ghluais e nas fhaisge air Connaught. 'Trobhad, 'ille. Dè th' ann? 'Eil thu air a bhith leisg? Leth-uair san taigh-sheinnse? Norrag air an t-sòfa? Tha e a' coimhead gu math cofhurtail, an sòfa ud.'

Bha Jamphlar a' feuchainn ri na bha na bheul, a bha air fàs tioram, a shluigeadh. 'Tha sinn air a bhith a' dèanamh ar dìchill!' thuirt e, criomagan cèic a' spreadhadh air feadh an àite.

Chùm Connaught air a' sealltainn air Rebus le shùilean a' lasadh. 'S e an fhìrinn a bh' aca, shaoil Rebus.

'Seadh, ma-thà,' thuirt e. 'Feumaidh gu bheil adhbhar eile ann. Doras-cùil, no pìob-dhrèanaidh air choreigin.'

'Tha an doras-cùil air a lìonadh a-staigh le breigichean,' thuirt Connaught gu rag. 'Tha pìob-dhrèanaidh ann, ach chan fhaigheadh Ribs sìos oirre.'

'Ciamar a tha thu cho cinnteach?'

'Tha mi cinnteach.' Choimhead Connaught a-mach tron chùirtear.

'Rudeigin eile ma-thà. 'S dòcha gu bheil e a' cur aodach eile air, a' leigeil air gur e cuideigin eile a th' ann.'

Choimhead Jamphlar, fhathast a' cagnadh, tro na notaichean a-rithist. 'Tha ainm gach duine a tha a' dol a-mach 's a-steach sgrìobhte.'

'Tha e làn dhrogaichean,' thuirt Connaught. 'Chan eil e cho glic gu leòr 's gun toireadh e ar car asainn.'

'Uill, 'ille. Tha e air an dearbh rud sin a dhèanamh. Tha thu a' coimhead air flat a tha falamh.'

'Seall. Tha an telebhisean air tighinn air,' thuirt Connaught. Choimhead Rebus tron uinneig. Gu dearbh, bha dathan a' gluasad air an sgrion. 'Is beag orm am prògram seo,' thuirt Connaught.

'Carson nach atharraich e an t-sianal?'

'Dh'fhaodadh nach urrainn dha,' thuirt Rebus, a' gluasad chun an dorais.

*****

Thill e don ionad-faire na b' fhaid' air adhart, le cuideigin còmhla ris. Bha beagan duilgheadais air a bhith aige, a' cur chùisean ann an òrdugh. Cha robh duine san stèisean toilichte leigeil leis coiseachd a-mach an doras le Bernie Few. Ach ghabhadh Rebus uallach rud sam bith a thachradh.

'Gu dearbha fhèin gabhaidh,' thuirt an t-àrd-oifigear, a' cur ainm ris a' foirm.

Bha Jamphlar is Connaught dheth. Bha Cooper is Sneddon air.

'Dè tha seo a tha mi a' cluinntinn?' thuirt Cooper, a' fosgladh an dorais do Rebus agus a chompanach.

'Mu dheidhinn Ribs?'

'Chan ann,' thuirt Cooper. 'Mu dheidhinnn nan patisseries a thug thu leat airson sioft an latha.'

'Trobhad is faic,' dh'èigh Sneddon. Choisich Rebus chun na h-uinneig. Bha an solas air ann an seòmar-suidhe Ribs, agus cha robh na sgàilein dùinte. Bha Ribs air an uinneag fhosgladh agus bha e a' coimhead sìos air an t-sràid ann an solas na gealaich, toitean na bheul. 'Bheil thu a' faicinn?'

'Tha mi a' faicinn,' thuirt Rebus. An uair sin thionndaidh e ri Bernie Few. 'Trobhad an seo, a Bhernie.' Thàinig Few còmhla ris chun na h-uinneig, agus dh'inns Rebus dha mun ghnothach air fad. Smaoinich Bernie airson mionaid, a' cur a làimh ri a smiogaid, is dh'fhaighnich e na h-aon cheistean a bha Rebus air a chur air Jamphlar is Connaught. An uair sin smaoinich e airson mionaid eile, a' coimhead a-mach tron chùirtear.

'Tha sibh a' cumail sùil air uinneag an dàrna ùrlar?'

'Ceart.'

'Agus air an doras-aghaidh?'

'Seadh.'

'An do smaoinich sibh air coimhead an àite sam bith eile?' Cha robh Cooper a' tuigsinn. Cha robh no Sneddon.

'Seadh, Bernie. Cùm ort,' thuirt Rebus.

'Seall air an ùrlar as àirde,' thuirt Bernie Few. Choimhead Rebus. Chunnaic e uinneag shalach, bhriste, le pìos cairt ga còmhdach.

'Saoil a bheil duine a' fuireach an siud?' dh'fhaighnich Bernie.

'Dè tha thu ag ràdh?'

'Tha amharas agam gu bheil e air car a chur sa chùis oirbh.' Thàinig gàire air aodann. 'Chan eil sibh a' cumail sùil air Ribs MacKay. Tha esan a' cumail sùil oirbhse.'

Dh'aom Rebus a cheann, a' tuigsinn gu luath. 'Nuair a tha na sioftaichean ag atharrachadh.' Bha Bernie ag aomadh a chinn cuideachd. 'Tha mionaid no dhà ann nuair a tha aon sioft a' fàgail agus sioft a' tighinn.'

'Tha cothrom aige an uair sin,' dh'aontaich Bernie. 'Tha e a' cumail sùil, a' faicinn nan oifigearan a' tighinn, agus a' ruith sìos an staidhre is a-mach an doras.'

'Agus dusan uair an uaireadair às dèidh sin,' thuirt Rebus, 'tha e a' feitheamh air an t-sràid gus am faic e an ath shioft a' tòiseachadh. Agus tha e a' snàigeadh air ais a-steach.'

Bha Sneddon a' crathadh a chinn. 'Ach na solais, an telebhisean...'

'Suidsichean airson gun tig iad air is dheth aig diofar amannan,' fhreagair Bernie Few. 'Tha sibh a' smaointinn gu bheil sibh a' faicinn dhaoine a' gluasad. 'S dòcha gu bheil, ach chan e Ribs a th' ann. 'S dòcha faileas, no oiteag gaoithe a' gluasad nan cùirtearan.'

Thàinig greann air aodann Sneddon. 'Agus cò thu, co-dhiù?'

'Eòlaiche,' thuirt Rebus, a' cur a làimh air gualainn Bernie Few. An uair sin thionndaidh e ri Sneddon. 'Tha mise a' dol a-null. Cùm sùil air Bernie. Agus tha mi a' ciallachadh cùm sùil air. Na leig às do shealladh e.'

Phriob Sneddon a shùilean, is choimhead e a-rithist. 'Buttery Bernie.' Chrom Bernie a ghuailnean, a' gabhail ris an fhar-ainm. Bha Rebus a' fàgail mu thràth.

Chaidh e sìos don taigh-sheinnse a bha air oisean na sràide agus dh'òrdaich e uisge-beatha. Ghlan e a bheul leis, airson gum biodh am fàileadh air anail, agus thàinig e a-mach, a' leigeil air nach robh ann ach fear air an deoch, a' dèanamh a shlighe gu slaodach don teanamaint far an robh Ribs MacKay a' fuireach. Shlaod e a sheacaid gu aon taobh agus dh'fhosgail e putan no dhà air a lèine. Bha e math air a' chleas seo. 'S dòcha ro mhath. Bha obair a' cur na deoch air.

Phut e an doras agus bha e na sheasamh ann an trannsa dhorcha, le staidhre chloiche a' dol suas. Chuir e a làmh air rèile na staidhre agus thòisich e air a dìreadh. Cha do stad e aig an dàrna ùrlar, ach chuala e ceòl a' tighinn bho flat Ribs. Agus chunnaic e gun robh an doras air a neartachadh, a' cheart seòrsa dorais a chitheadh tu aig reiceadairean dhrogaichean. Bheireadh an doras seo dhaibh an tiotan riatanach a bheireadh dhaibh an cothrom rud sam bith a bh' aca a chur sìos a' phoit, no a shluigeadh. San latha an-diugh, mus tachradh ruagadh air taigh den t-seòrsa seo, dh'fhosgladh na poilis na drèanaichean agus bhiodh oifigear stèidhichte fon taigh, a' feitheamh na tuile…

Air an ùrlar a b' àirde, stad Rebus airson anail a ghabhail. Bha an doras a bha mu choinneamh a' coimhead gu math robach, le làraich far an deach a bhualadh thar nam bliadhnaichean. Bha tuill san fhiodh far am b' àbhaist do sgriubhaichean a bhith a' cumail clàr-ainm. Dh'aom Rebus air an doras, deiseil le leisgeulan agus le cheann sìos coltach ri drungair. Sheas e airson mionaid, ach cha tàinig freagairt. Dh'èist e, agus chuir e a shùilean ris a' bhogsa-litrichean. Dorchadas. Dh'fheuch e an doras. Dh'fhosgail e. Mar a shaoil Rebus, bha doras fosgailte gu math ciallach. Bhiodh aig Ribs ri falbh is tighinn gu math luath, agus bheireadh e tuilleadh 's a' chòir ùine bodraigeadh le glasan.

Thug Rebus ceum sàmhach a-steach don trannsa ghoirid. Bha cuid de dhorsan nan rumannan fosgailte, a' toirt leotha criomag no dhà de sholas bhon t-sràid. Bha fàileadh fuaraidh ann, agus bha an t-àite fhèin fuar. Cha robh fiù 's aon phìos àirneis ann, agus bha am pàipear air fuasgladh agus a' tuiteam far nam ballachan Bha e na chnapan air an ùrlar, mar stocainnean caillich mun cuairt a h-abhrannan. Choisich Rebus air a chorra-biod. Cha robh fhios aige dè cho math 's a bha an t-ùrlar, agus cha robh e airson gun cluinneadh duine e. Cha robh e airson gun cluinneadh Ribs MacKay e.

Chaidh e a-steach don t-seòmar-suidhe. Bha cumadh an t-seòmair dìreach mar a bha cumadh an t-seòmair eile tarsainn an rathaid. Bha pàipearan-naidheachd air an ùrlar, agus brat-ùrlair air a roiligeadh suas ri aon bhalla. Bha na luchainn air pìosan a chriomadh às airson an nid. Chaidh Rebus a-null chun na h-uinneig. Bha fosgladh beag innte eadar dà phìos cairt. Tron fhosgladh bha deagh shealladh den flat anns an robh na poilis. Agus ged a bha na solais dheth, bha solais na sràide a' deàrrsadh air a' chùirtear-lìn, a' sealltainn duine sam bith a bha a' gluasad air a chùlaibh mar phupaidean faileis. Bha cuideigin, Sneddon no Cooper no Bernie Few, a' gluasad an-dràsta.

'Gur tu tha seòlta,' chagair Rebus. An uair sin thog e rudeigin far an ùrlair. 'S e camara a bh' ann, le lionsa airson an ìomhaigh a dhèanamh na bu mhotha. Chan e an seòrsa rud a chì thu tric na laighe ann am flat fhalamh. Thog e e agus choimhead e troimhe tarsainn na sràide. Cha robh teagamh sam bith na inntinn a-nis. Bha e cho sìmplidh. Bha Ribs a' snàigeadh suas an seo, a' coimhead air na h-oifigearan faire tron chamara nuair a bha iad a' coimhead air an uinneig aige fhèin, is aig ochd uairean choisicheadh e gu misneachail a-mach air doras an teanamaint airson a ghnothach a dhèanamh.

'Tha mi gu mòr nad chomain, a Bhernie,' thuirt Rebus. Chuir e an camara air ais mar a fhuair e e, agus choisich e air a chorra-biod a-mach às a' flat.

*****

'Cà' bheil e?'

Ceist gun chiall, anns an t-suidheachadh. Thog Sneddon a ghuailnean. 'Bha aige ri dhol dhan taigh-bheag.'

'Nach eil fios gun robh,' thuirt Rebus.

Lean e Sneddon a-steach don taigh-bheag. Bha uinneag bheag gu h-àrd air aon bhalla. Bha an uinneag fosgailte. Cha robh i a' fosgladh air an t-sràid, ach air ais don trannsa faisg air doras a' flat.

'Bha e air falbh airson greis, agus thàinig mi a choimhead air a shon. Bhuail mi air an doras, ach cha d' fhuair mi freagairt. Bhrist mi e, agus cha robh e ann.' Bha aodann agus amhaich Sneddon dearg leis an nàire; ach 's dòcha gur e an eacarsaich a bh' ann. 'Ruith mi sìos an staidhre sa mhionaid, ach cha robh sgeul air.'

'Chan eil mi a' creidsinn gun d' fhuair e a-mach air an uinneig ud,' thuirt Rebus gu teagmhach. 'Fiù 's Bernie Few.' Cha robh an uinneag ach dusan òirleach a dh'àirde, agus naoi a leud. B' urrainn dhut faighinn thuice le seasamh air an amar, ach bha na ballachan geal, agus cha robh càil a choltas orra gun robh cuideigin air a bhith a' sreap. Choimhead e air a' phana fhèin. Bha am mullach air, ach cha robh e a' suidhe rèidh air a' phana. Dh'fhosgail e e agus chunnaic e gun robh e làn shearbhadairean.

'Dè fon ghrèin...?' Cha robh Sneddon a' creidsinn dè bha mu

181

choinneamh. Ach bha Rebus. Dh'fhosgail e am preasa beag a bha fon t-sinc. Bha e falamh. Bha sgeilp air a togail a-mach à àite agus air a cur aig cùl a' phreasa. Bha rùm ann airson àite-falaich a dhèanamh do chuideigin. Rinn Rebus gàire beag ri Sneddon.

'Dh'fhan e gus an deach sibh sìos an staidhre.'

'Agus dè an uair sin?' thuirt Sneddon. 'A bheil sibh ag ràdh gu bheil e fhathast sa flat?'

Smaoinich Rebus airson mionaid. 'Chan eil,' thuirt e mu dheireadh, a' crathadh a chinn. 'Ach smaoinich dè bha e ag innse dhuinn mu Ribs.'

Choisich e a-mach às a' flat, Sneddon ga leantail, ach an àite coiseachd sìos, lean e air suas an ath staidhre gu mullach an teanamaint. Bha uinneag ann am mullach an togalaich, agus bha i fosgailte.

'Cuairt air mullaich nan taighean,' thuirt Rebus. Chrath Sneddon a cheann. 'Tha mi duilich,' thuirt e.

'Na gabh dragh,' thuirt Rebus, ach bha e cinnteach gun gabhadh an t-àrd-oifigear dragh gu leòr.

*****

Aig seachd an-ath-mhadainn, dh'fhàg Ribs MacKay am flat agus choisich e don bhùth, Sneddon ga leantail. An uair sin choisich e air ais a-rithist, a' smocadh, gun chùram air an t-saoghal. Bha e air e fhèin a shealltainn don sgioba faire, agus bha rudeigin aca airson a sgrìobhadh airson an ath shioft, cuspair còmhraidh nuair a bha iad a' coinneachadh airson mionaid no dhà.

Mar a b' àbhaist, thachair seo aig a h-ochd. Agus dìreach mionaid às dèidh do Jamphlar agus Connaught coiseachd a-steach, dh'fhosgail doras an teanamaint far an robh Ribs agus ruith e a-mach.

Chunnaic Rebus agus Sneddon, a bha nan suidhe ann an càr Rebus, e a' falbh. Agus leum Sneddon a-mach às a dhèidh. Cha do choimhead e air ais air Rebus, ach thog e a làmh airson aideachadh gun robh Rebus air a bhith ceart. Bha Rebus an dòchas gun robh Sneddon nas fheàrr air cuideigin a leantail na air a bhith gan cumail tèarainte. Bha e an dòchas gun glacadh iad Ribs le drogaichean, gan reic 's dòcha, no gan togail bho reiceadair air choreigin eile. Bha am plana seo air a bhith aca o thùs.

Thionndaidh e iuchair a' chàir agus dhràibh e mun cuairt gu Sràid Buccleuch. Bhiodh Scott's a' fosgladh tràth, agus bha aig Rebus ri bhith ann airson coinneamh gu math cudromach.

Bha aige ri deoch a cheannach do Bhernie Few.

9

 BITHEAMAID GEANACH

B' e coire Edgar Allan Poe a bh' ann. An dara cuid sin no coire Pàrlamaid na h-Alba. Bha Joey Briggs a' cur seachad na mòr-chuid dhe na làithean suas gu àm na Nollaig a' feuchainn ri fasgadh fhaighinn bhon ghaoith fhuair a bh' ann an Dùn Èideann san Dùbhlachd. Latha dhe na làithean, bha e air a bhith a' gabhail cuairt air Drochaid Rìgh Deòrsa IV nuair a chunnaic e diol-dèirce ag èaladh a-steach dhan Phrìomh Leabharlann. Chuir seo stad air Joey. Cha b' e diol-dèirce a bh' ann fhèin, uill, cha b' e thuige seo co-dhiù. 'S dòcha gur ann mar sin a bhitheadh e ge-tà, nam faigheadh Scully Aitchison BPA a thoil fhèin, ach an-dràsta bha rùm is leabaidh le beagan airgid bhon stàit aige. B' e an rud bu duilghe mun Nollaig mar a bha cruaidh fheum aig duine air airgead aig an àm sin dhen bhliadhna. Bha uinneagan nam bùithtean gad bhuaireadh 's gad fhiathachadh a-steach. Bha na tuill-airgid an-còmhnaidh trang. Bhiodh a' chlann a' sìor tharraing air muinichillean am pàrantan, is cop mum beòil a' cur rudan ùra ris na bha iad ag iarraidh airson na Nollaig mar-thà. Bha gillean a bha a' dèanamh suas ri clann-nighean a' ceannach òr, agus bhiodh teaghlaichean a' lìonadh chairtean le cruachan bìdh.

Agus còmhla ris a' ghràisg ud bha Joey, fear a bha air a shaoradh

185

às a' phrìosan dìreach bho chionn dà mhìos, agus gun duine ris an canadh e caraid. Bha fhios aige nach robh dad gu bhith na choinneamh nan tilleadh e dhan bhail' aige fhèin. Thug a bhean a' chlann leatha agus theich i leotha a-mach às a bheatha. Sgrìobh piuthar Joey thuige nuair a bha e sa phrìosan leis an naidheachd. Mar sin, an ceann bliadhna choisich Joey tro gheataichean Prìosan Saughton agus leum e air a' chiad bhus a bha a' dèanamh air meadhan a' bhaile. Nuair a ràinig e, cheannaich e pàipear an fheasgair agus thòisich e a' lorg àite-loidsidh.

Bha an rùm a fhuair e math gu leòr. Bha e air fear de cheithir rumannan anns an t-sreath a b' ìsle de theanamaint faisg air Sràid South Clerk. Bha taigh-beag agus cidsin eadar a h-uile duine. Bha an triùir fhireannach eile ag obair agus cha robh mòran aca ri ràdh. Bha teine gas ann an rùm Joey agus bha meatair an airgid ri thaobh. Bha e ro dhaor airson an t-àite a chumail a' dol fad an latha. Shuidheadh e sa chidsin agus an stòbha air gus an deach a ghlacadh le fear an taighe. Dh'fheuch e an uair sin ri e fhèin a bhogadh anns an amar, is e bho àm gu àm a' dòrtadh uisge teth ann gus e fhèin a chumail blàth. Ach daonnan theirigeadh an t-uisge teth 's gun an t-amar ach letheach làn.

'Dh'fhaodadh tu feuchainn ri obair fhaighinn,' thuirt am fear leis an robh an taigh. Cha robh siud ro fhurasta do dhuine a chaith ùine sa phrìosan. B' e an obair a bu chumanta a bha a' dol fear-dìon no fear-faire air an oidhche. Cha robh Joey dhen bheachd gun dèanadh e ro mhath an sin.

Co-dhiù no co-dheth, nuair a lean e an diol-dèirce a-steach dhan leabharlann, shaoil e gur e seo fear dhe na cleasan a b' fheàrr a rinn e bho chionn tamall. Thug am fear air cùl a' chuntair, le èideadh geàird air, sùil gheur air ach cha tuirt e diog. Chaidh Joey air feadh nan sgeilpichean gus an do thagh e leabhar agus shuidh e sìos aig bòrd leis. Agus sin mullach is faitheam a stòiridh. Thòisich e air a dhol ann a h-uile latha a bha e fosgailte, agus bhiodh an fheadhainn a bha ag obair san àite ga aithneachadh le bhith a' gnogadh an cinn agus corra uair a' dèanamh gàire ris.

Rinn e cinnteach gun robh e snasail, 's nach biodh e a' tuiteam na chadal mar a bhiodh cuid dhe na bodaich a' dèanamh. Chaitheadh e a' chuid bu mhotha dhen latha a' leughadh agus e a' taghadh uirsgeulan, eachdraidhean-beatha agus leabhraichean foghlaim turas mu seach. Leugh e mu eachdraidh ionadail, plumaireachd, dreuchd Winston Churchill, na nobhailean a sgrìobh Nigel Tranter agus eadhon mu dheidhinn Gàrraidhean an Urrais Nàiseanta. Bha fhios aige gum biodh an leabharlann dùinte aig an Nollaig agus cha b' urrainn dha smaoineachadh ciamar a bhiodh e beò às aonais. Cha tug e riamh leabhar a-mach air iasad, oir bha an t-eagal air gun robh clàr de dh'eucoirich ann; gun robh esan ann mar fhear a bhiodh a' briseadh a-steach do thaighean, mèirleach air a dhìteadh, gun earbsa stuth a thoirt dha air iasad.

Bhiodh e ag aisling gun còrdadh e ris an Nollaig a chur seachad ann am fear dhe na taighean-òsta a b' uaisle anns a' bhaile. Na bhruadar bhiodh e a' coimhead a-mach tarsainn air Gàrraidhean Sràid a' Phrionnsa suas chun a' Chaisteil. Bheireadh e òrdain do sgalagan a bhiodh a' frithealadh nan rùm. Choimheadadh e air an telebhisean nuair a thogradh e. Thumadh e e fhèin ann an amar-ionnlaid cho tric 's a thogradh e. 'S e na searbhantan a nigheadh a chuid aodaich agus thilleadh iad dhan t-seòmar iad. Cheannaicheadh e iomadh preusant dha fhèin cuideachd: rèidio mòr le cluicheadair CD, lèintean ùra, pàidhrichean bhrògan agus leabhraichean. Leabhraichean am pailteas.

Beag air bheag, bha an ceum eadar an saoghal agus am bruadar a' sìor lùghdachadh, gus mu dheireadh am biodh e na chadal agus e a' dùsgadh nuair a bhuaileadh a bhathais air an duilleig a bha e a' feuchainn ri leughadh. An uair sin dh'fheuchadh e ri aire a chumail air na briathran a-rithist, ach mean air mhean dh'fhalbhadh an cadal leis aon uair eile.

Ach bha latha eile aige cho luath 's a chuir e eòlas air Edgar Allan Poe.

'S e cruinneachadh de bhàrdachd agus de sgeulachdan goirid a bh' ann, agus nam measg bha tè air an robh *The Purloined Letter* mar ainm. Chòrd i seo gu mòr ri Joey 's e a' saoilsinn gur e cleas tapaidh a bh' ann a bhith a' falach rudeigin agus aig an aon àm a' stobadh an dearbh rud ann an sùilean dhaoine. Mura bheil rud a' coimhead a-mach às àite, cha bhi for aig duine air. Bha fear ann an Saughton a bha sa phrìosan air sgàth foill. Bha e air innse do Joey: 'Trì rudan a bhios riatanach dhut agus 's e sin deise, falt air a ghearradh gu math agus uaireadair cosgail. Ma bhios iad sin agad, tha e mìorbhaileach na gheibh thu às leis.' 'S e bha e a' ciallachadh gun robh an luchd-ceannach a' cur earbsa ann a chionn 's gum faca iad rudeigin a dh'fhàgadh cofhurtail iad, rudeigin ris an robh dùil aca. An rud nach fhaca iad bha e dìreach an clàr an aodainn aca: 's e sin meaban acrach a bha an impis glàm a thoirt às an airgead aca.

Mar a bha sùilean Joey a' leum bhon dara earrann gu earrann eile dhen stòiridh, fhuair beachd-smuain àraidh grèim air inntinn. Thòisich e air plana a chruthachadh a bha na bharail fhèin dìreach sgoinneil dha-rìribh. B' e an cnap-starra rud air an tug an slaightear an t-ainm 'airgead-pòrach': 's e bha e a' ciallachadh ach mogan beag airgid airson tòiseachadh. Choimhead Joey mun cuairt air anns an leabharlann agus mhothaich e do bhodach bochd na shuain, agus am pàipear-naidheachd na laighe air an deasg air a bheulaibh 's e gun fhosgladh fhathast. Sheall Joey timcheall agus cha robh duine ga choimhead. Bha an t-àite falamh: cò aig bhiodh ùine a dhol dhan leabharlann agus an Nollaig a' teannadh dlùth? Choisich Joey a-null gu far an robh am bodach na chadal, agus chuir e a làmh a-steach do phòcaid a' chòta aige. Dh'fhairich e buinn airgid agus notaichean pàipeir nan cnap, agus chuir e mheòirean timcheall orra. Thug e sùil aithghearr air a' phàipear-naidheachd. Bha pìos ann mun iomairt aig Scully Aitchison. B' esan am BPA a bha ag iarraidh ainm gach eucoireach a bhith air a chlàradh ach am faodadh am poball a leughadh. Thuirt e gun robh còir aige fhèin agus aig daoine a bha a' cumail lagh na Rìoghachd fios a bhith aca an e mèirleach no murtair a bha an-ath-doras – mar gum biodh goid is murt co-ionann! Bha dealbh beag de Aitchison air an duilleig cuideachd, glainne nan speuclairean aige a' deàrrsadh agus bha barrachd is suaip de ladarnas anns a' phlìonas a bh' air a bhus. Nam faigheadh Aitchison a thoil, chan fhaigheadh Joey a-mach às a' bhochdainn gu bràth.

'S e sin mura soirbhicheadh am plana aige.

Chunnaic John Rebus a leannan a' pògadh Bodach na Nollaig. Bha Fèill Ghearmailteach ann an Gàrraidhean Sràid a' Phrionnsa. 'S ann an sin a bha Sìne agus Rebus a' dol a choinneachadh. Gu dearbh, cha robh dùil aige gur ann ri carachd a bhiodh i, i fhèin agus bodach le deise dhearg, 's brògan àrda dubha air agus feusag fhada gheal. Leig Santa às i agus ghluais e air falbh dìreach nuair a bha Rebus a' tighinn dlùth. Bha mith-òrain Gearmailteach a' brùchdadh a-mach air feadh an àite. Bha tuar an eagail air Sìne.

'Dè tha a' dol air adhart an seo?' dh'fhaighnich e dhi.

'Chan eil fhios a'm.' Bha a sùilean air an duine a bha a' greasad air falbh. 'Cha chreid mi nach robh cus de spiorad na Nollaig na bhroinn. Thàinig e thugam is gun rabhadh theann e rim fhàsgadh.' Bha Rebus an impis a dhol às a dhèidh, ach chuir Sine stad air. 'Leig leis, John. Biomaid geanach mun àm seo dhen bhliadhna. Àm na deagh sgeòil is sin.'

'Chuir e a làmhan ort, a Shìne.'

Rinn i gàire, 's i air sìoladh sìos beagan. 'Tha thu a' dol a chur an Naoimh Nicholas an grèim anns an stèisean-poilis agus a' dol ga fhàgail ann. An e sin e?' Thug i claparan dha ghàirdean. 'Coma leinn e. Tha an dibhearsain a' tòiseachadh an ceann deich mionaidean.'

Cha robh Rebus idir cinnteach an e dibhearsain a bha roimhe am feasgar ud. Bha esan, a h-uile latha dhe bheatha, air a bhàthadh ann an eucoir is bròn. Cha robh e idir cinnteach gum faigheadh e faothachadh sam bith le bhith a' dol gu 'Diathad Dhìomhair'. 'S e Sìne a smaoinich air an toiseach. Bha taigh-òsta air taobh thall an rathaid. Rachadh tu a-steach gu diathad, gheibheadh tu cèis

a dh'innseadh dhut cò an caractar air am biodh tu ag atharrais.
Nochdadh corp agus bhiodh a h-uile duine a bha an làthair na
phoileas-sgrùdaidh.

'Bidh spòrs againn,' thuirt Sìne is i ga stiùireadh a-mach às na
gàrraidhean. Bha i a' giùlan trì pocannan le ainmean bhùithtean
orra. Saoil an robh gin aca a' dol a thighinn a rathad-san. Bha i
air iarraidh air mar-thà innse dhi dè bu mhath leis mar phreusant
Nollaig, ach thuige seo b' e an aon rud air an do smaoinich e dà
CD ciùil a rinneadh le String Driven Thing.

Nuair a chaidh iad a-steach dhan taigh-òsta, chunnaic iad gur
ann air an làr mezzanine a bha a' chluich gu bhith a' dol air adhart.
Bha a' mhòr-chuid dhe na h-aoighean air ruighinn agus bha iad le
glainneachan Cava a bha a' còrdadh riutha gu mòr. Dh'iarr Rebus
leann air an tè-fhrithealaidh, ach chaidh a dhiùltadh.

'Tha Cava air a ghabhail a-staigh sa phrìs,' thuirt an nighean ris.
Bha fireannach a bha dreiste ann an aodach bho Linn Bhictòria
a' faighneachd dè na h-ainmean a bh' orra is a' coimhead gu
mionaideach air bileagan na làimh agus aig an aon àm bha e a'
toirt seachad phuicean.

'Nam broinn,' thuirt e ri Sìne is Rebus, 'gheibh sibh òrdain, abairt
dhìomhair a bhoineas dhuibh fhèin a-mhàin, ainm a' charactair a
tha thu ag atharrais air agus aodach dha rèir.

'Ò,' thuirt Sìne, 'is mise Little Nell.' Chuir i bonaid air a ceann.

'Cò th' annadsa, John?'

'Maighstir Bumble.' Thug Rebus a-mach am bràiste le ainm air
agus stoc buidhe de chlòimh, agus cha robh an còrr a dhìth air

Sìne ach a cheangal mu amhach.

'B' e prìomh chuspair na h-oidhche na leabhraichean a sgrìobh
Teàrlach Dickens, air sàillibh 's gur e àm na Nollaig a th' ann,'
mhìnich fear-an-taighe dhaibh mus do dh'fhalbh e a bhruidhinn
ris na truaghain eile a bha a' feitheamh. Bha a h-uile duine, gu ìre,
a' coimhead caran similidh, ach bha a' chuid bu mhotha dhiubh
a' feuchainn ri shealltainn gun robh iad sunndach dhiubh fhèin.

Bha Rebus glè chinnteach gum biodh an deannan seo de mhuinntir Dhùn Eideann fada na b' fhosgailte an dèidh dhaibh glainne no dhà fìon òl aig àm dìnnearach. Dh'aithnich e duine no dithis. Aon tè a b' aithne dha 's i nighean a bha ag obair aig pàipear-naidheachd. Bha a gàirdean timcheall air meadhan an leannain aice. Bha duine eile ann agus shaoileadh duine gur i a bhean a bha còmhla ris. Bha coltas air gum bu chòir dhut aithneachadh. Cha robh an tè a bha ri thaobh ach beag le falt bàn oirre agus bha i co-dhiù deich bliadhna na b' òige na esan.

'Nach e BPA a tha san fhear ud?' thuirt Sìne 's i a' sainnsireachd.

''S e Scully Aitchison a th' air,' thuirt Rebus.

Bha Sìne a' leughadh na duilleig-fiosrachaidh gu dùrachdach.

'Am fear a tha gus a bhith air a mharbhadh a-nochd, 's e duine àraidh ris an canar Ebeneezer Scrooge,' thuirt i.

'An tusa a mharbh e?'

Thug i sglais dha ghàirdean. Rinn Rebus gàire ach chùm e air a' coimhead air a' Bhall Pàrlamaid. Bha aodann Aitchison cho dearg ri partan. Chuireadh Rebus geall gun robh e air a bhith ag òl bho mheadhan-latha. Chuala a h-uile duine a bha san rùm an guth àrd aige nuair a bha e a' dèanamh bòst gun do ghabh e air màl seòmar dha fhèin is do Chatrìona airson na h-oidhche, los nach biodh feum aca siubhal air ais dhan roinn-phàrlamaid.

Bha iad uile an ceann a chèile air an làr mezzanine. Bha an seòmar-bìdh air an làimh dheis agus bha na dorsan fhathast dùinte.

Theann na h-aoighean a' ceasnachadh a chèile, a' faighneachd dè na caractaran air an robh iad ag atharrais. Thàinig cailleach a-nall – Miss Haversham sgrìobhte air a' bhràiste air a broilleach – a dh'fhaighneachd ceist air choreigin do Shìne mu dheidhinn Little Nell. Mhothaich Rebus do dhuine le deise dhearg air aig mullach na staidhre. Cha robh am poca a bh' aig Santa na làimh ach letheach làn. Ghabh e ceum a-null, ach chuir Aitchison stad air.

'J'accuse! dh'èigh am BPA. 'Mharbh thu Scrooge air sàillibh cho neo-thruacanta 's a bha e ri cho-chreutairean!' B' i tè na h-eadraiginn bean Aitchison 's i ga tharraing air falbh, ach bha e soilleir gun robh sùilean Santa gan leantail. Bha e an impis a dhol seachad air Rebus nuair a sheall Rebus an clàr an aodainn air Santa.

'A Shìne,' thuirt e, 'an e seo am fear a chuir dragh ort …?'

Chan fhaca ise ach cùl ceann Santa. 'Chan aithnichinn aon seach aon dhiubh,' thuirt i. 'Tha iad uile coltach ri chèile.'

Bha Santa a' cumail air chun na h-ath staidhre. Bha Rebus ga choimhead a' falbh, agus an sin thug e aire dhan chòmhlan a bha timcheall air, 's iad sin uile air an èideadh ann an aodach gu math neònach. Bu bheag an t-iongnadh gun robh coltas an eagail air sùilean Santa 's e a' smaoineachadh carson a bhuilich am freastal air a chur ann an taigh-cuthaich. Thug seo air Rebus cuimhneachadh air abairt a chuala e ann am fear dhe na filmichean anns an robh na Bràithrean Marx. Tha sealladh ann far a bheil Groucho a' toirt air Chico ainm a chur ri cùmhnant. 'S e thuirt e ri bhràthair gum feumadh e ainm a chur ris an 'Sanity Clause'.

Ach, mar a thuirt Chico, bha fhios aig a h-uile duine nach robh leithid de rud ann ri 'Sanity Clause'.

Seo Joey 's e a-nis air trì glasan a bhriseadh mar-thà air an fheasgar seo. Chaidh an cleas leis an deise dhearg gu math. Ceart gu leòr, còmhdaichte mar a bha e bha an teas ga fhàgail teth agus mì-chofhurtail agus bha an amhach aige air fàs tachasach fon fheusaig cuideachd.

Ach a dh'aindeoin anshocair fhuair e às leis! Ghluais e tron ionad-fàilteachaidh agus suas an staidhre mar osag gaoithe. Thuige seo air a shlighe air fad an trannsa, 's e ag obair bho rùm gu rùm, cha chuala e ach fìor chorra dhuine a' fanaid air san dol seachad. Cha do chuir duine dhen luchd-faire bacadh air a dh'fhaighneachd cò e. Cha robh amharas air na h-aoighean na bu mhò. Cha robh duine droch-amharasach agus bha e an làn shealladh dhaoine eile.

Nach b' e am balach Edgar Allen Poe!

Nach tug am boireannach anns a' bhùthaidh far an d' fhuair e deise Santa air màl fiù 's poca dha a ghiùlaineadh a thiodhlacan, 's i ag ràdh gun rachadh i an urras gum biodh e deònach a lìonadh. Bhuail i cnag na cùise: anns a' chiad sheòmar air an tug e ionnsaigh thaom e a-mach an toiseach na seann phàipearan-naidheachd agus theann e ri lìonadh a' phoca – aodach, paidirein is grìogagan, na botail anns a' bhàr bheag. Rinn e an aon rud anns an dara rùm: gnogadh beag air an doras an toiseach a dhèanamh cinnteach nach robh duine a-staigh, an uair sin chuireadh e a' gheimhleag dhan ghlais agus mus canadh e 'feasgar math' siud e am broinn an t-seòmair. B' e an rud ge-tà nach robh cus anns na rumannan a b' fhiach. Bha sanas crochte air cùl gach dorais ag innse dha na h-aoighean gum bu chòir dhaibh rudan luachmhor a chur dhan àite thèarainte shìos an staidhre aig a' chuntair fàilteachaidh. A dh'aindeoin sin, fhuair e deannan rudan snog: camara, cairtean-banca, bann-làimhe agus seud-muineil. Bha braon fallais a' ruith sìos dha na sùilean aige, ach cha leigeadh an t-eagal leis aodach Santa a chur dheth. Bha smuaintean gòrach a' teannadh ri fàs na inntinn: nach e bhiodh math, shaoil e, e fhèin a bhogadh san amar fad ùine; fòn a chur chun na seirbheis-frithealaidh; rùm falamh a lorg far an glasadh e an doras 's gum fanadh e ann fad na h-oidhche gu madainn. Anns an treas rùm, shuidh e air an leabaidh is beagan tuainealaich air tighinn air. Bha màileid-làimhe na laighe fosgailte ri thaobh gun dad innte ach tòrr phàipearan. Rinn a mhionach rùcail is chuimhnich e gur e am biadh mu dheireadh a ghabh e Mars Bar air a ròstadh an latha roimhe. Dh'fhosgail e crogan de chnothan saillte agus chuir e thuige an telebhisean fhad 's a bha e ag ithe. Nuair a chuir e sìos an crogan falamh, thachair gun tug e sùil aithghearr air na pàipearan a bha am broinn na màileid. 'Parliamentary briefing ... Law and Justice Sub-Committee ...' Chunnaic e clàr-ainmean air a' chiad duilleig. Bha fear dhe na h-ainmean ann am buidhe.

Scully Aitchison.

Am fear ud air an robh an deoch shìos an staidhre. Sin mar a dh'aithnich Joey e! Dh'èirich e na sheasamh is dh'fheuch e ri smuaintean a shocrachadh. Dh'fhaodadh e fantail far an robh e agus

deagh phronnadh a thoirt dha nuair a thilleadh am BPA. Dh'fhaodadh
e … Thog e a' chairt-bìdh airson na seirbheis-frithealaidh, chuir e
fòn chun a' chuntair-fàilteachaidh agus dh'òrdaich e Bradan Rèiste,
Staoig, botal fìon dearg agus botal de mhac-na-bracha. An uair sin,
labhair e na briathran a bu bhinne leis: 'Saoil an cuireadh sibh a'
chosgais seo air cunntas an t-seòmair agam?' An uair sin shocraich
e e fhèin gus an tigeadh cuideigin le bhiadh. Choimhead e air na
pàipearan a-rithist. Thuit cèiseag a-mach. Bha cairt na broinn, agus
litir bheag am broinn na cairte.

A Scully Chòir, thòisich i. Tha mi an dòchas nach b' e mo choire-
sa a bh' ann am beachd-smuain a th' agad gum feumar ainm a
h-uile duine a tha air lochd a dhèanamh a chlàradh …

'Chan eil dad a dh'fhios a'm,' thuirt Rebus.

Agus 's e an fhìrinn a bh' aige nach robh fios no fathann aige.
Bha an diathad seachad, bha an cleasaiche a bha ag atharrais
air Scrooge air a dhruim dìreach air an làr, agus cha robh Rebus
faisg air tòimhseachan a' mhuirt fhuasgladh. 'S ann a bha e fada
bhuaithe. Gu fortanach bha am bàr fosgailte, agus shocraich e
e fhèin air stòl àrd 's e a' leigeil air gun robh e a' sgrùdadh nan
duilleagan fiosrachaidh fhad 's a bha e a' gabhail balgam leanna
an-dràsta 's a-rithist. Bha Sìne còmhla ri Miss Haversham, agus bha
bean Aitchison na cnap ann an cathair a' deoghal air siogarait. Bha
am BPA air dreuchd àrd-cheannard a' cho-chruinneachaidh gu lèir
a ghabhail air fhèin, agus dà thuras mar-thà bha e air cur às leth
Rebus gur esan a bha na mhurtair 's gun robh còir aige aideachadh.

'Neoichiontach, m'lud,' fhreagair Rebus gun an còrr aige ri ràdh.

'Tha sinne a' smaointinn gur e Magwitch a rinn e,' thuirt Sìne le
fead a h-analach ga tarraing aithghearr is i a' nochdadh ri taobh
Rebus. Bha a' bhonaid aice air a sgrogadh gu sgeilmeil. 'Chuir e
fhèin is Scrooge eòlas air a chèile anns a' phrìosan.'

Cha robh fhios a'm gun robh Scrooge riamh sa phrìosan,' thuirt
Rebus.

''S e is adhbhar dhan sin nach eil thu air a bhith a' faighneachd cheistean do dhaoine.'

'Cha ruig mi leas. Tha thusa agam airson na h-obrach sin. Sin a tha gam fhàgail cho math mar fhear-sgrùdaidh.'

Ghluais i air falbh. Bha ceathrar timcheall air an truaghan a bha ag atharrais air Magwitch. Bha Rebus fhèin rud beag amharasach mu dheidhinn cuideachd … ach an-dràsta bha a smuaintean air cho slaodach, màirnealach 's a bhiodh an ùine a' dol seachad ann am prìosan, agus cho trom 's a bhiodh i a' drùidheadh air na prìosanaich. Dh'fhàgadh an ùine seo tuar àraidh air a h-uile duine a bha riamh a' fulang ann am prìosan, dreach a mhaireadh rè ùine, eadhon nuair a bha iad air faighinn mu sgaoil. Sin dìreach an dreach a chunnaic e ann an sùilean Santa.

Agus seo Santa fhèin, air a' bhuille, a' tighinn a-nuas an staidhre 's am poca air a dhruim. Bha e ag èaladh tro ghrunn dhaoine a bha air a' mhezzanine mar gum biodh e a' coimhead airson cuideigin sònraichte. Agus bha e sin: b' e Scully Aitchison air an robh e ag amas. Dh'èirich Rebus on stòl agus choisich e a-null air a shocair gu far an robh an dithis.

'Bheil thu air a bhith nad ghille math am-bliadhna?' bha Santa a' faighneachd do Scully.

'Cha robh mi dad na bu mhiosa na duine sam bith eile,' fhreagair am BPA le car na bheul.

'Cinnteach?' thuirt Santa 's a shùilean a' caogadh.

'Chan innsinn breug do Bhodach na Nollaig.'

'Dè mu dheidhinn a' phlana seo a th' agad? Clàr nan eucorach?' Rinn Aitchison priobadh dà thuras. 'Dè mu dheidhinn?'

Thog Santa bileag pàipeir gu h-àrd na làimh agus bha an guth aige a' sìor fhàs na bu chruaidhe. 'Tha mac do pheathar anns a' phrìosan airson slaightearachd. Cha tug thu iomradh air an sin, an tug?'

Thug Aitchison sùil gheur air an litir. 'Càit air thalamh … ? Ciamar … ?

Ghabh an neach-naidheachd ceum air thoiseach. 'Bheil sibh

coma ged a bheirinn sùil oirre?' thuirt i.

Thug Santa dhi an litir, agus an uair sin shlaod e a churrac far a chinn is thug e dheth an fheusag. Ghluais e chun na staidhre. Chuir Rebus stad air.

'Tha an t-àm agad na preusantan a roinn a-mach,' thuirt e ann an guth sàmhach. Sheall Joey air agus thuig e mar a bha gnothaichean sa bhad. Thug e am poca far a ghuailne. Ghabh Rebus bhuaithe e. 'A-nis, tarraing!'

'Chan eil sibh a' dol gam chur an grèim?'

'Cò bhiodh a' biathadh *Dancer* agus *Prancer* an uair sin?' Dh'fhaighnich Rebus dha.

Le bhrù lan fìon agus staoig, agus le botal mòr de mhac-na-bracha dhen t-seòrsa as fheàrr ann an tè de phòcaidean mòra a dheise, rinn Joey gàire agus gheàrr e sìnteag a-mach dhan t-saoghal mhòr a-muigh.

10

THADHAIL CUIDEIGIN AIR EDDIE

Phàigheadh iad mi fhad 's nach dèanainn mearachd. Chan e gun do rinn mi mearachd riamh. B' e sin an t-adhbhar gur mise a' chiad roghainn aca airson na h-obrach, agus 's math a bha fhios aca air a sin. Bha mi faiceallach agus dìcheallach: cha bhithinn idir ag obair san fhollais agus cha robh mi riamh gabach. A bharrachd air a sin, bha tàlantan eile agam air an robh cruaidh fheum acasan.

Bha e na shìneadh air làr an t-seòmair mhòir. Thuit e air a dhruim dìreach, agus bha a cheann a-nis na laighe ri aghaidh cathair mhòr leathair. Bha coltas air an t-sèithear gun gabhadh stòl-coise tighinn a-mach às a' bhonn. 'S e pìos de dh'àirneis gu math cosgail a bh' ann. Cha mhotha a bha an telebhisean saor, ach cha chreid mi gum biodh e a' dol a-mach às an taigh ro thric. Daoine dhe leithid cha bhi iad a' dol a-mach tric ann. Bidh iad a' fantail am broinn an taighe far am bi iad a' faireachdainn sàbhailte. An rud bu neònaiche a thaobh sin 's e gun dèan fear dhen t-seòrsa ud prìosanach dheth fhèin 's e glaiste a-staigh, faodaidh tu ràdh, na dhachaigh fhèin, agus sin mar a bhitheas gu deireadh a latha.

Bha e fhathast beò, a' tarraing analach air èiginn tro shròn fhliuch. Bha a làmh a' toirt chlaparan lag air aghaidh na lèine-T a bh' air.

197

Bha làrach fliuch an sin, agus 's ann bho bhodhaig fhèin a bha e air tighinn. Bha a ghruag air liathadh anns a' bhliadhna a chaidh seachad agus bha e air tòrr cuideim a chur air. Bha sgàilean dubha fo na sùilean aige air sàillibh tuilleadh 's a chòir a dh'oidhcheannan anmoch.

'Tròcair,' chagair e. 'Mas e ur toil e.'

Ach bha mi trang. Cha toigh leam daoine a bhith gam bhacadh nuair a bhios mi trang. Mar sin, stob mi an sgian ann a-rithist. Cha tug mi dha ach dà shàthadh, air àrainn a mhionaich tha mi an dùil. Cha b' e lotan domhainn a bh' annta, ach dìreach na dh'fhòghnadh los gun tuigeadh e. Thuit a cheann gu slaodach air ais chun an làir is thàinig fuaimean beaga, biorach bho a bhilean. Cha b' e bàs aithghearr gun chràdh a dhùraigeadh iad siud. Sin a bha sa chùmhnant. 'S e bha dhìth orra ach murt a bheireadh aicheamhail dhaibh fhèin agus a bhiodh na rabhadh do chàch. Ò, seadh. Nach bu mhì gille-mo-ghnothaich dha-rìribh!

Bha aodach-obrach agus miotagan gàirneilearachd orm is seann phaidhir bhrògan-spòrs le sàil tè dhiubh air fuasgladh. Bha an t-aodach seo uile gu bhith air a chur an dara taobh, agus 's ann a mhullach an teine a rachadh a h-uile stiall dheth a dh'aithghearr. Mar sin, bha mi coma ged a choisichinn anns na lòin fala. Gu dearbh, bha sin anns a' phlana. Bha mi an dèidh an dungaraidh, na miotagan agus na brògan a chur orm anns an t-seòmar-ionnlaid aige. Bha sin dìreach mus do shàth mi an sgian ann, tha sibh a' tuigsinn. Chuir e iongnadh air nuair a chunnaic e mi a' tighinn a-mach às an t-seòmar-ionnlaid aige mar siud. Mus do thuig e dè bha an dàn dha, bha e ro fhadalach. An aire air do chùlaibh! Sin a bhios iad a' cantail an-còmhnaidh. Ach 's e chomhairlichinn-sa: an aire an duine a th' air do bheulaibh. Sin am fear a tha a' beirtinn air làimh ort, am fear a tha a' bruidhinn riut, sin am fear a bhios na nàmhaid dhut. Chan ann air cùl nam preas a tha na h-uilebheistean gam falach fhèin ach air cùl a' ghàire a bhios iad a' dèanamh.

(Na biodh iomagain oirbh mum dheidhinn-sa. Tha clab an-còmhnaidh orm nuair bhios mi a' faireachdainn caran sgeunach.)

Theann mi ri obair. An toiseach, stob mi an sgian ann am puicean plastaig agus chuir mi am pasgan nam mhàileid. 'S dòcha gum biodh feum agam air a' chutaig a-rithist, ach mar a bha gnothaichean an-dràsta cha shaoilinn gum bitheadh. Cha robh smid aige fhèin a-nis. Bha a bheul a' fosgladh agus a' dùnadh gun bìog no bèic a' tighinn às, dìreach mar a bhiodh iasg a' dèanamh ann am bobhla gun èadhar san uisge. Chan mhòr gun aithnicheadh duine gun robh e ann an cràdh. Ann an cràdh 's e air oillteachadh. Bhiodh a chorp a' gèilleadh an ceartuair, ach bheireadh e greiseag mus tuigeadh an eanchainn dè bha a' tachart. Bha an inntinn aige fhathast ann an uamh, an dùil gum biodh an duine sàbhailte fhad 's a chumadh e a cheann sìos.

Bobhla agus uamh. Nach b' iongantach na h-ìomhaighean a nochdadh ann am mac-meanmna duine aig àm mar seo! Saoilidh mi gu bheil iad a' tighinn am bàrr los gum mùch iad na tha a' tighinn gu ceann dha-rìribh. Coma leam na faireachdainnean sa cheann; 's e faireachdainnean sa mhionach a bha seo.

Cha do chuir mi dhìom na miotagan fhathast. Ghabh mi cuairt timcheall an t-seòmair mhòir feuch an smaoinichinn cò ris a bu chòir dhan àite a bhith coltach. Bha bòrd ann an oisean le botail is glainneachan air uachdar. Falbhadh iad sin gun tuilleadh dàlach. Dad ort, beagan ciùil an toiseach. Cha robh fios no fathann air a bhith ann gun robh duine dhe na nàbaidhean aig baile. Mus tàinig mi a-steach, bha mi air a bhith a' liùgadh timcheall an togalaich fad uair an uaireadair, agus eadhon fad na h-ùine a bha mi a-staigh, chùm mi cluas ri claisneachd – dìreach gun fhios. A bharrachd air a sin, bheireadh ceòl fois dhan anam, nach toireadh?

'Dè chòrdadh riut?' dh'fhaighnich mi dha. Is suarach cho math 's a bha an t-inneal-cluiche a bh' aige, ged a bha còrr is dà dhusan CD is teip aige. Chuir mi thuige an t-inneal agus dh'fhosgail mi drathair a' chluicheadair CD. Chuir mi diosg a-steach dhan drathair agus bhrùth mi am putan 'cluich'. 'Blasad de Mhantovani,' thuirt mi ged nach leiginn a leas nuair a bhrùchd sumainnean nan teudan a-mach às an dà labhradair bheag. Bha an t-orcastra a' cluich an òrain 'Yesterday' a chaidh a chlàradh an toiseach leis na 'Beatles,' ach bha na fìdhlearan ga chluich ann an stoidhle eadar-dhealaichte. Deagh òran a bha siud. Thionndaidh mi am fuaim na b' àirde, ghleus mi na puingean a b' àirde agus am beus, agus an uair sin chaidh mi air ais chun a' bhùird is sgap mi a h-uile sìon chun an làir. Cha do bhuail mi na bha air a' bhòrd le neart sam bith, dìreach le putag bheag om ghàirdean. Chaidh dà ghlainne nan spealgan, ach cha deachaidh an còrr. 'S cha do rinn e fuaim ro mhòr idir. Bha e a' coimhead math ge-tà.

Thionndaidh mi chun an t-sòfa a-nis. Smaoinich mi fad poile, agus an uair sin thog mi dà chluasaig is leig mi leotha tuiteam gu làr. Cha robh siud cus, an robh? Ach bha an rùm a' coimhead mì-sgiobalta a-nis le mar a bha na botail, an dà chluasaig agus an corp air an suidheachadh.

Cha robh esan a' faicinn dad dhen seo, ged a bha teans ann gun robh na fuaimean a' ruigheachd a chluasan. Bha na sùilean aige a' sealltainn gun phriobadh air a' bhrat-ùrlair a bha fodha.'S e dath bàn-liath a b' àbhaist a bhith air a' bhrat seo. Ach a-nis shaoileadh tu gun deachaidh muga tì (gun bhainne) a dhòrtadh air. Buaidh inntinneach. Ann am film bidh fuil an-còmhnaidh coltach ri peant. Seadh, ach tha a rèir dè an dath eile a chuireadh tu còmhla ri, nach eil? Bha e coltach nan cuireadh duine dearg is liath còmhla gur e thigeadh a-mach ach dath tì (gun bhainne). Gu h-obann, bhuail am pathadh mi. Agus dh'fheumainn a dhol dhan toidhleat cuideachd. Bha bainne anns a' frids. Dhòirt mi a dhara leth sìos mo sgòrnan. Bha mi a' gabhail romham an crogan a chur air ais dhan frids nuair a smaoinich mi.

Dè an diofar? Sa bhad, thilg mi an crogan dhan t-sinc. Sgaoil am bainne air na dèilean-obrach agus dhòirt sruth dheth air an làr lino. Dh'fhàg mi doras na frids fosgailte.

Nuair a thàinig mi a-mach às an toidhleat, thill mi dhan t-seòmar mhòr, thug mi a' gheimhleag às mo mhàileid, dh'fhàg mi an taigh agus dhùin mi an doras a-muigh às mo dhèidh. An dèidh dhomh sealltainn mun cuairt airson a bhith cinnteach nach robh duine eile air àrainn an àite, thug mi ionnsaigh air an doras leis a' gheimhleig, am fiodh a' dol na bhiorain, gus am b' urrainn dhomh a dhol air ais a-steach dhan taigh. Cha do rinn mi cus fuaim agus bha e a' coimhead math. Dhùin mi an doras cho math 's a b' urrainn dhomh, chuir mi bòrd beag a' fòn anns an trannsa air a chliathaich agus thill mi dhan t-seòmar mhòr. Bha aodann an duine air a dhinneadh a-steach dhan làr a-nis, is tuar a' bhàis air mar a bhiodh dùil agaibh. Leis an fhìrinn, bha e a' coimhead na bu mhiosa na grunn dhe na mairbh a chunnaic mi nam latha.

'Chan fhad' thuige a-nis,' thuirt mi ris. Cha mhòr nach robh mi ullamh, ach chuir mi romham gun gabhainn sgrìob suas an staidhre. Dh'fhosgail mi am preas aig ceann na leapa. Am broinn bogsa fiodh an sin fhuair mi cnap de dh'airgead pàipeir air am pleatadh ri chèile le bann lastaig, deichean agus feadhainn a b' fhiach fichead not an urra. Thug mi am bann lastaig dhiubh agus thilg mi e fhèin agus am bogsa air mullach na plaide agus dhinn mi an t-airgead a-steach dham phòcaid. Canamaid nach robh an seo ach duais-boise. Chan e nach robh mo thuarastal mòr gu leòr mar a bha e, ach bha fhios a'm taghta math mura gabhainn fhìn e, gun dèanadh poileasman òg, cadalach a ruigeadh an t-àite an dearbh rud.

Bha coltas gu math brònach, truagh air an t-seòmar-cadail seo. Bha càrn irisean drabastachd air an làr is cha robh na bh' anns a' phreas-aodaich ach tearc, agus gu math robach cuideachd. Bha dà bhotal uisge-beatha falamh fon leabaidh còmhla ri pacaid stuth casg-gineamhainn is i gun fhosgladh fhathast. Bha rèidio-bataraidh na sheasamh air sèithear còmhla ri aodach salach. Cha robh dealbhan de theaghlach ann am frèamaichean, cha robh dad ri fhaicinn mar chuimhneachan air saor-làithean, agus cha robh aon dealbh air na ballachan.

Bha e air a bhith a' gabhail phileachan. Bha ceithir botail bheaga

dhiubh nan sreath air mullach a' phreasa aig ceann na leapa. Na
nearbhan, is cinnteach. An fheadhainn a bhios ag innse air daoin'
eile, bidh tric tric a' fulang le frionas. 'S e as coireach gu bheil dùil
aca daonnan gun leum uilebheist gràineil a-mach às na craobhan
orra. Ceart gu leòr, an dèidh dhaibh an fhianais aca a thoirt seachad
an aghaidh a' Cheannaird Mhòir (air neo mar as trice) an aghaidh
a' Cheannaird Mheadhanaich, thèid an t-eucorach dhan phrìosan
agus tha iadsan a bhrath e a' faighinn, mas fhìor, 'dìonachd'. Tha
iad a' faighinn ainmean ùra agus pàipearan da rèir. Aig an fhìor
thoiseach, gheibh iad beagan airgid, àite far am fuirich iad, agus
obair air choreigin. Thig siud uile gu buil. Ach 's fheudar dhaibh
an aon shaoghal air a bheil iad eòlach a thrèigsinn. Chan fhaod
iad gnothach sam bith a bhith aca ri caraidean no ri teaghlaichean.
Am fear ud shìos an staidhre, 's e Eddie a b' ainm dha, agus tha mi
dìreach ga ràdh mar fhacal, dh'fhàg a bhean e. Bidh mòran dhe
na mnathan a' dèanamh siud. Duilich, nach eil? Agus an luchd-
brathaidh a tha seo, tha iad a' cur suas ris an seo los gun seachain
iad a dhà no trì bhliadhnaichean anns a' phrìosan.

Tha na poilis glè mhath air a bhith ag aithneachadh an fheadhainn a
tha lag, an fheadhainn, ma dh'fhaodte, a bhrathadh an companaich.
Bidh iad ag obair air an fheadhainn chugallach sin gun sgur, a' sìor
leudachadh na h-ùine a bhiodh aca ri chaitheamh anns a' phrìosan,
a' sìor leudachadh dhuaisean a bhiodh romhpa nan rachadh iad
a-steach dhan phrògram ris an canadh iad Sgeama Dìon nam
Fianaisean. (Is e Sgeama Dìon nan Leth-chiallach a chanas cuid
ris a' phrògram.) Chan eil ann ach sanasan breugach, ach corra
uair bidh e ag obrachadh. Gu math tric cha chreid diùraidh facal
teisteanas mar siud co-dhiù. Bidh an luchd-lagha a bhios a' dìon an
fhir-thagraidh uile ag ràdh an aon rud: ciamar as urrainn earbsa a
bhith agad à neach a tha air a bhith an sàs ann an aimhleas e fhèin
agus nach eil a' toirt fianais ach dìreach los gun sàbhail e e fhèin?

Mar a tha mi ag ràdh, obraichidh e uaireannan agus uaireannan
eile chan obraich. Chaidh mi sìos an staidhre agus chrùb mi os

cionn a' chuirp. 'S e corp a bh' ann a-nis gun teagamh sam bith. Uill, shaoil mi gum fàgainn e greiseag gus am fuaraicheadh e beagan. Deich mionaidean no cairteal na h-uarach. Nuair a bheachdaich mi air na rinn mi, shaoil leam gun do bhris mi an doras rud beag ro thràth. Is dòcha gun nochdadh cuideigin 's gum mothaicheadh e dhan damaiste. Mearachd bheag, ach 's e mearachd a dh'aindeoin sin. Cha toir aithreachas leigheas air mearachd ge-tà. Bha an cùrsa air a shuidheachadh mar-thà, agus, mar sin, cha robh air ach a dhol air ais chun na frids far an do thog mi na bha air fhàgail de chearc ròsta. Bha beagan sithinn air tè dhe na casan aice agus bha mi a' cagnadh oirre siud treis 's mi nam sheasamh anns an t-seòmar mhòr a' coimhead tro na cùirtearan air a' ghrèin a bha, beag air bheag, a' sgaradh sgòthan. Bheil sibh airson tuairmse a bhith agaibh dè an samh a thig à fuil?

'S e fàileadh saill na circ' ròsta 's i air fàs fuar; sin am fàileadh a thig aiste. Dhinn mi na cnàmhan a-steach dhan bhucaid-sgudail anns a' chidsin. Bha iad cho lom ri prìnichean. Chan fhàgainn eadhon làraich nam fiaclan air na cnàmhan seo, chan fhàgainn rud sam bith a chuidicheadh an luchd-saidheans nuair a bhiodh iad a' dèanamh sgrùdadh an dèidh làimh. Chan e gum biodh duine a' dèanamh mòran de sgrùdadh ro mhionaideach air a' mhurt seo. Is ann uair ainneamh a thèid breith air duine dhem leithid.

Bidh sinne, nuair a chuireas sinn crìoch air ar gnothach, mar gum biomaid a' leaghadh a-steach dha na cùlaistean. Tha sinn cho neo-shònraichte 's a tha sibh fhèin. Chan eil mi a' ciallachadh gur e coltas cumanta a chuireas sinn oirnn mar chleòca, gu bheil sinn a' feuchainn ri bhith gar sealltainn fhìn mar dhaoine cumanta. Is e tha mi a' ciallachadh gur i an fhìrinn a th' ann nach eil dad a-mach às an àbhaist mur deidhinn. Na murtairean a thachras tu orra ann an nobhailean, tha iad gan giùlan fhèin a latha is a dh'oidhche mar gum b' e 'Arnold Schwarzenegger' a bh' annta. Ach anns an t-saoghal anns a bheil sinne beò, nam b' ann mar sin a bhiomaid, bheireadh daoine an aire dhuinn. Sin an rud mu dheireadh a dh'iarradh tu nam bu tu mise. Luthaigeadh tu gum biodh tu gu nàdarra am measg dhaoine eile agus nach toireadh iad feart ort.

Tha mi air fàs ro chabach a-rithist, nach eil? Tha an t-àm a' teannadh dlùth. Sùil bheag eile mun cuairt. Chaidh mi dhan toidhleat a-rithist. Choimhead mi orm fhìn san sgàthan. Bha mi a' coimhead taghta. Thug mi mo chuid aodaich a-mach às a' mhaileid agus chuir mi dhìom an dungaraidh, na miotagan agus na brògan-spòrs. 'S e brògan-èille dubha a bh' air mo chasan a-nis, le sàilean is buinn ùra leathair orra. Thug mi sùil aithghearr orm fhìn san sgàthan fhad 's a bha mi a' cur cnot air an taidh agus a' cur orm mo sheacaid. Cha robh boinne fala, no comharra sam bith eile air mo ghruaidhean no air mo mhaoil. Nigh mi mo làmhan gun shiabann ('s dòcha gun aithnicheadh duine am fàileadh) agus thiormaich mi iad le pàipear a chuir mi sìos am pana. Dhùin mi mo mhàileid, thog mi i agus choisich mi air ais tron t-seòmar mhòr ('Ciao, Eddie') a-steach dhan trannsa agus a-mach an doras. Bha teansa gur e seo a' chuid bu chunnartaiche a bha co-cheangailte ris an obair seo air fad. Nuair a bha mi a' coiseachd sìos an staran, bha mi a-mach à sealladh gu ìre mhòr 's a' challaid gam fhalach. Tha fios gun robh a' challaid na cofhurtachd do dh'Eddie, oir bhiodh e dhen bheachd gun robh e air a dhìon bho shùilean feòrachail. Cha do stad mi aig a' chabhsair. Cha robh duine beò mun cuairt co-dhiù. Mar sin, choisich mi gu cabhagach timcheall an oisein far an do dh'fhàg mi an càr agam. Ghlas mi mo mhàileid anns a' chùl, agus chuir mi thuige an t-einnsean.

Na b' fhaide air an fheasgar, thill mi chun an taighe. Cha do dh'fhàg mi an càr astar air falbh an turas seo. Stad mi ri taobh a' chabhsair dìreach air beulaibh na callaid. Uill, chaidh mi cho faisg air an taigh 's a b' urrainn dhomh. Cha robh duine beò fhathast ri fhaicinn ann an gin dhe na taighean mun cuairt. An dara cuid cha robh e na chleachdadh aig na nàbaidhean a bhith a' gabhail gnothaich ris an dol-air-adhart a bha timcheall orra, air neo bha iad dha-rìribh uile am badeigin eile mun àm seo. Thug mi bruthadh beag lem chois mus do stad mi an t-einnsean agus thàinig borbhan àrd bho phìob an einnsein. Dhùin mi doras a' chàir le gliong is dh'fhalbh mi. Bha seacaid dhubh leathair orm le briogais bhàn chotain, an àite deise, le bròqan eile, feadhainn dhonna gun sgeadachadh seach na brogan-èille dubha. Dh'atharraich mi mo chuid aodaich air eagal gum faca cuideigin mi na bu thràithe. Glè thric cha bhi luchd-fianais ag aithneachadh ach aodach 's cha bhi iad a' toirt feart air aodainn. Daoine a bhios ris an aon chiùird 's a tha mise a' leantail, na proifeiseantaich, cha bhi iad a' cur dath nam falt, no stais mhi-nàdarra air an smiogaid, is faoineas mar sin. Bidh iad dìreach a' cur aodach orra a tha glè aocoltach ris an aodach àbhaisteach aca.

Choisich mi air mo shocair suas an staran is mi a' coimhead gu cùramach air gach taobh dhìom. Stad mi aig an doras is thug mi sùil gheur air an ursainn a bha a-nis na sgàird. Bha an doras dùinte, ach gu h-obann chaidh fhosgladh on taobh a-staigh. Bha dithis fhireannach a' coimhead orm. Ghluais mi gu aon taobh airson leigeil leotha a dhol seachad orm, agus choisich mi a-steach dhan taigh. Bha bòrd a' fòn fhathast na laighe air a chliathaich, agus bha a' fòn ri thaobh (ged a bha cuideigin an dèidh a' chromag a chur air ais oirre).

Bha an corp na shìneadh far an do dh'fhàg mi e. Gu dearbh ghabh e iongnadh nuair a chunnaic e mise aig an doras. Cha robh e iomagaineach idir, ach gun teagamh rug mi air gun fhiosta. Bha mi air ceann-turais anns an sgìre, thuirt mi, agus shaoil mi gun dèanainn seasamh anns an doras aige. Thug e a-steach dhan t-seòmar mhòr mi, agus dh'fhaighnich mi dha am faodainn a dhol dhan toidhleat. Ma dh'fhaodte gun do chuir e iongnadh air gun tug mi leam mo mhàileid nuair a chaidh mi a-steach. Ma dh'fhaodte nach tug e an aire dhi. Dh'fhaodadh rud sam bith a bhith anns a' mhàileid, nuair a smaoinicheadh tu air – rud sam bith.

Bha dithis a-nis nan crùban os cionn a' chuirp, agus bha feadhainn eile anns an toidhleat agus anns a' chidsin, agus cuideachd bha prasgan a' coiseachd mun cuairt shuas an staidhre. Cha robh duine ag ràdh mòran. Tuigidh tu fhèin carson a bha iad cho sàmhach. Sheas fear a bha na chrùban agus sheall e orm. Bha mise a' coimhead mun cuairt. Bha botail is glainneachan sgapte air feadh an àite, dà chluasaig far an do thilg mi iad, am brat-ùrlair air a bhreacadh le steallan fala.

'Dè thachair an seo?' dh'fhaighnich mi, ged nach ruiginn a leas.

'Uill, Inspeactair.' Rinn an DC gàire gun mhire. 'Bidh e coltach gun do thadhail cuideigin air Eddie.'